Wireless LANs
Networker's Guide

Wireless LANs Networker's Guide

Einsatzgebiete, praktische Implementierung, Standards

Arno Kral
Heinz Kreft

new technology

Markt+Technik Verlag

Bibliografische Information Der Deutschen Bibliothek

Die Deutsche Bibliothek verzeichnet diese Publikation in der Deutschen Nationalbibliografie;
detaillierte bibliografische Daten sind im Internet über <http://dnb.ddb.de> abrufbar.

10 9 8 7 6 5 4 3 2 1

05   04   03

ISBN 3-8272-6329-8

© 2003 by Markt+Technik Verlag,
ein Imprint der Pearson Education Deutschland GmbH,
Martin-Kollar-Straße 10–12, D 81829 München/Germany
Alle Rechte vorbehalten
Lektorat: Angelika Ritthaler, aritthaler@pearson.de
Herstellung: Ulrike Hempel, uhempel@pearson.de
Satz: reemers publishing services gmbh, Krefeld (www.reemers.de)
Druck und Verarbeitung: Bercker Graphischer Betrieb, Kevelaer
Printed in Germany

Inhaltsverzeichnis

Einleitung

Drahtlosen Datennetzen (**RLAN**s) winkt eine große Zukunft. Sie erfüllen den Traum, mit dem schon die Handy-Industrie so erfolgreich reüssieren konnte – frei von lästigen Kabeln jederzeit und überall kommunizieren zu können, nur dass es eben diesmal um PCs, Handhelds, PDAs, Web-Tabletts und den ganzen Zoo von Peripheriegeräten geht. Wegen der Vielfalt der historisch in unterschiedliche Richtungen »gewachsenen« Verbindungsprotokolle sowie der von Kontinent zu Kontinent und von Land zu Land unterschiedlichen Regularien für die Benutzung von Funkfrequenzen wahrlich eine komplexe Aufgabe.

Und wie immer in der Informationstechnologie, wenn es um die Eroberung von Märkten (und damit um Profite) geht, bietet die Industrie nicht nur einen drahtlosen Netzwerkstandard feil, sondern gleich ein halbes Dutzend, die gegeneinander um Marktanteile buhlen: Bluetooth, WLAN, HiperLAN, HomeRF in jeweils unterschiedlichen Varianten. Sie sollen für die elektronischen Alltagshelfer das elektromagnetische Datennetz durch den Äther spannen. Die aktuell besten Chancen haben die nach dem IEEE-Standard 802.11 gefertigten Produkte – sie waren einfach am schnellsten auf dem Markt.

Einer auf ZDNet-News veröffentlichten IDG-Studie[1] vom April 2002 zufolge wird der Umsatz mit WLAN-Produkten von 1,72 Milliarden im Jahr 2001 auf gut 3,7 Milliarden US-Dollar im Jahr 2006 steigen. Zum Erfolg dieser Technologie würden dabei vornehmlich die privaten Anwender beitragen – obwohl WLANs, trotz aller Sicherheitsbedenken, auch in Unternehmen zunehmend eine Rolle spielen.

Irgendwo dazwischen sind die Dienste einzuordnen, die Reisenden, Gästen oder Laufkundschaft den Zugriff auf das Internet mit ihren mobilen PCs, PDAs oder Handhelds gewähren sollen – die so genannten Public Hotspots, mit denen sich Hotels, Flughäfen, Bahnen oder Straßencafés zusätzliche Attraktivität bei der Werbung um Kunden verschaffen wollen.

E.1 Drahtlose Geschichte

Netzwerk- und Funktechnologien wurden erstmals im Jahr 1971 an der Universität von Hawaii miteinander kombiniert. Das Forschungsprojekt *Alohanet* vernetzte sieben Campus-Standorte auf vier Inseln mit dem Zentralrechner auf Oahu unter Umgehung der unzuverlässigen und teuren Telefonleitungen. Das hawaiische Alohanet stellte in einer Sterntopologie bidirektionale Verbindungen zwischen Zentralrechner und den entfernten Standorten bereit. Die Kommunikation zwischen zwei entfernten Standorten erfolgte also immer über den Zentralrechner. Da es keine Zugangskontrolle aufwies – jeder Benutzer konnte jederzeit senden –, waren Übertragungen durch Kollisionen gefährdet. Eine Weiterentwicklung, das *Slotted Aloha*, reduzierte diese Gefahr, indem es den Sendebeginn nur zu bestimmten Zeitschlitzen erlaubte. Dieses Verfahren bildete die Basis des von der IEEE später als IEEE802.2 bezeichneten Ethernet-Standards.

In den 80er-Jahren stellten Funkamateure in den USA und Kanada Netzwerkverbindungen über UKW her. Dazu entwickelten und bauten sie so genannte Terminal Node Controller (TNC), die als Funkmodems die digitalen Computersignale so umwandeln, dass sie als Datenpakete auf die UKW-Trägerfrequenz aufrespektive demoduliert werden konnten.

Im Jahr 1985 ermöglichte die Federal Communications Commision (FCC), das amerikanische Pendant zum **ETSI** (European Telecommunication Standards Institute), die kommerzielle Nutzung von Funktechnologien zur Computervernetzung, indem sie mehrere **ISM**-Frequenzbänder (Industrial, Scientific, Medical) im Bereich von ca. 900 bis 6000 MHz für den öffentlichen Gebrauch freigaben. GSM-Telefone (Handys) nutzen die Lizenzfrequenzbänder 900 MHz und 1,8 GHz.

Die ISM-Bänder sind deshalb so attraktiv für die Anbieter drahtlos arbeitender Netzwerkkomponenten, weil die Abnehmer – also die Verbraucher – für deren Einsatz keine Betriebserlaubnis respektive Sendelizenz beantragen müssen und somit diese Frequenzen als kostenfreie Ressource nutzen können. Nach der Freigabe der ISM-Bänder begann die Industrie massiv mit der Entwicklung drahtloser LAN-Technologien. Da noch kein Standard definiert war, führte dieser Wildwuchs allerdings zu ausschließlich proprietären Lösungen für Network Interface Cards (NIC) und Access Points (AP).

Erst in den späten Achtzigern begann die Arbeitsgruppe 802 des Institute of Electrical and Electronic Engineers[2] (IEEE), zuständig für die Standardisierung von LAN-Standards wie Ethernet oder Token Ring, sich drahtloser Netzwerktechnologien zu widmen. Unter dem Vorsitz von Vic Hayes von der Firma NCR entwickelte die neu gebildete Arbeitsgruppe IEEE802.11 die Spezifikationen für Media Access Control (MAC) und Physical Layer (PHY), Grundbausteine aller Wireless LANs. Allerdings kamen noch vor der Ratifizierung dieses Standards bereits erste Produkte auf den Markt, die im 902-MHz-ISM-Band kommunizierten. Zu Preisen um 1500 _ pro Funkkarte lohnte deren Einsatz jedoch nur für die seltenen Spezialanwendungen, bei denen es zwingend auf Mobilität ankam.

Zwölf Jahre, nachdem die Arbeitsgruppe 802.11 ihre Arbeit aufgenommen hatte, bestätigte das IEEE den Standard IEEE802.11 schließlich am 26. Juni 1997 und publizierte ihn am 18. November des gleichen Jahres.

E.2   Eine Aufgabe – aber viele Lösungen

Für die drahtlose Vernetzung konkurrieren gleich mehrere Technologien: Die gängigste Variante ist heute das paketorientierte und verbindungslose RLAN gemäß IEEE802.11b, das fast immer mit dem Begriff **WLAN** assoziiert wird und im Wesentlichen als Ersatz oder Ergänzung eines Ethernet-LAN dient (siehe Kapitel 3).

Im Nahbereichsdatenfunk soll Bluetooth (siehe Kapitel 5) in erster Linie das Kabel etwa zwischen Maus und PC, zwischen Handy und HeadSet ersetzen. Da sich Bluetooth, weil grundsätzlich echtzeitfähig, für die Übermittlung von Sprache eignet, könnte Bluetooth einst auch den hierzulande gängigsten drahtlosen Telefonie-Standard **DECT** beerben. Und weil auch für Bluetooth eine zehnmal schnellere Variante in Entwicklung ist, rückt ebenso ein Einsatz als RLAN in den Fokus des Interesses.

HiperLAN/2 (siehe Kapitel 4) wiederum geriert sich als eine Art Obermenge von WLAN, Bluetooth und **WLL** (Wireless Local Loop) und weist standardisierte Schnittstellen zum G3-Mobilfunk-Netz (UMTS), zu ATM und zum postulierten Homenetworking-Standard IEEE1394 auf. Weil wie Bluetooth echtzeitfähig, taugt HiperLAN/2 besser als IEEE802.11-RLANs für die Übertragung von Sprache und anderen Multimedia-Inhalten (Video, Musik, ...) und steht in dieser Hinsicht in Konkurrenz zum weitaus bandbreitenschwächeren HomeRF. Doch HiperLAN/2 ist weder in marktgängigen Produkten zu finden noch bereits vollständig in allen Facetten entwickelt. Informationen von SONY zufolge ist der Standard jedoch bereits heute eine stabile Grundlage für die Produktentwicklung.

Der proprietäre Industriestandard HomeRF (siehe Kapitel 6) arbeitet – wie Bluetooth oder IEEE802.11, IEEE802.11b und IEEE802.11g – im lizenzfreien ISM-Band, hat jedoch aus Anleihen von **DECT** auch Echtzeitmerkmale für den Sprachverkehr und soll der Multimedia-Vernetzung von Bestandsbauten dienen. Da von seinen einstigen Großpromotern wie Intel und Hewlett-Packard inzwischen zugunsten von IEEE802.11 aufgegeben, spielt HomeRF im Markt keine bedeutende Rolle mehr: Produkte gibt es hierzulande nur mehr von Siemens und der Deutschen Telekom.

E.3   Salamitaktik ....

Während das europäische Standardisierungsgremium ETSI mit HiperLAN/2 respektive Bluetooth umfassende Standards für drahtlose Kommunikation jedweder Art (im Wesentlichen Daten UND Sprache) in Angriff genommen hat, geht das amerikanische IEEE unter dem Druck von Markt und Industrie den Weg der kleinen Schritte: IEEE802.11 konnte im technisch weniger anspruchsvollen, dafür bandbreitenschonenden Frequenzsprungverfahren **FHSS** (Frequency Hopping Spread Spectrum) 1 oder 2 Mbit/s im 2,4-GHz-ISM-Band übertragen. Durch ein anderes Modulationsverfahren, genannt Direct Sequence Spread Spectrum (**DSSS**), ließ sich die Bruttoübertragungsrate dann auf maximal 11 Mbit/s steigern (und außerhalb des Standards sogar auf bis zu 22 Mbit/s). Standardisiert wurde das DSSS-Verfahren vom IEEE in 802.11b. Da das DSSS-Verfahren ebenfalls im lizenzfreien 2,4-GHz-Band angesiedelt ist und damit der eigentliche Sender – das »Radio« – weiter verwendet werden konnte, war die Standarderweiterung 802.11b früher fertig als die Variante 802.11a, die im eben nicht lizenzfreien 5-GHz-Band arbeitet und darüber hinaus zur Geschwindigkeitssteigerung auf bis zu 54 Mbit/s als weitere wesentliche Neuerung das Modulationsverfahren **OFDM** (Orthogonal Frequency Division Multiplexing) einführt und damit an die Grenze des ökonomisch Vertretbaren, technologisch Machbaren für eine Massentechnologie stößt.

Um auch im 2,4-GHz-Frequenzband eine 54 Mbit/s schnelle Technologie bereitzustellen und so die internationalen – besonders die europäischen – Restriktionen für die Nutzung des 5-GHz-Bandes zu unterlaufen, lag es nahe, hier ebenfalls die schnelle, wenngleich rechenintensive OFDM einzusetzen. Standardisieren will das IEEE diese Kombination als 802.11g im Frühjahr 2003.

Um eine möglichst problemlose Bereitstellung und Inbetriebnahme von WLAN-Produkten in den verschiedenen Regulationsgebieten sicherzustellen, arbeitet das IEEE am Standard 802.11d, der den Access Points zu einem so genannten **World Mode** verhelfen soll. Damit lassen sich universelle Access Points realisieren, die alle von Land zu Land unterschiedlichen Regularien für Frequenzen, Sendeleistungen und mehr beherrschen. Da die Access Points die Betriebsparameter der Mobile Clients vorgeben, kann so nahtloses Roaming zwischen den WLANs in verschiedenen geografischen Regionen mit der gleichen drahtlosen Client-Hardware garantiert werden.

Um RLANs auch mit der Übertragung von Sprache zu beaufschlagen, reicht Bandbreite alleine nicht aus – eine schmerzvolle Erfahrung, die auch die Voice-over-IP-Initiative auf kabelgebundenen Ethernet-LANs erleben musste. Echtzeitqualitäten sind gefragt, und die hat ein IEEE802.11-WLAN ebenso wenig zu bieten, wie dessen kabelgebundenes Pendant, das Ethernet.

Um dieses Manko auszugleichen, soll nun in IEEE802.11e ein Mechanismus integriert werden, der Quality of Service (**QoS**) bietet, also Bandbreitengarantie und Management. Nur dann lassen sich in drahtlosen IEEE802.11-Netzen auch Sprache, Video und Audio vernünftig verteilen. Dieses Merkmal ist von Haus aus Grundbestandteil von HiperLAN/2.

Ein weiteres Scheibchen für mehr Qualität soll schließlich IEEE802.11h mit sich bringen, nämlich die dynamische Frequenzauswahl, um etwa bei Störern automatisch auf ein anderes Frequenzband ausweichen zu können. Ferner ist in IEEE802.11h eine adaptive Methode zur automatischen (Ab-) Regelung der Sendeleistung in Abhängigkeit von Abstand und Übertragungsqualität zwischen den Kommunikationspartnern enthalten. Das spart bei tragbaren Geräten nicht nur den so kostbaren Batteriestrom, sondern verringert gleichfalls das Störpotenzial. Beide Verfahren sind in HiperLAN/2 ebenfalls schon von Beginn an vorgesehen. Doch für IEEE802.11h liegt noch keine Freigabe seitens des ETSI vor. Dass das IEEE überhaupt auf eine Freigabe durch das ETSI setzt, legt den Schluss nahe, dass IEEE802.11h eine IEEE-Variation eines HiperLAN/2 ist, wenngleich – Stand heute – noch ohne Unterstützung für IEEE1394 oder G3.

IEEE-Standard	Besonderheit	Frequenzband	gültig
802.11	max. 2 Mbit/s	2,4 GHz	seit 11/1997
802.11b	max. 11 Mbit/s	2,4 GHz	seit 09/1999
802.11a	max. 54 Mbit/s	5 GHz	seit 09/1999
802.11d	World Mode, zusätzliche Regulierungsgebiete	2,4 GHz	seit 06/2001
802.11e	QoS	2,4 und 5 GHz	ab 1.Quartal 2003
802.11g	Datenrate > 20 Mbit/s	2,4 GHz	ab 1. Quartal 2003
802.11h	DFS und TPC	5 GHz	offen

Tabelle E.1: Scheibchenweise nähert das IEEE die Leistungsfähigkeit von IEEE802.11 den Vorgaben in HiperLAN/2 an.

E.4   ... statt Ganzheitsanspruch

Das europäisch initiierte Pendant zu IEEE802.11 hat die ETSI unter dem Namen **HiperLAN/2** standardisiert. HiperLAN/2 läuft unter dem Arbeitsnamen Wireless-ATM (Asynchronous Transfer Mode) und das macht klar, dass diese Technologie einen weitaus weiter gefassten Anspruch verfolgt als WLAN à la IEEE802.11, das Pendant zum Ethernet. Denn ATM ist das Standardprotokoll der meisten europäischen Carrier und bietet nicht nur ein ausgefeiltes Bandbreitenmanagement, sondern ist inhärent echtzeitfähig (bietet also Quality of Service) und weist integrierte Schnittstellen für Billing-Systeme auf.

HiperLAN/2 arbeitet im 5-GHz-Band und enthält Schnittstellen zu G3 (UMTS) und IEEE1394 (der von weiten Teilen der Unterhaltungselektronikindustrie favorisierte Standard für Home-Networking).

HiperLAN gliedert sich in fünf voneinander unabhängige Standards, die den gesamtheitlichen Anspruch dieser Technologie unterstreichen:

- HiperLAN/1 (im Markt gefloppt)
- HiperLAN/2 (noch keine Marktreife)
- HiperACCESS (in der Planungsphase)
- HiperLINK (noch in der Planungsphase)
- HiperMAN[3] (noch in der Planungsphase)

Während mit HiperLAN/2 eine attraktive Technologie für die drahtlose Daten- und Sprachübermittlung im Nahbereich bereitsteht, stellt HiperACCESS eine WLL-Technologie dar (Wireless Local Loop), die die »letzte Meile« drahtlos mit 25 Mbit/s Transferrate und 5 km Reichweite im 42-GHz-Band überbrücken will. HiperLINK ist hingegen als Bindeglied zwischen HiperLAN/2 und HiperACCESS vorgesehen.

HiperMAN, das High Performance Radio Metropolitan Area Network, repräsentiert ein ortsgebundenes, drahtloses Zugangsnetzwerk, das mit Frequenzen zwischen 2 und 11 GHz arbeitet und ebenfalls als Verbindung zwischen HiperACCESS und HiperLAN/2 dient.

HiperLAN/2 sollte bereits im Jahr 2000 von der ETSI ratifiziert worden sein, doch gut Ding will Weile haben: Während die Core-Spezifikation im Sommer 2002 fertig war, ist die Vervollständigung des Standards erst 2003 zu erwarten. Das erklärt zumindest teilweise, warum HiperLAN/2 noch immer keinerlei Marktrelevanz aufweist.

Doch trotz des starken Drucks seitens IEEE802.11-WLAN wird HiperLAN/2 noch immer eine prächtige Zukunft vorhergesagt: Firmen wie Nokia, Philips, Panasonic und Sony setzen auf HiperLAN/2 und erste Prototypen sind ebenfalls bereits fertig: Weder Panasonic noch Sony ließen sich von der drückenden Präsenz von IEEE802.11-Geräten beeindrucken und zeigten auf der CeBit 2002 erstmals HiperLAN/2-Access-Points.

Stark im Kommen (und gerne vom jeweiligen Marketing zu Unrecht zur WLAN-Technologie stilisiert) ist die deutlich bandbreiten- und reichweitenschwächere Bluetooth-Technologie, deren Erfinder aber weniger ein lokales Netzwerk, sondern schlicht einen drahtlosen Ersatz für Kabel im Sinn hatten, der – anders als Infrarotverbindungen – auch ohne direkten Sichtkontakt zwischen den beteiligten Kommunikationspartnern funktionieren sollte. Trotz massiver Marketing-Anstrengungen tut sich Bluetooth immer noch sehr schwer, im Markt wirklich Fuß zu fassen, weil die Frühchen mit erheblichen Kompatibilitätsproblemen zu kämpfen haben. Selten gelingt mehr als eine Punkt-zu-Punkt-Verbindung und sei es nur zwischen Geräten des gleichen Herstellers: So kann beispielsweise ein Nokia-Handy der Serie 6310 mit integrierter Bluetooth-Technik nicht mit einem Nokia-Handy der Serie 6210 mit dem Bluetooth-Connectivity-Kit von Nokia (bei dem der mobile Teil der Bluetooth-Elektronik in einem speziellen Akku untergebracht ist) kommunizieren. Die Bluetooth-Connectivity-Lösung von Sphinx Elektronik, bestehend aus der PCMCIA-Karte PICO Card und dem 56Kflex-Modem PICO Modem, ist wiederum weder unter Windows 2000 noch unter Windows XP funktionsfähig.

HomeRF ist letztlich ein Ansatz, der technologische Anleihen aus den beiden Welten IEEE802.11 und DECT macht und als Zielmarkt die drahtlose Vernetzung privater Haushalte im Fokus haben soll. HomeRF stellt de facto ein Konsortium unter der Initiative von Hewlett-Packard und Intel dar, das seine Technologie auf dem WLAN-Standard IEEE802.11 aufbaut. Die aktuelle HomeRF-Version erreicht lediglich einen Durchsatz von 2 Mbit/s (obwohl 11 Mbit/s heute gang und gäbe sind). Durch das proprietäre Protokoll **SWAP** (Shared Wireless Application Protocol) unterstützt HomeRF sowohl die Daten- als auch die Sprachübertragung. Wie IEEE802.11 definiert HomeRF lediglich der Physical Layer und der Link Layer des Protokoll-Stack, anders als etwa Bluetooth, das mit der Definition von Profilen bis hoch in die Anwendungsschichten Vorgaben macht.

Protokolle höherer Ebenen des OSI-Schichtenmodells, etwa TCP/IP, lassen sich aufgrund fehlender Vorgaben durch den Standard zwar leicht hinzufügen, nur ob auch unterschiedliche Implementierungen verschiedener Hersteller kompatibel gemeinsam zusammenarbeiten können, ist dann immer wieder spannend. Darüber hinaus betrachtet die Industrie die exklusive Betriebssystembindung von HomeRF an Microsoft Windows als weiteren – wesentlichen – Nachteil.

Chip-Riese Intel hatte HomeRF lange favorisiert, sich aber laut Martin Böttner, Intel-Marketingmanager für Wireless-LAN-Produkte, nun ganz auf IEEE802.11 eingestellt.

> *»Intel setzt auf mehrere Standards«, sagt Böttger, meint damit aber lediglich IEEE802.11b und IEEE802.11a, denn »Bluetooth und HomeRF liegen nicht in unserem Fokus.«*

Zu HiperLAN/2 gibt es gar keine Aussage. Immerhin ist die Wireless-LAN-Technologie für Intel so bedeutend, dass es Überlegungen gibt, eigenes Silizium dafür zu fertigen. Die Frage, ob und wann diese kommen und ob sie Intel in Chipsätze für PCs oder PDAs integrieren wird, ließ Böttger indes gleichfalls unbeantwortet.

Dabei zeigt ein Blick in den Markt für PCs, Notebooks und PDAs, dass Wireless-LAN zunehmend zur gängigen Ausstattungsoption wird, nachdem Kommunikationsanschlüsse wie ein Analogmodem für **POTS** (Plain Old Telephone Services – kurz Analogtelefonie) und ein Ethernet-**NIC** (Network Interface Card) Port fast schon serienmäßig zur Grundausstattung von PCs und Notebooks zählen. Anders hält es Intels größter Rivale im Chipset-Business, der taiwanesische Hersteller VIA.

> *»Wir entwickeln eine eigene Bluetooth-Lösung, denn wir betrachten im Bereich Kabelersatz Bluetooth als ideale Ergänzung zu 802.11b«, erklärt Marketingmanager Richard Brown die VIA-Strategie. Auch bei WLAN geht VIA weiter als Intel: »Wir entwickeln einen 802.11b-Chip, der noch in der zweiten Hälfte des Jahres 2002 verfügbar werden soll«,*

bestätigt Brown und fährt fort:

> *»Die VIA-Lösung wird Baseband- und Radio-Controller umfassen.« Denn »im Jahr 2003 wird die integrierte Unterstützung für IEEE802.11b ein essentieller Bestandteil der Core-Logik von PCs sein. In unsere neue Southbridge 8235 ist diese Funktionalität bereits integriert. Wir planen, sie Ende 2002 zu aktivieren«. Damit bestätigt VIA die Technologien Bluetooth und 802.11b als Mainstream. Wie es weitergeht, ist bei VIA ebenfalls bereits klar: »Wegen der Frequenzrestriktionen in Europa haben wir uns aber noch nicht entschieden, ob wir auch einen 802.11a-Chip entwickeln werden. Wahrscheinlich, dass wir stattdessen einen 802.11g-Chip nachschieben werden.«*

Auch ein kombinierter Bluetooth-IEEE802.1b-Chip ist für Brown denkbar. Zum europäisch initiierten HiperLAN/2 ist hingegen noch nichts von VIA zu erfahren, obwohl dieser Standard funktional der Kombination aus WLAN und Bluetooth schon sehr nahe käme...

Ergo wenden wir uns in diesem Buch in erster Linie dem praktischen Umgang mit IEEE802.11-Produkten zu und vertiefen darüber hinaus besonders die innovativen Standards Bluetooth und HiperLAN/2.

E.5   Gesundheitsrisiken

Dass Gesundheitsrisiken von elektromagnetischer Strahlung ausgehen können, soll hier nicht bestritten werden. Das Gefährdungspotenzial durch elektromagnetische Strahlung steigt üblicherweise mit der eingestrahlten Energiemenge, und da unterbieten WLANs andere Emissionsquellen deutlich.

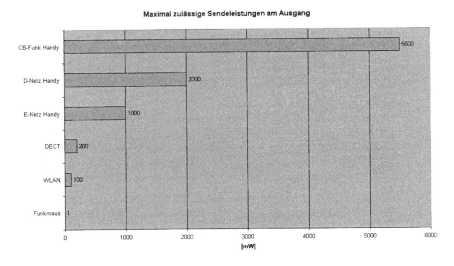

Abbildung E.1:   Im Vergleich zu anderen, massenhaft verfügbaren und eingesetzten Sendeeinrichtungen, nimmt sich die Strahlenbelastung durch WLANs vergleichsweise gering aus.

Sie kommen dank ausgefeilter Übertragungstechnologien und geringer Reichweitenanforderungen mit niedrigen Sendeleistungen aus. Im Vergleich zu Handys emittieren sie um einen Faktor 10 bis 55 weniger Hochfrequenzenergie. Da darüber hinaus WLAN-Adapter üblicherweise in einem Notebook oder PDA stecken, also in Geräten, die rund einen Meter vom Anwender entfernt stehen, statt wie das Handy in Abständen von einem bis zehn Zentimetern, verringert sich die Strahlenbelastung des Anwenders noch einmal drastisch:

Die eingestrahlte Leistung nimmt mit dem Quadrat der Entfernung vom Sender ab, sodass bei zehnfachem Abstand (ein Meter statt zehn Zentimeter) nur ein Hundertstel der Sendeenergie den Empfänger erreicht. Da die maximal abgestrahlte Leistung von WLAN-Komponenten ohnehin wenigstens zehnmal geringer als bei Handys ist (siehe Abbildung E.1), liegt deren Gefährdungspotenzial also um wenigstens den Faktor 1000 unter dem von Handys.

Die Autoren können die Funktechnologien auch nicht von Gesundheitsrisiken freisprechen. Doch sollte es ein Risiko geben, dann ist es zumindest tausendmal kleiner als beim Handy.

E.6 Das Machbare und die Politik

Dass wir uns in diesem Buch überhaupt mit verschiedenen technologischen Ansätzen für das immer gleiche Aufgabenfeld – die drahtlose Transmission von Daten, Sprache und Video – befassen müssen, liegt weit weniger an der Technologie selbst, als an deren staatlicher Regulierung:

Die Interessenslage ist weltweit eben nicht gleichgeschaltet, die verschiedenen Staaten suchen (meist krampfhaft) immer nach Wegen, ihren heimischen Industrien Konkurrenzvorteile zu verschaffen.

Das zeigt sich in extremer Deutlichkeit bei der UMTS-Lizenzvergabe, also beim Verhökern der Betriebserlaubnis für eine (Zukunfts-) Technologie ohne Ansehen der Technologie selbst und ohne Ansehen der betriebs- und folglich volkswirtschaftlichen Auswirkungen – eine Zukunftstechnologie ohne Zukunft also?

Die 100 Milliarden D-Mark, mit denen die Kommunikationsindustrie die hiesigen deutschen Nutzungsrechte an den UMTS-Frequenzbändern erworben hatte, befrachten die Anbieter mit einem Konkurrenznachteil gegenüber den in lizenzfreien Frequenzbändern wild wachstumsfähigen Systemen und berauben die Kommunen durch Gewinnverlagerung ihrer Steuereinnahmen.

Die Regierungen der zivilisierten Staaten wissen allerorts sehr gut, ihre Hoheitsrechte an der Mangelware elektromagnetisches Spektrum gewinnbringend einzusetzen – sei es für sich selbst oder indirekt für ihre heimische Klientel aus der Industrie. Umgekehrt nutzen die Industrien ihr Markt- und Marketingpotenzial schon aus eigenem Profitinteresse, um bei den staatlichen Regulierern ihre Vorstellungen durchzusetzen, und sei es indirekt über die Nutzung der Medien zur Verbreitung von Wunschvorstellungen, die von den Zielgruppen gar für bare Münze genommen werden sollen.

Daneben stehen historisch gewachsene Interessen, wie die Nutzung bestimmter Frequenzbänder für militärische und zivile Zwecke: So konnte die technologisch ausgereifte Digital Enhanced Cordless Telefony (**DECT**) in Nordamerika nicht Fuß fassen, weil das Militär diese Frequenz besetzt hält, und das 5-GHz-Band, heiß begehrt für zwei- bis fünfmal schnellere WLANs, wird allerorten teilweise für das zivile Flugüberwachungsradar genutzt.

Selbst im lizenzfreien 2,4-GHz-Band ist nicht überall jede Frequenz verfügbar: Von den insgesamt 14 Kanälen sind hierzulande 13, in den USA nur elf und in Frankreich gar nur vier frei, was die Hersteller von RLAN-Komponenten zu einer

Auffächerung ihrer Produktpalette zwingt und in der Konsequenz zur Standard-erweiterung IEEE802.11d, genannt »World Mode« geführt hat (siehe Kapitel 3).

Sowohl das Streben nach höheren Übertragungsraten als auch die nicht nur poten-ziellen, sondern auch tatsächlich auftretenden wechselseitigen Beeinträchtigun-gen zwischen unterschiedlichen Funksystemen – beispielsweise Bluetooth und IEEE802.11-WLAN – forcieren überall die Erschließung neuer Frequenzberei-che.

Derzeit ist das 5-GHz-Band am begehrtesten, weil bereits IEEE802.11a-Produkte verfügbar sind, die Teile dieses Frequenzbandes nutzen. Da dieser Frequenzbe-reich – anders als das 2,4-GHz-ISM-Band – noch NICHT lizenzfrei genutzt wer-den kann, ist eine Freigabe durch die Regulierungsbehörde für Telekom und Post (RegTP) erforderlich. Das 5-GHz-Band aber will die RegTP auch für HiperLAN-Technologien offen halten, die mit ihrem Konvergenz-Layer für Daten, Sprache, GSM, UMTS und IEEE1394 weitaus besser zur drahtlosen Vernetzung ALLER Geräte taugt, als das fast schon bizarre Sammelsurium an IEEE802.11-Standards.

Die Freigabe des 5-GHz-Bandes ist laut Peter Buchner, Technologie-Chef von Sonys Advanced Technology Center Stuttgart (ATCS), zwar zum Jahresende zu erwarten. Die RegTP belegt die Freigabe jedoch mit strengen Auflagen an die maximal zulässige Sendeleistung, sodass die IEEE802.11a-Geräte deutlich unter ihren Möglichkeiten bleiben müssen[4], etwa was die zulässige Sendeleistung und folglich die überbrückbaren Entfernungen anbelangt.

Die Macht der RegTP wäre ausreichend, das 5-GHz-Band für WLANs à la IEEE802.11a ganz zu blockieren. Doch sieht ihr Präsident, Matthias Kurth, eher die deutlichen Synergien zwischen den lokalen WLAN-Installationen und dem globalen UMTS-Netz.

> *»Es ist nicht Aufgabe der Regulierungsbehörde, im Sinne einer Hersteller-oder Industriepolitik bei der Ausgestaltung von Frequenznutzungsbestim-mungen bestimmte Techniken zu fördern, indem bestimmte Standards ver-bindlich vorgegeben werden. Ziel der Frequenzregulierung ist es vielmehr, eine technikneutrale Ausgestaltung der Frequenzregulierung herbeizufüh-ren. Dieses Ziel der Technologieneutralität ist auch niedergelegt im neuen TK-Richtlinienpaket der EU (Rahmenrichtlinie Art. 8 Abs. 1).«*

> *»Die Regulierungsbehörde für Telekommunikation und Post (RegTP) ist nach eingehender technischer, marktlicher und regulatorischer Analyse zu der Einschätzung gelangt, dass WLANs keine Konkurrenz für UMTS dar-stellen, sondern beide Systeme sich auf sinnvolle Weise zum Wohle aller Marktbeteiligten ergänzen. Deshalb stellt die Regulierungsbehörde neben den bisherigen Frequenzen im 2,4-GHz-Bereich weitere Frequenzen im 5-GHz-Bereich für neue WLAN-Anwendungen bereit, weil dies auch im Interesse der Förderung von UMTS-Dienstleistungen liegt.«*

Systemmöglichkeiten

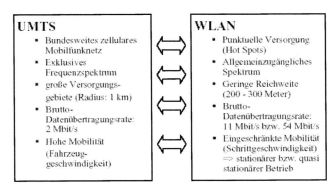

UMTS	WLAN
• Bundesweites zellulares Mobilfunknetz	• Punktuelle Versorgung (Hot Spots)
• Exklusives Frequenzspektrum	• Allgemeinzugängliches Spektrum
• große Versorgungsgebiete (Radius: 1 km)	• Geringe Reichweite (200 - 300 Meter)
• Brutto-Datenübertragungsrate: 2 Mbit/s	• Brutto-Datenübertragungsrate: 11 Mbit/s bzw. 54 Mbit/s
• Hohe Mobilität (Fahrzeuggeschwindigkeit)	• Eingeschränkte Mobilität (Schrittgeschwindigkeit) => stationärer bzw. quasi stationärer Betrieb

Abbildung E.2:   Der Präsident der RegTP sieht klare Synergien zwischen WLANs und UMTS, dem Mobilfunk der dritten Generation (3G). (Quelle: RegTP)

WLANs erfordern – anders als UMTS – keine aufwändige Standortplanung, wenngleich sie nur eine beschränkte Reichweite und eingeschränkte Verwaltungsfunktionen aufweisen.

>*»Aus diesen Überlegungen folgt, dass die Betreiber von 3G-Netzen durch WLAN abhängig von ihrer Integrationsstrategie viel gewinnen, aber auch viel verlieren können. Im optimalen Fall können sich WLAN und 3G-Systeme hervorragend ergänzen.«*[5]

>*»Ein Wechsel zwischen diesen vertikalen Anschlussnetzen wird durch horizontales und vertikales Handover ermöglicht, was eine nahezu unterbrechungsfreie Dienstnutzung bei Netzwechsel unter Beibehaltung der Teilnehmeradresse und globales Roaming ermöglicht.«*

Würde das stimmen, gäbe es mit UMTS keine Probleme, und das System wäre längst schon implementiert, installiert, operabel und profitabel. Wie der jüngste Rückzug aus diesem Marktsegment – die Aufgabe des Deutschlandgeschäftes von Quam, einem Gemeinschaftsunternehmen der spanischen Telefonica und der finnischen Sonera – jedoch zeigt, ist dem nicht so.[6]

Die Verfasser sind vielmehr der Ansicht, dass keines der postulierten UMTS-Geschäftsmodelle – auch über einen längeren Zeitraum von fünf bis zehn Jahren – mehr zu akzeptablen Endverbraucherpreisen führen kann. Damit verbleibt letztlich nur der (für Aktionäre extrem leidvolle) Weg der Unternehmensentschuldung über Bereichsausgliederungen, Abschreibungsmodelle sowie (Teil-) Insolvenzen.

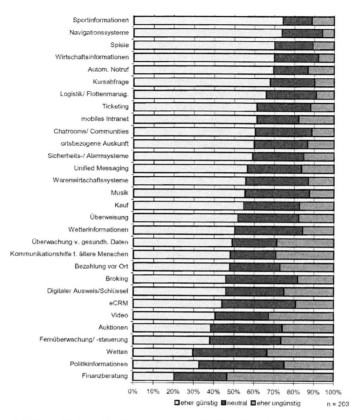

Abbildung E.3: Auflistung und qualitatives Ranking mobiler elektronischer Mehrwertdienste des drahtlosen (WLAN- und UMTS-gestützten) Multimedia-Business (Content und Dienstleistungen) in Deutschland. (Quelle: Projektstudie »Entwicklung und zukünftige Bedeutung mobiler Multimediadienste – Werkstatt-Bericht Nr. 49«, veröffentlicht im Jahr 2002.)

Daher ist eine freiwillige Kannibalisierung der UMTS-Geschäftsmodelle durch die parallele Einrichtung von – im Vergleich zu UMTS – preisgünstigen WLAN-Systemen seitens der UMTS-Mobilfunkbetreiber höchst unwahrscheinlich.

Die Kosten für (drahtlose) Datendienste, also im Wesentlichen die Übermittlung von AV-Content, setzen sich ja bekanntermaßen aus den IP-Preisen für den Content plus Übertragungskosten des Datentransportes zusammen. Und da kann UMTS weder technisch (Bandbreite zu gering) noch ökonomisch (Investitionskosten zu hoch) gegen WLANs punkten.

Die drahtlose Übermittlung von AV-Content wie DivX-Videoclips, MP3-Audio-dateien etc. stellt aber den wichtigsten Unterschied zwischen UMTS und dem herkömmlichen GSM-System dar. Gleichzeitig sind es diese Inhalte, die der Markt nachfragt. Nicht zuletzt deshalb brechen die Autoren in diesem Buch über WLANs eine Lanze für HiperLAN/2 – denn mangels Quality of Service (QoS) eignet sich IEEE802.11 für den drahtlosen Transport von AV-Content nicht, und ob die QoS-Erweiterung in IEEE802.11e jemals funktionieren wird, ist laut Peter Buchner von Sony noch immer höchst zweifelhaft. Darüber hinaus lässt das Fehlen von **DRM**-Merkmalen zur kontrollierten Distribution von Content in den IEEE-Standards dieses System auch als Cash-Cow für die Content-Provider ausfallen.

DATENRATEN BEI UMTS

An dieser Stelle ein passender Hinweis bezüglich der allseits bekannten 2 Mbit/s bei dem 3G-UMTS-Mobilfunksystem:

- Die maximale Rate von 2 Mbit/s kann tatsächlich nur dann vom UMTS-System erbracht werden, wenn das Verkehrsaufkommen in der betreffenden Zelle nur gering ist und wenn es sich um einen quasi stationären Betrieb zwischen Mobilfunkteilnehmer und dem stationären Netz handelt.

- Bereits eine kleine Lastzunahme ODER geringe Relativgeschwindigkeit zwischen dem Mobilfunkteilnehmer und Basisstation lässt die maximale Datenrate auf einen Wert von 384 Kbit/s kollabieren – das ist ein Fünftel der marktschreierisch verkündeten Scheinwirklichkeit.

- Noch schlimmer wird's bei hohem Tempo, etwa auf der Autobahn, der Skipiste oder im freien Fallschirmfall. Dort muss man sich bereits freuen, den maximal möglichen Wert von 128 Kbit/s – ISDN-Tempo also – erreichen zu können.

Diese Einschränkungen sind nicht etwa auf Design- oder Implementierungsfehler zu schieben, sondern liegen in der Physik selbst. So verursacht ein bewegtes Sender-/Empfängerpaar eine Dopplerverschiebung, die letztlich zu einem Signal-Jitter führt. Dieser Effekt überlagert sich mit dem Phänomen der Mehrwegeausbreitung aufgrund von Streuung, Reflexion und Beugungseffekten, dies führt zu einem Signalfading (Schwund).

Beide Effekte, sowohl der Signal-Jitter als auch das Fading, begrenzen Reichweite und Datenrate von Mobilfunksystemen. Auch zukünftige Systeme werden hier nur sehr moderate Fortschritte erzielen können, denn UMTS arbeitet bereits heute hart an der physikalischen Grenze des Machbaren.

E.7   Das Machbare und die Technik

»Software Radio trifft intelligente Antenne« könnte die Parole lauten, die für den technologischen Fortschritt bei der Funkvernetzung steht. Der hört nämlich nicht bei schnelleren Prozessoren für die von Rechenknechten zu Multimedia-Maschinen mutierten Computern auf, sondern betrifft insbesondere den Bereich der Sprach- und Datenkommunikation, wie der Siegeszug der drahtlosen Telefonie in den vergangenen fünf Jahren deutlich belegt.

Eine wesentliche Veränderung der Entwicklungsparadigma für die RLAN-Chipsatz-Entwicklung ist längst vollzogen, dies zeigen die aktuellen F&E-Designs und Produktentwicklungen der Firmen Atheros, Bops, CSR und Systemonic, um nur einige zu nennen.

So werden heute keinesfalls mehr nur für einen bestimmten Funkstandard Chipsätze entworfen, sondern es wird versucht, das Silizium so zu gestalten, dass es möglichst viele Standards abdecken kann (Multi-Standard-Chips). Notwendige Voraussetzung dieser Entwicklung ist der Übergang von analogen (**AM und FM**) hin zu digitalen Modulationsarten (**PCM**) in allen Lebenslagen.

Beispiele hierfür sind im Consumer-Bereich die Weiterentwicklung der LP zur CD, im Mobilfunkbereich die Verdrängung der C-Netze durch GSM in Europa und der bereits begonnene »Digital Switchover« analoger Rundfunk- und Fernsehsender durch das terrestrische digitale Fernsehen (DVB-T), mit dessen Abschluss im Jahre 2010 gemäß der vom Bundeswirtschaftsministerium (BWM) moderierten Initiative Digitaler Rundfunk (**IDR**) gerechnet wird. Letztere Maßnahme wird zur Abschaltung der meisten analogen TV-Sender auf den Kanälen 21 bis 60 im Frequenzbereich 470 MHz bis 862 MHz führen.

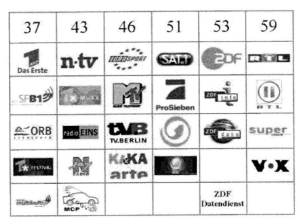

Abbildung E.4:   Derzeitiges Angebot von digitalen Programmen über Antenne (DVB-T) im Großraum Berlin/Potsdam. Die obere Zeile gibt die jeweilige Kanalnummer (UHF-Band IV) an.[7]

E.7.1   Moderne Chip- und Antennenkonzepte

Moderne Chip- und Antennenkonzepte werden dafür sorgen, dass die kostbare Ressource Frequenz weitaus besser nutzbar wird, als das heute der Fall ist.

Es lassen sich also vielfältige Argumente benennen, die eine möglichst flexible Basisplattform auf Chipsatz-Ebene rechtfertigen. Einige der wesentlichen Argumente seien hier repetiert:

- Die Entwicklung immer komplexerer RLAN-Standards verteuert die notwendigen Investitionen in Forschung und Entwicklung gängiger multifunktionaler Chips ganz erheblich. Um diese Investments rechtfertigen zu können, setzt der Chipsatz-Hersteller möglichst breit auf viele Standards auf, um akzeptable Stückzahlen erzielen zu können (um seine Investitionen bestmöglich zu amortisieren).

- »Verstopfungs- und Blockadeeffekte« durch etablierte Standards behindern die Marktakzeptanz neuerer Entwicklungen. Aufgrund der heute bereits etablierten »alten« Standards nimmt der Markt neue Systeme nicht sofort auf, sondern wartet gemäß einer betriebswirtschaftlichen Bewertung auf den passenden Abschreibungszeitpunkt. Ferner ist es aus Sicht der Anwender nicht dumm, zu warten, bis Kinderkrankheiten brandneuer Systeme passend auskuriert sind, die Leidens- bzw. Frustrationskurve ist dann wesentlich kürzer.

- Multikulti gilt auch für die Zukunft der RLAN-Standards. Den Wildwuchs und die Aufsplitterung der Technologie in viele, disparate Standards durch die Hardwarehersteller können die Chiplieferanten nur noch durch Multifunktions-Chips kompensieren. Zum heutigen Zeitpunkt kann der Anwender von RLAN-Systemen bereits erkennen, dass sich in der zukünftigen RLAN-Welt viele verschiedene Standards tummeln. Erfahrene (und leidgeprüfte) Notebook-Weltreisende kennen dies bereits aus Vor-ISDN-Zeiten, zu denen es notwendig war, ganze Kofferladungen von Adapter-Sets für **POTS**-Verbindungskabel und Anschlussnormen im Koffer zu haben, um sich auch in fremden Ländern netztechnisch verbinden zu können.

- Eine maximale programmierbare Flexibilität bei den Systemeigenschaften ermöglicht es den Chip-Herstellern, frühzeitig mit der Silizium-Entwicklung beginnen zu können, ohne die Ratifizierung durch Standard-Bodys abwarten zu müssen. Darüber hinaus ergeben sich Vorteile hinsichtlich der nachträglichen Fehlerkorrektur bei bereits produzierten (und zum Kunden ausgelieferten) Systemen.

All diese Erfordernisse soll nun ein neuartiges Konzept mit dem klingenden Namen *Software Defined Radio* (SDR) erfüllen können.

Solche Software-Radios lassen sich zwecks Erzielung optimaler Ergebnisse mit so genannten intelligenten (smarten) Antennen koppeln. Einsatzorte intelligenter Antennen bilden zukünftig drahtlose zellulare Netzwerke, die ihre Benutzer orten und die Sendeleistung in ihre Richtung bündeln können, ohne andere Empfänger zu beeinträchtigen.

In diesem zukünftigen Szenario bilden »Smart-Antennen« eine wichtige Komponente. Sie sollen für Störunterdrückung sorgen, durch optimale Ausnutzung der Sendeenergie und durch gerichtete Abstrahlung die Kapazität einer Funkzelle erweitern und Mehrwegeausbreitung mindern.

UMTS ALS GLOBALER UND FLÄCHENDECKENDER MOBILFUNK-STANDARD FRAGLICH

In Hinblick auf UMTS hat längst schon Ernüchterung die Euphorie abgelöst. Die Mobilfunkunternehmen haben zwischen Ende 2000 und Mitte 2002 durchschnittlich drei Fünftel ihres Aktienwertes eingebüßt. Die deutsche Telekom »testete« im Juni 2002 erstmalig neue Allzeittiefstände.

Auf der technischen Seite zeichnet sich eine hierarchische Fragmentierung ab, weg vom durchgehend einheitlichen Service »anywhere, anytime« hin zu einer stark unterschiedlich kolorierten Landkarte.

Der Aufbau von Hotspot-WLAN-Netzwerken um Börsen und Finanzdistrikte, Flughäfen, Messegelände, ja sogar ganze Straßenzüge in Innenstädten hat längst begonnen und ist für die Geschäftsmodelle der Mobilfunknetzbetreiber purer Sprengstoff:

- Es kommen durchweg Systeme auf gebührenfreien Frequenzen zum Einsatz, die zum Betrieb vom Gesetzgeber freigegeben sind, also ohne Lizenzkosten für die Frequenznutzung arbeiten. Somit kann jeder Besitzer eines WLAN-Hotspots als One-Man-Show-Mobilfunkbetreiber auftreten.

- Für die meisten Hotspots gilt Hausrecht. Somit muss der Betreiber dieser Hotspot-WLAN-Zellen vor der Inbetriebnahme niemanden fragen oder um Erlaubnis bitten. Im Gegensatz dazu kann er jedoch relativ einfach die lokale Errichtung zusätzlicher GSM- oder UMTS-Mobilfunkzellen blockieren.

- Aufgrund der hohen lokalen Bandbreite können die Hotspots tatsächlich das von UMTS nicht einlösbare Bandbreitenversprechen einlösen und somit Multimedia pur anbieten.

- Im Gegensatz zu den UMTS-Lizenznehmern sind die Hotspot-Betreiber nicht gezwungen, kostenintensive Maßnahmen wie ein Mindestmaß an Flächenabdeckung zu garantieren. Stattdessen schneiden sie sich gewissermaßen nur die Filetstücke (mit den besten Kosten/Nutzen- Verhältnissen) heraus.

Vom topologischen Standpunkt ist diese neue Architektur aber ideal für eine Ausbildung hierarchischer Netze. Die Bereitstellung von höherwertigen Diensten an ausgezeichneten Plätzen ist heute bereits Realität. Somit birgt HiperLAN/2 das Versprechen in sich, eine Lösung für das Problem der bisher nicht gegebenen technischen Konvergenz in den etablierten Netzarchitekturen zu beinhalten.

GSM ist ein einheitlicher Standard und in Europa flächendeckend installiert. Es erlaubt den Benutzern, ohne Wechsel des Endgerätes respektive der SIM-Karte von Land zu Land zu reisen. Diesen Vorteil wollen Anbieter wie Anwender erhalten sehen, weil er zum Erfolg hierarchischer Systeme beiträgt. Deshalb müssen sich zukünftige Endgeräte in mehr als nur ein mobiles System einbuchen können; höchstwahrscheinlich werden sie UMTS-, GSM- und RLAN-Standards vereinigen, um deren Vorzüge kombinieren zu können.

Damit ein Endgerät auf mehrere mobile Systeme zugreifen kann, muss es in der Lage sein, sowohl die Funkschnittstelle als auch die zugehörigen Protokolle des jeweiligen Systems zu beherrschen. Der simple Weg wäre, mehrere **NICs** in ein Endgerät zu packen – beispielsweise zwei PC-Cards in ein Notebook. Solche Lösungen sind jedoch ungünstig, weil dadurch mechanische Probleme, kürzere Stand-by-Zeiten und höhere Kosten auf den Anwender zukämen.

Hingegen eröffnen SDR-Konzepte einen besseren Weg, den gewachsenen Flickenteppich der unterschiedlichen Funkdienste halbwegs in den Griff zu bekommen. Wenn schon aus wettbewerbs- und industriepolitischen Gründen auf der Ebene der Netze kein weltweit einheitlicher Standard erreichbar ist – der den Herstellern zwar Mengenvorteile in der Produktion böte, aber auch nur wenige Big Player übrig lassen würde –, so soll wenigstens die Integration der verschiedenen Funkschnittstellen die Endgeräte multistandardfähig machen und den infrastrukturellen Flickenteppich weitestgehend vor den Nutzern verbergen.

E.7.2 Konzept eines Software Defined Radio (SDR)

Der bisherige Weg, der Vielfalt an Funkschnittstellen und Übertragungsstandards Herr zu werden – nämlich wie bei Multiband-Handys mehrfache Sende-/Empfangseinheiten in ein Gehäuse zu integrieren, die sich die Peripherie sowie die Stromversorgung und Ein-/Ausgabemodule teilen –, trägt nicht sehr weit. Die Ursache sind wirtschaftliche Gründe.

Jede zusätzliche Komponente verteuert die Endgeräte, aber einen Nutzen davon hat nur die kleine Teilmenge derjenigen Anwender, die sich tatsächlich oft in verschiedenen Netzen bewegen. Die Kombination zu Multiband-Handys zielt mit hohem Aufwand auf einen Markt von Endkunden, der umso kleiner wird, je vielfältiger die Kombinationsmöglichkeiten werden.

Aus dieser Falle wollen Forscher und Entwickler den Herstellern mit einem Software-Defined-Radio-Konzept heraushelfen, das zwei Ansätze miteinander verbindet: Firmware-Downloads über Funk und rekonfigurierbare Hardware in den

Handys/Endgeräten. Dabei wird die Logik in den Bausteinen so umprogrammiert, dass sie den jeweiligen Standard versteht.

Software Defined Radio (SDR) ist also eine Verbundtechnologie von Hard- und Software, die eine rekonfigurierbare Systemkonfiguration für drahtlose Netzwerk-NICs digital arbeitender Sende- und Empfänger-Bausteine ermöglicht.

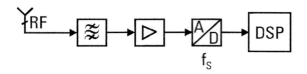

Abbildung E.5: Konzept eines Software Radios (Empfänger). Über die Antenne wird die **HF** aufgenommen, das analoge Signal mit einem Breitbandmischer in das Basisband überführt (**ZF**-Stufe) und verstärkt. Dann wird dieses komplexe ZF-Signal digitalisiert und einem **DSP** zugeführt, der sämtliche Filtermaßnahmen und Demodulationsverfahren in Software durchführt. (Quelle: The attrACTIVE Domain – interne Projektdokumentation von K&P Engineering).

SDR ist die effizienteste und kostengünstigste Lösung des bekannten Problems, drahtlose Multimode-, Multiband-, Multifunktions-NIC-Systeme zukünftig so zu konstruieren, dass sie durch Software-Upgrades funktional veränderbar und erweiterbar werden. Ein SDR kann man als so genannte »Enabling Key Technology« betrachten, denn sie ist von ihrer Natur her für ein weites Feld von Lösungen in der drahtlosen Industrie zu benutzen.

SDR lässt sich durch folgende Aspekte stichwortartig charakterisieren:

- per Software »over the Air« downloadbare rekonfigurierbare Hardware

- Multi (-mode-, -band-, -funktion-) Sende- und Empfängerkonzepte

- Digitalisierung und Echtzeitverarbeitung, Basisband-Signalverarbeitung

- optimale Nachbildung analoger Filterbänke durch Software

- digitales Front-End, digitale Verarbeitung der Zwischenfrequenz

- Kombination von ASIC-, DSP-, FPGA-, PLD- und CPU-Technologien

So können sowohl einzelne Systeme (Handys, PDAs, ...) als auch Netzwerk-Equipment (WLAN-Infrastruktur-Elemente) durch Software dynamisch reprogrammiert werden, um sich gegenseitig »anzupassen«. Dadurch können sie die Funkschnittstelle an die erforderliche Dienstgüte und Übertragungssituation der vorhandenen Netzinfrastruktur adaptieren. Die Flexibilität rührt daraus, dass sie Sende- und Empfangssignale so weit wie möglich per Software bearbeiten.

Eine weitere Anwendung dieser Technologie ist der Einsatz von herunterladbaren Protokollen. Dabei holen sich die Endgeräte automatisch von Access Point die Protokolle ab, die sie für die jeweilige Situation benötigen. Dies kann allerdings nur über ein einheitliches (standardisiertes) System erfolgen, beispielsweise mittels eines Signalisierungskanals (kleinster gemeinsamer Nenner für die Initialisierung einer Kommunikationsverbindung quer über alle drahtlosen Standards hinweg), durch eine Art von Netzwerk-BIOS.

Mit anderen Worten, das gleiche Stück Hardware kann so weit durch Software verändert werden, dass es zu unterschiedlichen Zeiten unterschiedliche Funktionen wahrnehmen kann. Dies erlaubt nicht nur Herstellern, Entwicklungsleistungen auf eine multifunktionale Hardwarebasis zu fokussieren, sondern wird auf der Anwenderseite zu so genannten »Raumschiff-Enterprise-Systemen« und Geräten führen, die immer mehr Funktionalität und Applikationen in ein Multitool hineinintegrieren.

Nun sind Software-Downloads nichts Neues, und auch rekonfigurierbare Logik gibt es bereits. Die eigentliche Herausforderung liegt jedoch bei den Sende- und Empfangsgeräten, in der weitgehenden Programmierbarkeit der Hochfrequenz-, Zwischenfrequenz- und Basisband-Signalverarbeitung auf einer Hardwareplattform, die aus digitalen Signalprozessoren (DSPs) und Field Programmable Gate Arrays (**FPGAs**) besteht.

Ein SDR muss als Multibandgerät mit seiner Hochfrequenzstufe innerhalb eines weiten Bereiches arbeiten, der im zellularen Mobilfunk weltweit zwischen 800 MHz und 2200 MHz sowie bei Personal (PAN, etwa Bluetooth) und Wireless Local Area Networks (**WLANs**) bei 2,4 respektive 5,4 GHz liegt. Als Multimodetelefon realisiert es verschiedene Verbindungs- und Netzprotokolle, und als Multifunktionsgerät unterstützt es auf der Anwendungsebene verschiedene Multimediaformate der Sprach-, Daten- und Bewegtbildübertragung.

E.7.3   Smart-Antennensysteme

Smart-Antennen (**SA**) oder adaptive Antennen verfügen über eine steuerbare Richtcharakteristik, die das elektromagnetische Feld um den Sender herum nicht als Kugelwelle abstrahlt und so die gesamte Funkzelle gleichmäßig »ausleuchtet«, sondern es keulenförmig in die Richtung eines bestimmten Empfängers konzentriert und dessen Bewegung dynamisch verfolgen kann. Dazu realisieren SAs unter anderem eine Eigenschaft namens Space Division Multiple Access (**SDMA**). Diese Funktion gleicht der einer Richtantenne, deren Richtcharakteristik nicht durch die physikalische Ausrichtung der Antenne im Raum, sondern durch elektronische Maßnahmen bestimmt wird.

SAs entwickelten sich aus einer militärischen Technologie, die in den 70er-Jahren als »Phased-Array-Radar« rotierende Antennen ersetzte. Beim Stealth-Bomber sie dafür, dass ortende Radarwellen vom Flugzeug nicht Richtung Quelle reflektiert, sondern in andere Richtungen umgeleitet werden.

Space Division Multiple Access (SDMA)

Space Division Multiple Access bedeutet nicht anderes, als dass ein und derselbe Sender in verschiedene Richtungen unterschiedliche Inhalte schicken kann. Dadurch lässt sich die im jeweiligen Frequenzband bereitgestellte Bandbreite wesentlich besser ausnutzen, als das mit bisherigen Rundstrahlern möglich ist.

Erreicht wird dieses »Raum-Multiplexing« durch die phasengenaue Ansteuerung eines Antennen-Arrays – also einer flächigen Anordnung einer Vielzahl von Einzelantennen – in Echtzeit.

Der elektronisch ausgerichteten SA liegt derselbe Mechanismus zugrunde wie der Beugung einer elektromagnetischen Welle (Lichtstrahl) an einem Gitter (Beugung): Durch Superposition der phasenverschobenen Wellen aus den vielen Einzelstrahlern des Arrays wird eine Raumrichtung bevorzugt ausgeleuchtet, in allen anderen Richtungen löschen sich Wellenanteile durch Interferenz gegenseitig aus – ein Idealfall, der in der Praxis jedoch aufgrund des Auftretens von Beugungsmaxima höherer Ordnung nicht optimal erreichbar ist.

Dennoch lässt sich durch die Änderung der relativen Phasenlage zwischen den einzelnen Sendedipolen die Abstrahlrichtung variieren und durch eine geeignete Amplitudenbelegung der Einzelstrahler zudem die Reichweite der Sendekeule optimal auf jeden Teilnehmer abstimmen. Um die Selektivität zu steigern und unerwünschte Wechselwirkungen zwischen benachbarten Sendekeulen zu verringern, kann man benachbarte Dipole überdies mit unterschiedlicher Polarisation ansteuern.

In jedem Fall wird das Richtdiagramm des Antennensystems – das die Reichweite einer bestimmten Feldstärke in Abhängigkeit vom Winkel angibt – von digitalen Signalprozessoren so geformt, dass die Hauptkeule zum gewünschten Teilnehmer zeigt, während die Signale anderer Teilnehmer möglichst mit Nullstellen belegt werden, um die Gleichkanalstörungen zu verringern.

Da ein elektronisches Ausrichten fast mit Lichtgeschwindigkeit vor sich geht, hat diese Art der Ausrichtung viele Vorteile gegenüber den bekannten mechanisch drehbaren Richtantennen. Drei dieser Vorteile sind für den Betrieb von RLANs von besonderer Bedeutung:

– Lokalisierung des Kommunikationspartner (LBS-Services)

– Ausrichtung des Sendesignals zum Standort des Radiopartners

– Kapazitätssteigerung des Netzes hinsichtlich Datenrate und Nutzerzahl

Einfache Smart-Antennensysteme arbeiten lediglich im Downlink, also vom Access Point zum drahtlosen Terminal. Schwieriger zu realisieren ist die Verwendung von Smart-Antennen an festen und mobilen Stationen, wenngleich das eine weitere Verbesserung brächte.

Wenn eine intelligente Antenne ihre Hauptkeule mit erhöhtem Gewinn in Richtung des Benutzers richtet, bilden sich seitliche Maxima und Minima aus oder Bereiche mittleren und minimalen Antennengewinnes in den von der Hauptkeule wegweisenden Richtungen. Durch eine geeignete Ansteuerung der Antennenelemente lässt sich bei Smart-Antennen mit unterschiedlicher Genauigkeit und Flexibilität genau diese Antennenstrahlungscharakteristik steuern. Das nachfolgende Diagramm veranschaulicht dieses Verhalten:

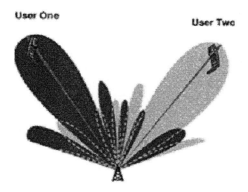

Abbildung E.6: Räumlich adaptierte SA, die in diesem Beispiel zwei Benutzer auf identischen Frequenzen zeitgleich in der gleichen Mikrozelle unterstützt.[8] (Quelle: The attrACTIVE Domain – interne Projektdokumentation von K&P Engineering)

Abbildung E.6 veranschaulicht die Momentaufnahme eines voreingestellten SA-Abstrahl-Polarendiagramms. Diese beiden möglichen Beam-Ausrichtungen würde unsere intelligente Antenne als Lösung verwenden, wenn sie zeitgleich in ihrer Funkzelle zwei Benutzer identifiziert, die auf der gleichen Frequenz (re-use) mit dem zur SA gehörenden AP kommunizieren müsste.

Durch dieses Verfahren kann bei konstanten Zellgrößen die HF-Leistung aller Kommunikationspartner entsprechend dem gerichteten Antennengewinn mehr oder minder stark abgesenkt und so die Verkehrsdichte erhöht werden.

Im Allgemeinen erhöhen SAs die spektrale Leistungsfähigkeit eines drahtlosen Systems, indem sie Antennen-Arrays verwenden, um ein bestimmtes Antennendiagramm zu formen. Die meisten intelligenten Antennen unterstützen Luft-Schnittstellen wie **FDMA**, **TDMA** und **CDMA** und sind bezüglich der eingesetzten Modulationsmethode transparent.

Die Klasse der intelligenten Antennen wird unterteilt in so genannte »Switched Beam«- oder »Adaptive Array«-Antennen. Letztere erfordern eine besonders hoch entwickelte Signalaufbereitung, bringen dafür aber substanziell mehr Nutzen.

Switched Beam-Antennen
Die meisten Smart-Antennen sind vom Typ »Switched Beam«. Sie können auf unterschiedliche, in ihrer Anzahl, Position, Strahlgeometrie und Empfindlichkeit aber festgelegte Profile umgeschaltet werden. Sie ermitteln selbstständig die Signalqualität, insbesondere die Intensität, und wählen dann das jeweils beste Profil aus, um dem mobilen Kommunikationspartner auf seinem Weg durch die Funkzelle zu folgen.

Adaptive Array-Antennen

Das technologische Spitzenprodukt aktueller Antennentechnologie stellen jedoch adaptive Antennensysteme dar. Bedingt durch eine Vielzahl aktueller Signalaufbereitungsalgorithmen wird so ein System in die Lage versetzt, unterschiedlichste Signaltypen sowohl zu lokalisieren als auch Störungen dynamisch zu unterdrücken, um so den Empfang des gewünschten Nutzsignals zu maximieren. Im Gegensatz zu den festen, vorgegebenen Profilen bei den Switched Beam-Antennen arbeiten adaptive Antennensysteme dynamisch – ohne festes Raster.

E.8 Total genetzt, im Land der Zellstrukturen

Adaptive Antennen arbeiten mit einer umschaltbaren Richtcharakteristik, um das jeweils angesprochene Mobilgerät besser zu erreichen.

In der Wirkung ähnelt das Verfahren der Aufgabe, einer bestimmten Unterhaltung in einem Raum voller Personen zu folgen, die aber im gleichmäßigen Gemurmel zu verschwinden scheinen.

In gleicher Weise erlaubt das richtungsaufgelöste Senden und Empfangen die Bedienung mehrerer räumlich getrennter Teilnehmer in einer Zelle auf derselben Frequenz und demselben Zeitschlitz. Erkauft wird dieser Vorteil allerdings mit einem erheblichen Aufwand an Signalverarbeitung und Steuerungstechnik.

E.8.1 Dynamisches Raum-Multiplex-Verfahren

Das dynamische Raum-Multiplex-Verfahren ist eine Weiterentwicklung des bislang praktizierten statischen Space Division Multiple Access (SDMA) mit festen Funkzellen oder Sektoren, aber die zugrunde liegende Philosophie ist dieselbe: Je gezielter man die Funkübertragung auf einzelne Raumbereiche begrenzen kann, desto häufiger lassen sich die Ressourcen wie Frequenzkanäle, Zeitschlitze und Spreizcodes erneut vergeben.

Mit dem Einsatz von Richtantennen sind die Möglichkeiten des statischen SDMA jedoch noch längst nicht ausgereizt: Darüber lassen sich kleine und kleinste Sendezellen bis hinunter zu einer picozellularen Struktur aus Funkversorgungszonen mit Durchmessern von etwa zehn Metern errichten. Damit kommen Systeme ins Spiel, die bisher primär für den Einsatz in drahtlosen Local Area Networks entwickelt wurden, beispielsweise Bluetooth, IEEE802.11x oder HiperLAN/2.

In diesen Pico-Zellen bereitet die Ausformung von Bandbreiteninseln kaum Probleme. Werden diese Zellen nun über ein hierarchisches Backbone vernetzt, stehen plötzlich Datenraten sowie Netzqualitäten zur Verfügung, die selbst die wildesten Szenarien der UMTS-Visionäre locker in den (Funk-) Schatten stellen.

Somit stellt sich die Frage, ob nicht andere oder zusätzliche Zugangsmechanismen den Zugriff effizienter abwickeln als ein flächendeckendes Mobilfunksystem wie UMTS – etwa wenn ein Endgerät in der Firma, im Flugzeug oder der Bahn (Hotspots) in den Einzugsbereich der breitbandigen Funkschnittstelle eines WLAN kommt und sich dort einbucht, statt über eine UMTS-Funkzelle. Das setzt allerdings auf der Netzstrukturebene ein entsprechend angepasstes Mobilitätsmanagement voraus – ein Bereich, für den etwa Mobile IPv6 wie geschaffen erscheint.

Von diesem Punkt an fällt es nicht mehr schwer, sich ein global aufgespanntes »Weltnetz« vorzustellen, bei dem die Konvergenz so weit gediehen ist, dass es für den Anwender völlig gleichgültig ist, ob als Netzarchitektur LAN, IEEE-WLAN, HiperLAN/2, Bluetooth, GSM oder UMTS vorliegt – nahtloses Roaming und Handover inklusive.

E.9   Zahlen schafft (Un-) Frieden

Während die technologische Entwicklung drahtloser Kommunikationslösungen läuft und mit GSM-Zellfunknetzen sowie mit WLANs gemäß IEEE802.11 und Bluetooth sich am Markt bereits etabliert hat, fehlt immer noch ein *bezahlbares Bezahlsystem*, das auch für Klein- und Kleinstbeträge – das so genannte Micro-Payment – einsetzbar ist. »Fehlen« meint in diesem Kontext nicht etwa den Mangel an verfügbaren Bezahlsystemen, sondern den Mangel an einer breiten Nutzerakzeptanz, weil die existenten Systeme aufgrund fehlender technischer Eigenschaften oder wegen zu hoher Courtagen (bis zum zweistelligen Prozentbereich der Umsatzsumme) zu unerträglich hohen Wertabschöpfungen bei den Nutzern des Zahlungssystems führen.

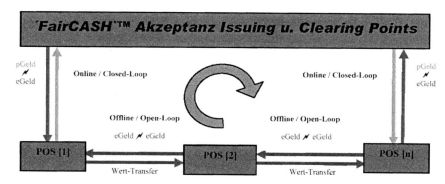

Abbildung E.7:   Schematische Darstellung des Zahlungskreislaufes des universellen, innovativen und Token-basierten eZahlungsverkehrssystems FairCASH als Vertreter eines bargeldnahen Person-zu-Person- respektive Peer-to-Peer-umlauffähigen »Open-Loop-Zahlungsinstrumentariums«. Ein wesentliches Merkmal von FairCASH ist der sichere Transfer elektronischen Bargelds über beliebige – auch ungesicherte – Telekommunikationssysteme, etwa von Handy zu Handy oder per WLAN-Verbindung. (Quelle: K&P Engineering[9])

Ein besseres, weil »faires« mobiles Bezahlsystem befindet sich bei den Autoren unter dem Namen *FairCASH*[9] im Konzeptstadium auf dem Designer-Reißbrett. Es verfügt über ähnliche Attribute wie das bekannte Bargeld, mit dem kleinen Unterschied seiner elektronischen Existenz als kryptografisch abgesichertes eToken-System und stellt als virtuelles eGeld die natürliche Zahlungsmittelergänzung zum physikalischen pGeld (Münzen und Geldscheine) in einer (drahtlos) vernetzten Welt dar.

Trotz oder wegen des (für den schließlich alles bezahlenden Endkunden verteuernden) Hickhacks um 5-GHz-Frequenzbänder, UMTS-Lizenzen oder ISM-Kanäle setzt vor allen die IT-Industrie massiv auf »drahtlos«. Nachdem der PC-Boom abgeklungen, die Internetblase geplatzt und das Megahertz-Marketing verhallt ist, brauchen die elektronischen Alltagshelfer neue, zugkräftige Zugpferde: Und da kommen die Komfort versprechenden Segnungen der drahtlosen Horizonterweiterungen gerade recht. Und die enden nicht bei Bluetooth, WLAN oder HiperLAN, sondern gehen noch viel weiter, was Bandbreite und Übertragungskapazität betrifft: Mit Ultra Wide Band (UWB) wollen europäische und amerikanische Entwickler und Regulierer in Frequenzbereichen zwischen 3,1 und 10,6 GHz (Radar) vordringen, in denen sie selbst Mauern mit drahtlosen Datenraten jenseits der 100 Mbit/s durchdringen. Im 24-GHz-Band sollen per Kurzstreckenradar künftig Kraftfahrzeuge selbsttätig den Abstand zueinander (und den zum Straßenrand) einhalten, derweil ihre Lenker und Insassen drahtlos fernsehen, telefonieren, chatten oder gamen.

Die Welt wird drahtloser – ohne Zweifel.

./.

---

1   http://news.zdnet.de/story/0,,t101-s2108291,00.html
2   http//www.ieee.org
3   HiperMAN, High Performance Radio Metropolitan Area Networks, repräsentiert ein ortsgebundenes, drahtloses Zugangsnetzwerk, das mit Frequenzen zwischen 2 und 11 GHz arbeitet und als Verbindung zwischen HiperACCESS und Hiper-LAN2 dient.
4   http://www.regtp.de/aktuelles/start/fs_03.html, Mitteilung 325/2002
5   Aus Notes from the 2nd Workshop on Introduction of Ultrawideband Services in Europe, 11. April 2002 – Mainz: Cmonets, RWTH Aachen
6   Vodafone Deutschland hat den für 2002 geplanten UMTS-Start ins Frühjahr 2003 verschoben, Hauptkonkurrent T-Mobile peilt den Herbst 2003 für den UMTS-Launch an. Beim Frühstarter MobileCom scheint ob der Turbulenzen um den Hauptaktionär France Télécom das ehrgeizige Ziel, noch 2002 zu starten, eher fraglich. O2 will im Sommer 2003 den UMTS-Dienst anbieten und E-Plus irgendwann 2003.
7   http://www.tomshardware.de/video/02q2/020418/dvb-t-02.html
8   http://www.arraycomm.com/Technology/Technology.html
9   www.e-FairCASH.com

Kapitel 1

Praxis – auspacken, einschalten ...

Die Einrichtung drahtloser Netze ist zwar nicht ganz trivial, gelingt jedoch bei Beachtung einiger wesentlicher Punkte nahezu reibungslos. Wenn alle Komponenten vom gleichen Hersteller kommen, lassen sich sogar die erweiterten Sicherheitsaspekte, die über die im Standard festgeschriebenen Mechanismen, wie die leider nicht sehr sichere Verschlüsselung des drahtlosen Verkehrs gemäß WEP (Wireless Equivalent Privacy), hinausgehen, in die Einrichtung eines WLAN miteinbeziehen (siehe Kapitel 7 – Sicherheitsbetrachtungen).

Abbildung 1.1:   Zu den ausgefeiltesten drahtlosen Netzwerkadaptern, besonders was die Betriebssystem- und Netzwerktreiber anbelangt, zählen die Aironet- WLAN-Karten der 350-Serie.Der abgerundete Teil auf der rechten Seite ragt aus dem PCMCI-Slot heraus, damit die darin untergebrachte Funkantenne wenigstens einigermaßen frei abstrahlen kann. (Quelle: Cisco)

Vor der Einrichtung eines WLAN steht die Planung, und die muss mit den beschränkten Ressourcen der WLAN-Technologie auskommen. Dazu zählen:

• die Anzahl der verfügbaren Funkkanäle

• die Sendeleistung

• die Bandbreite einer WLAN-Verbindung

• die maximale Anzahl Stations, die ein Access Point verwalten kann

Grundsätzlich stehen im 2,4-GHz-ISM-Frequenzband (siehe Kapitel 3) in Deutschland 13 Funkkanäle zur Verfügung – das sind im internationalen Vergleich die meisten. In den USA sind es lediglich elf, in Frankreich gar nur zwei (siehe Kapitel 3).

Allerdings überlappen sich die benachbarten Frequenzbänder ziemlich stark (siehe Abbildung 1.2), sodass bei der Vergabe der Kanalnummer auf wenigstens drei Kanäle Abstand zu den Kanalnummern anderer WLANs zu achten ist. Ergo lassen sich maximal drei voneinander unabhängig operierende WLANs parallel und zeitgleich in der gleichen Funkzelle überlappend betreiben (siehe Abbildung 1.3). Das ist dann sinnvoll, wenn:

- Roaming zwischen WLAN-Access-Points erwünscht ist
- mehrere unabhängige WLANs betrieben werden sollen
- in einer Funkzelle mehr Bandbreite benötigt wird
- die drahtlose Backbone-Vernetzung von Access Points erforderlich ist

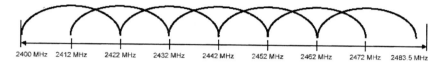

Abbildung 1.2: In Europa hat der Anwender die Wahl zwischen 13 Kanälen im 2,4-GHz-Frequenzband, die sich jedoch stark überlappen.

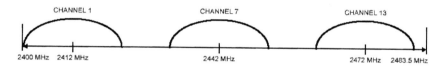

Abbildung 1.3: Um wechselseitige Störungen zu vermeiden, sollten parallel betriebene WLAN-Installationen drei Kanäle Abstand haben, sodass sich in Europa höchstens drei WLAN-Netze parallel zueinander betreiben lassen.

Unabhängige Netze erfordern unterschiedliche Service Set Identifiers (**SSID**s) und unterschiedlich belegte Funkkanäle. Aber auch die Zusammenfassung mehrerer Funkkanäle zwecks Kanalbündelung ist möglich: So lassen sich beim IEEE802.11b-Standard bis zu drei Kanäle zu einer logischen WLAN-Verbindung mit einer Bruttodatenrate von 33 Mbit/s zusammenfassen. Diese Zusammenfassung wird in der Regel über dedizierte Hardware realisiert. Allerdings gibt es bereits einige Anbieter von WLAN-Equipement, die in ihren Produkten die Verwendung von zwei Kanälen (indem zwei NICs in den Access Point eingesteckt werden) per Firmware realisiert haben, um eine Datenrate von 22 Mbit/s zu erreichen.

So verdoppelt etwa die Universität Mainz die Bandbreite ihrer Richtfunkbrücken zur Anbindung von Wohnheimen an das Rechenzentrum der Universität auf 22 Mbit/s durch den Einsatz von je zwei WLAN-Adaptern in Access Points der Firma ARtem (siehe Kapitel 2 – Anwendungen / Universität Mainz).

Überprüfe bzw. ändere von default Kanal 1
auf eine Kanal der nicht benutzt wird

1.1 Erste Schritte

Vor der ersten Inbetriebnahme einer WLAN-Installation sollte sich der Anwender darüber im Klaren sein, dass jede WLAN-Funkstrecke lediglich ein Äquivalent für (Ethernet-) Kabel darstellt. Ergo ist ein WLAN-Adapter mit einer Ethernet-NIC (Network Interface Card) gleichzusetzen und ein »nackter« Access Point in seiner logischen Basisfunktion mit einer WLAN-Ethernet-Bridge, deren Aufgabe in Medienwandlung zwischen Kabel auf der einen Seite und Funk auf der anderen Seite besteht. Weniger nackte Access Points warten mit Zusatzfunktionen auf, wie

- Router
- DHCP-Server
- MAC-Filter
- Firewall
- IP-Masquerading
- Native Address Translation
- Print-Server

TEILE UND HERRSCHE

Ein drahtgebundenes Ethernet-Netzwerk arbeitet mit dem Zugriffsverfahren CSMA/CD (Carrier Sense Multiple Access with Collision Detection). Das bedeutet, die sendebereite Station hört die Leitung ab und sendet ihre Daten nur dann, wenn die Leitung frei ist. Während des Sendens kann die sendende Station eine Kollision daran erkennen, dass es auf dem Medium (Kabel) zu einer Pegelüberhöhung des Sendesummensignals gekommen ist. Sie bricht daraufhin das Senden ab und startet nach Ablauf einer zufällig lang gewählten Wartezeit einen neuen Versuch, die Daten an den Partner abzusenden.

Dieser Mechanismus ist in einem drahtlosen Netzwerk schlichtweg unwirksam, da die sendende Station eine Kollision durch das Senden des eigenen Signals oder die Kollision in einer benachbarten Funkzelle niemals erkennen kann. WLANs verwenden daher statt des Kollisionserkennungsverfahrens CSMA/CD das Kollisionsvermeidungsverfahren CSMA/CA (Carrier Sense Multiple Access with Collision Avoidance), das Kollisionen u. a. durch einen »Handshake«-Mechanismus vermeidet: Hat die sendebereite Station das Übertragungsmedium als frei erkannt hat, sendet sie zunächst ein **RTS**-Telegramm (Request To Send Telegram) an den Partner, mit dem sie das Medium für die Datenübertragung reserviert, ähnlich wie in der RS232-Norm.

Daraufhin muss die Gegenstation innerhalb einer bestimmten Zeit ein **CTS**-Telegramm (Clear To Send) zurücksenden. Durch das CTS-Telegramm werden andere Stationen am Senden gehindert (Übertragungsmedium ist belegt). Kommt dieses Telegramm korrekt beim Partner an, kann der Datenaustausch beginnen.

Nach Beendigung der Datenübertragung wird durch das **ACK**-Telegramm (Acknowledge) mitgeteilt, dass die Daten erfolgreich übertragen wurden. Bleibt dieses Abschlusstelegramm aus, muss die sendende Station davon ausgehen, dass es zu einer Kollision oder zu einem Übertragungsfehler gekommen ist. Nach einer Wartezeit startet die sendebereite Station einen neuen Versuch. Durch dieses Handshake-Verfahren, das auch über den Access Point weitergeleitet wird, ist es möglich, ebenso Stationen zu erreichen, die nicht in Reichweite der sendebereiten Station liegen (Hidden-Node). Auch diese Stationen erkennen so, dass das Übertragungsmedium reserviert ist.

Während jedoch ein Kabel zwei definierte Enden hat, die physikalisch mit je einer Buchse verstöpselt werden, hat eine Funkverbindung lediglich virtuelle Enden, die erst auf logischer Ebene miteinander verbunden werden können. Dabei werden die eindeutigen **MAC**-Adressen der WLAN-Adapter den logischen, durch die **SSID** festgelegten Namen eines oder mehrerer drahtloser Netzwerke respektive Netzwerksegmente zugeordnet.

Um dabei nicht den Überblick zu verlieren, empfiehlt es sich daher, im ersten Schritt nur eine Station in Betrieb zu nehmen und mit ihr in der Funkumgebung nach vorhandenen WLANs zu spähen. Wurde die Karte noch nicht per Treibereinstellung auf einen bestimmten Funkkanal fixiert, prüft sie der Reihe nach Kanal für Kanal auf Aktivität. Detektiert sie ein gültiges Signal (Beacon) einer anderen Station oder eines Access Point, wertet sie die in der Broadcast-SSID übermittelten Übertragungsparameter aus und bringt sie in einer Software-Applikation zur Anzeige. Nun hat der Anwender die Wahl, ob er diese Parameter für den Aufbau einer Funkverbindung verwenden möchte.

Dazu muss er lediglich die SSID der Gegenstation übernehmen. Windows XP zeigt beispielsweise alle in der Umgebung gefundenen SSIDs komfortabel in einer Liste an und erlaubt dem Anwender eine einfache Profil-Selektion.

Im Fall eines Ad-hoc-Netzwerkes muss man sich auf eine gemeinsame Kanalnummer einigen und diese eintragen. Im Fall einer Kontaktaufnahme zu einem Access Point legt dieser den verwendeten Kanal in der Station-Karte fest.

Klappt es dennoch nicht mit dem Nachbarn – Windows zeigt in diesem Fall an, dass das Netzwerkkabel entfernt wurde –, so liegt es möglicherweise daran, dass die Gegenseite einen WEP-Key verwendet und damit ihren Datenverkehr verschlüsselt. Ohne WEP-Key gibt es in diesem Fall also keinen Kontakt.

Abbildung 1.4: In Windows XP ist ein Manager für WLAN-Profile bereits integriert: Er trägt Informationen über die erreichbaren WLANs in der Umgebung in die Liste der bevorzugten Netzwerke ein und erlaubt die Priorisierung, in welcher Reihenfolge Windows XP zu ihnen Kontakt aufnimmt. (Quelle: SMPS)

Access Points und Stationen outen sich dadurch, dass sie in Abständen von 100 Millisekunden so genannte Beacons aussenden, eine Art Leuchtfeuer, mit denen sie ihrer Umgebung ihre Betriebsparameter – Kanalnummer und SSID – mitteilen. Diese Broadcast-Signale dienen in erster Linie der Synchronisation der Zeitschlitze, in denen beispielsweise Access Points und Stationen warten, bis sie nach einem als frei erkannten Sendekanal selbst aktiv werden.

ERSTKONTAKT
Um sich einem WLAN anzuschließen, dessen SSID nicht bekannt ist oder dessen Aussendung aus Sicherheit unterdrückt wird, trägt man üblicherweise »ANY« oder »default« – die genaue Bezeichnung steht im Handbuch der jeweiligen WLAN-Karte – in das entsprechend Feld ein. Dann »spürt« der WLAN-Adapter alle WLANs in der Umgebung auf und zeigt deren SSIDs (soweit möglich) per Software an. Bleibt jedoch die SSID auf ANY stehen, ist der über das WLAN abgewickelte Verkehr ungeschützt und für alle anderen Stationen ebenfalls »sichtbar«. Noch besser klappt das Ausspähen mit einem elektronischen Dietrich wie dem SnifferPro[1], einem WLAN-Analysewerkzeug von Network Associates oder mit AiroPeek von Wild Packets[2].

DRAHTLOS OHNE OUTING
Wer ein drahtloses Netz plant, das nicht der Allgemeinheit offen stehen soll, sollte bei der Wahl seines Access Points darauf achten, dass die Übermittlung der Broadcast-SSID im Beacon unterdrückt werden kann. Das verhindert zwar nicht, dass ein Hacker in das WLAN eindringen kann, erschwert ihm jedoch diese Aufgabe beträchtlich.

1.2 Windows-Installation

Wir beschränken uns in dieser Übersicht auf Windows-Betriebssyteme mit Fokus auf Windows XP, obwohl bereits viele Hersteller ebenfalls Linux-Treiber anbieten. Die Macintosh-Welt geht eigene (wenngleich vertraute) Wege – für diese Hardware-Plattform bietet Apple unter dem Markennamen »AirPort« ein WLAN-System an, das ebenfalls auf dem Standard IEEE802.11b fußt.

Notebook-Szenario: Nachdem die PC-Card eingeschoben und vom PC via **PnP** bemerkt worden ist, verlangt Windows nach einem passenden Treiber. Den liefert der Anbieter/Hersteller des jeweiligen WLAN-Adapters normalerweise mit oder er ist – wie bei den Produkten führender Hersteller – bereits Bestandteil der Betriebssystem-Treiberbibliothek. Die Treiber werden üblicherweise ergänzt um mehr oder weniger funktionsreiche Client-Software, die etwa der Überwachung der Verbindungsqualität, dem Anlegen von Profilen oder der offerierten Sicherheitsmechanismen (wie Einbuchen in bestimmten Netze, WEP-Key, SSID-Unterdrückung, etc.) dient.

In Windows XP (und MacOS X sowie manche Linux-Distributionen) ist die Unterstützung für eine Reihe IEEE802.11-kompatibler Produkte bereits integriert, sodass dort die Konfiguration des WLAN-Adapters mit Bordmitteln erfolgen kann.

Abbildung 1.5:   WLAN-Adapter sind üblicherweise als PCMCIA-Karten des Typs II ausgelegt. Die Antenne (schwarz) ragt ein Stück aus dem PCMCIA-Sockel heraus, um einigermaßen frei abstrahlen und empfangen zu können. Die Karten weisen – je nach Hersteller und Modell – die bei NICs üblichen Statusleuchten für Link und Activity auf und tragen optional eine Buchse zum Anschluss einer Range Extender-Antenne (Bild: ELSA).

Abbildung 1.6: Die Statusanzeige einer -- hier WLAN getauften – drahtlosen Netzwerkverbindung weist unter Windows XP die Verbindungsdauer, die Übertragungsrate und grafisch die Signalqualität aus. (Quelle: Windows XP Professionell)

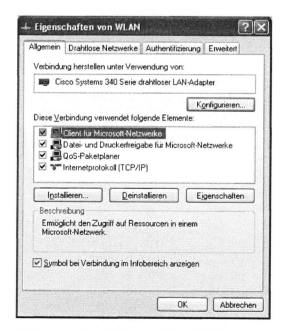

Abbildung 1.7: Windows XP enthält bereits einen Profilmanager für drahtlose Netzwerke, der über den Ordner Netzwerkumgebung zugänglich ist. (Quelle: SMPS)

Die Installation unter Windows XP verläuft recht geradlinig. Windows XP geht indes immer zuerst davon aus, dass sich der Anwender einem Infrastruktur-Netzwerk anschließen will. Die Ad-hoc-Vernetzung mit einem oder mehreren anderen WLAN-Clients erfordert jedoch außer der Kenntnis von SSID und Kanalnummer auch nicht viel mehr als ein zusätzliches Häkchen an einer weiteren Check-Box.

1. Öffnen Sie den Ordner NETZWERKVERBINDUNGEN

2. Klicken Sie mit der rechten Maustaste auf DRAHTLOSE VERBINDUNG, und anschließend auf EIGENSCHAFTEN.

3. Auf der Registerkarte DRAHTLOSE NETZWERKE können Sie nun wahlweise eine der folgenden Aktionen ausführen:

   – Wenn das Betriebssystem die drahtlosen Netzwerkverbindungen verwalten soll, aktivieren Sie ganz oben das Kontrollkästchen *Windows zum Konfigurieren der Einstellungen verwenden*.

   – Wenn Sie stattdessen mit der Verwaltungs-Software des Herstellers der WLAN-Komponenten arbeiten wollen, deaktivieren Sie dieses Kontrollfeld.

4. Um die Verbindung mit einem vorhandenen drahtlosen Netzwerk herzustellen, haben Sie die Wahl zwischen Zugriffspunktnetzwerk (Infrastruktur) – in der Microsoft-Terminologie heißt ein Access Point geradlinig eingedeutscht Zugriffspunkt – und Computer-zu-Computer-Netzwerk – das steht bei Microsoft für Ad-hoc-Netzwerk.

   – Infrastruktur: Um eine Verbindung zu einem vorhandenen Infrastruktur-Netzwerk herzustellen, klicken Sie in der Liste *Verfügbare Netzwerke* auf einen der angezeigten Netzwerknamen (gemeint sind die empfangenen SSIDs) und anschließend auf die Schaltfläche KONFIGURIEREN.

   – Es öffnet sich ein Fenster mit dem Titel DRAHTLOSE NETZWERKEIGENSCHAFTEN, das zuoberst die gerade gewählte SSID anzeigt. Aktivieren Sie nun bei Bedarf das Kontrollkästchen *Datenverschlüsselung (WEP aktiviert)*. Dann wird voreingestellt ebenfalls das Kontrollfeld *Schlüssel wird automatisch bereit gestellt* aktiviert, weil Windows davon ausgeht, dass Sie auf einen Access Point zugreifen, der diesem neben der Kanalnummer auch diesen Parameter an die WLAN-Karte übermittelt. Andernfalls müssen Sie dieses Kontrollkäschen deaktivieren, damit die Eingabemasken für *Netzwerkschlüssel*, *Schlüsselformat* und *Schlüssellänge* aktiviert werden. Schließen Sie nach Eingabe der Daten dieses Fenster über die Schaltfläche OK.

   – Beachten Sie: Wenn ein drahtloses Netzwerk seine SSID nicht übermittelt, wird es Windows nicht in der Liste der verfügbaren drahtlosen Netzwerke anzeigen. In diesem Fall müssen Sie, um Zugang zu erhalten, im EIGEN-

SCHAFTEN-Fenster in der unteren Hälfte zu *Bevorzugte Netzwerke* über die Schaltfläche HINZUFÜGEN die SSID des schweigsamen drahtlosen Netzwerkes eintragen – und bei Bedarf die zugehörigen Sicherheitsparameter. (Sollten Sie die elektronische Hilfestellung von Windows XP bemühen, so lassen Sie sich nicht von der eigenwilligen Terminologie verunsichern: Die »Dienstsatzidentifizierung« ist nichts weiter als die Service Set ID (SSID) geradlinig eingedeutscht.

5. Wenn Sie sich stattdessen einem Ad-hoc-Netzwerk anschließen wollen, klicken Sie ebenfalls unter *Bevorzugte Netzwerke* auf die Schaltfläche HINZUFÜGEN, tragen Sie in dem sich öffnenden Fenster die SSID sowie ggf. die Sicherheitsparameter ein und aktivieren Sie schließlich das Kontrollfeld *Dies ist ein Computer-mit-Computer-Netzwerk (Ad-hoc); drahtlose Zugriffspunkte werden nicht verwendet.*

6. Nachdem Sie dergestalt alle in Frage kommenden Netzwerke in die Liste der bevorzugen Netzwerke eingetragen haben, können Sie nun die durch Markieren der betreffenden SSID über die Schaltflächen »Nach oben« respektive »Nach unten« die Reihenfolge vorgeben, mit der Windows diese Netzwerke kontaktiert. Sollte eine SSID nicht angezeigt werden, obschon Sie sicher sind, dass Sie im Bereich eines Access Point sind, können Sie über die Schaltfläche AKTUALISIEREN Windows XP anweisen, über die WLAN-Karte die Umgebung erneut nach verfügbaren WLANs abzusuchen.

7. Die oben erwähnte Option, Windows XP mit der Verwaltung der WLAN-Kommunikation zu betrauen, bringt beträchtlichen Komfort mit sich. So können Sie sehr einfach

   – eine Verbindung zu einem vorhandenen drahtlosen Netzwerk herstellen

   – die Verbindung zu drahtlosen Netzwerkverbindungen lösen

   – drahtlose Netzwerkverbindungen konfigurieren

   – bevorzugte drahtlose Netzwerkverbindungen vorgeben und priorisieren

Allerdings muss Ihre WLAN-Karte den »konfigurationsfreien Dienst für drahtlose Verbindung« unterstützen – also Windows-XP-kompatibel sein (das zeigt sich sehr schnell nach dem Einschieben der neuen WLAN-Karte, wenn Windows keinen zusätzlichen Treiber begehrt). Um die Einstellungen der drahtlosen Netzwerkverbindungen ändern zu können, müssen Sie mit Administratorrechten am Betriebssystem angemeldet sein.

Abbildung 1.8: Windows XP listet im Fenster »Drahtlose Netzwerke« in der oberen Hälfte unter »Verfügbare Netzwerke« all jene WLANs auf, deren SSID beim Hochfahren des Rechners respektive beim Einstecken der WLAN-Karte gefunden wurden. In der unteren Hälfte dieser Dialogbox führt Windows XP weitere WLAN-SSIDs auf, auch solche, die nur andernorts verfügbar waren oder manuell eingetragen wurden. Windows XP versucht, sich in der angegebenen Reihenfolge in diese Netze einzubuchen. (Quelle: Windows XP Professionell)

Die proprietären Profilmanager der verschiedenen WLAN-Komponentenhersteller, die für Vor-XP-Windows-Betriebssysteme noch erforderlich waren, haben damit ausgedient.

Nach erfolgter Treiber-Installation ist der WLAN-Adapter unter Windows 2000 und Windows XP sofort ansprechbar, ältere Windows-Versionen können mit der frisch installierten WLAN-Adapterkarte jedoch erst nach einem Neustart etwas anfangen.

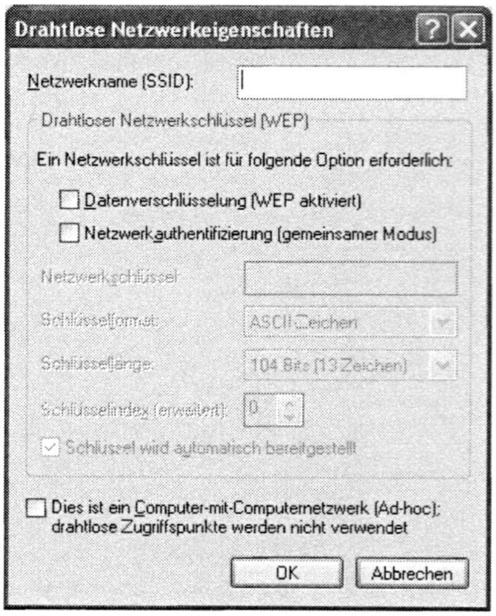

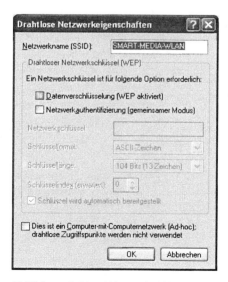

Abbildung 1.9: Die einer SSID zugeordneten Konfigurieren-Dialogbox nimmt Eingaben für die in IEEE802.11 verfügbaren Verschlüsselungsoptionen entgegen. Darüber hinaus lässt sich hier ein WLAN als Ad-hoc-Verbindung ausweisen. (Quelle: Windows XP Professionell)

Abbildung 1.10: Wenn ein WLAN, etwa als Sicherheitsmerkmal, keine SSID ausstrahlt, kann man Windows XP dennoch zur Verbindungsaufnahme bewegen, indem man eine neue WLAN-Verbindung hinzufügt und anschließend manuell deren Zugangsparameter – wie die SSID – einträgt. (Quelle: SMPS)

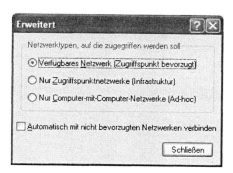

Abbildung 1.11: Der Profilmanager in Windows XP verwaltet sowohl den Zugang zu Ad-hoc- als auch Infrastruktur-WLANs. Dabei lässt er dem Anwender die Wahl, ob er sich ausschließlich der einen oder der anderen Sorte WLAN anschließen will oder ob die in der Liste »Bevorzugte Netzwerke« eingetragenen Parameter greifen sollen. (Quelle: SMPS)

Abbildung 1.12: In Windows XP ist die Unterstützung für Wireless LANs bereits integriert – die Profilverwaltung erfolgt hier mit Bordmitteln. Das Dialogfeld zeigt die verfügbaren WLANs an und erleichtert die automatische Verbindungsaufnahme zu einem oder mehreren WLANs. (Quelle: SPMS)

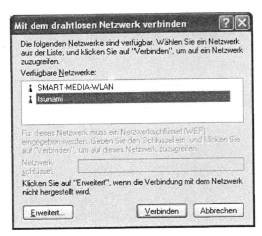

Abbildung 1.13: Wenn mehrere aktive WLANs in der Umgebung verfügbar sind, genügt ein Klick mit der rechten Maustaste auf das Netzwerksymbol der Statusleiste, und Windows XP öffnet über den Popup-Menüeintrag »Verfügbare Netzwerke anzeigen« ein Auswahldialogfeld, über das die Verbindungsaufnahme mit einem bestimmten, bereits erfassten (siehe Abbildung 1.8) WLAN erzwungen werden kann. (Bild: SMPS)

1.3 Access Point einrichten

Für die Einrichtung eines Access Point reicht die Windows-XP-Mechanik nicht mehr aus. Hier muss der Anwender auf die Software des Lieferanten ausweichen. Da jedoch nahezu alle Access Points über einen integrierten Webserver verfügen, kann der Anwender die Einstellungen komfortabel per Funk oder per Ethernet-Kabel über einen Webbrowser vornehmen – oder in Profigeräten mit einem Terminalprogramm via RS232-Schnittstellenkabel.

Bei der Inbetriebnahme eines WLAN-Access Point empfiehlt es sich, ihn aus zwei Gründen zunächst noch nicht ans lokale Kabel-LAN anzuschließen:

1. Zum einen kann die ab Werk eingestellte IP-Adresse, zumeist aus dem IP-Bereich 192.x.x.x oder 10.x.x.x, mit den IP-Einstellungen des LAN kollidieren.

2. Zum anderen warten die meisten Access Points mit einem integrierten DHCP-Server auf. Ein integrierter DHCP-Server kann durchaus sinnvoll sein, denn er vergibt den angeschlossenen Stationen automatisch eine IP-Adresse. Ist allerdings im LAN bereits ein DHCP-Server aktiv, werden sich die beiden zwangsläufig in die Quere kommen.

Je nach Anbieter unterscheiden sich die Konfigurationsmöglichkeiten eines WLAN-Access Point beträchtlich. Gemeinsam ist allen indes, dass die Spezifika für das WLAN vorgegeben werden müssen:

- SSID
- Nummer des Funkkanals
- WEP-Schlüssel (optional)

Mac eintragen
IP vergeben
PWD vom AP ändern
siehe S. 43
Beacon verstecken

GEDULD SPART FRUST

Obschon die WLAN-Komponenten alle 100 Millisekunden eine Broadcast-SSID ausstrahlen (sofern nicht absichtlich unterdrückt), kann es einige Zeit dauern, bis sich zwei Kommunikationspartner gefunden haben. Erst wenn nach Ablauf einer Minute noch keine Verbindung zustande gekommen ist, lohnt es sich, die Einstellungen erneut zu überprüfen.

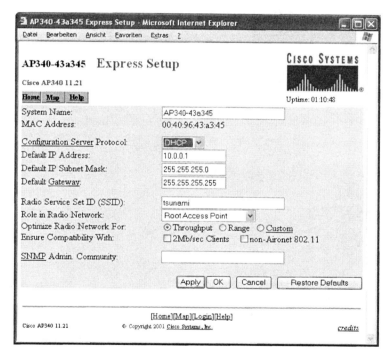

Abbildung 1.14: Nahezu alle Anbieter statten ihre Access Points mit einem Webserver aus. So können die Einstellungen sehr komfortabel über einen Browser erfolgen. Im Bild sehen Sie das Express Setup-Fenster des Cisco Aironet 340 Access Point. Die Inbetriebnahme sollte zunächst abgekoppelt vom vorhandenen LAN erfolgen, weil die voreingestellte IP-Adresse des Access Point ebenso mit den vorhandenen Netzwerk-Parametern kollidieren kann wie der in der Regel ebenfalls vorhandene DHCP-Server. (Bild: SMPS)

1.4   Verbindungstest

Nach erfolgter Installation lohnt ein Test der erzielten Signalgüte. Nahezu alle
Hersteller bieten dazu Client-Software an, die mehr oder weniger detailliert
Informationen über die erzielbaren Signal- und Rauschpegel liefert. Gerade bei
mobilen Geräten können die Signalpegel je nach Aufstellungsort stark schwan-
ken. Hier hilft – neben überschlägigen Überlegungen – nur der Test vor Ort.

Abbildung 1.15:   Selbst zur Anzeige der Signalstärke braucht unter Windows XP
keine gesonderte Applikation mehr bemüht zu werden – dazu
genügt bereits ein Klick auf die Netzwerkeigenschaften der
WLAN-Verbindung. (Quelle: SMPS)

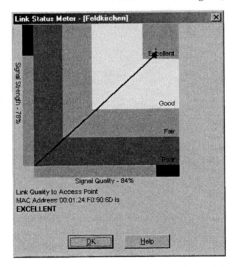

Abbildung 1.16:   Die Software Aironet Client Utility (ACU) von Cisco zeigt –
wahlweise in Prozent oder Dezibel – in einem Diagramm die
Link-Güte der drahtlosen Übertragungsstrecke an. In diesem Fall
befand sich der Access Point in rund sechs Metern Abstand hinter
einer klassischen Ziegelsteinaußenwand.

Oft genügen bereits Kleinigkeiten, um eine hervorragende Signalstärke auf nahezu Null zu drücken, sei es eine Aktentasche, die neben dem Notebook-WLAN-Adapter platziert ist oder schlicht die Hand des Anwenders.

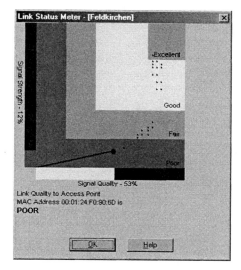

Abbildung 1.17: Die prächtige Signalqualität aus Abbildung 1.16 ist dahin, sobald der im Notebook steckende WLAN-Adapter mit der Hand abgedeckt wird.

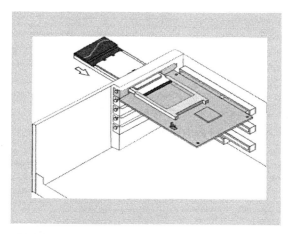

Abbildung 1.18: Für den Einbau in PCs halten manche Hersteller PCI-Adapterkarten bereit, in die dann die eigentliche WLAN-Karte eingesteckt wird. Dass die PCs meistens unter einem Tisch mit ihrer Rückseite gegen eine Wand gerichtet stehen, ist der Signalqualität nicht förderlich – in diesen Fällen wirkt eine Range Extender-Antenne oft Wunder (Bild: ELSA).

1.5   Hardware von Ethernet bis USB

Was die drahtlosen Ethernet-Adapter anbelangt, bietet der Markt eine breite Vielfalt an Bauformen an. Die häufigste ist die PCMCIA-Karte, die üblicherweise in Notebooks eingesetzt wird. Allerdings bieten immer mehr Hersteller ihre Notebooks bereits mit integrierter WLAN-Elektronik an, wobei in der Regel die Antenne oder Antennen (Diversity-Betrieb) im Display-Deckel integriert sind. Und an dieser Stelle arbeiten sie weitaus effizienter als in der Nähe des PCMCIA-Schachtes: Dort nämlich behindert auf der einen Seite das gesamte Notebook die Ausbreitung der Funkwellen, auf der anderen Seite genügt oft eine neben das Notebook gelegte Hand, um eine deutliche Signalabschwächung herbeizuführen. Außerdem sind die im Display-Deckel integrierten Antennen vertikal ausgerichtet, die in der PCMCIA-Karte integrierten liegen fast immer horizontal und damit in der falschen Polarisierungsebene. Das kostet bis zu 6 dB Antennengewinn auf der Empfängerseite, was in der Praxis dem Unterschied zwischen einem brauchbaren und keinem Signal entsprechen kann.

Weitere Vorteile einer externen Station-NIC: Der PCMCIA-Slot bleibt frei und der aus dem Gehäuse herausragende Antennenteil der WLAN-Karte kann bei Verkanten des Notebooks keinen Schaden mehr nehmen.

DIVERSITY-ANTENNE
Der drahtlose Übertragungskanal zeichnet sich durch Mehrwegeausbreitung der Funkwellen (unterschiedliche Weglängen bei direkten und etwa an Wänden oder Einrichtungsgegenständen reflektierten Signalen) aus. Die Antenne eines Access Point oder einer Station erreichen zahlreiche reflektierte, verzögerte und gedämpfte Kopien der originalen Sendesignale. Die für Diversity geeigneten Antennen bestehen aus zwei oder mehr Antennenelementen. Dieses so genannte Antennen-Array kann je nach Anordnung der Antennen beispielsweise als Antenne mit Richtcharakteristik, als Smart-Antenne (in diesem Fall hat sie eine nachgeschaltete Phasenschieber-Logik mit separater Einspeisung für jedes Segment) oder zum Empfang mehrerer Repräsentationen der jeweiligen Ausbreitungspfade (Diversity-Antenne) benutzt werden.

Zum Einbau in PCs mit PCI-Steckplätzen bietet die Industrie Adapter-Karten an, in die dann die WLAN-PCMCIA-Karte eingeschoben wird. Die Platzierung des PC – wie so häufig – unter dem Schreibtisch ist aber Gift für eine ungestörte Funkwellenausbreitung, weshalb in diesen Fällen eine so genannte Range Extender-Antenne angeschlossen werden sollte, was jedoch einen WLAN-Adapter mit passender Antennenbuchse voraussetzt.

Einfacher und darüber hinaus erheblich preiswerter ist es da, gleich auf einen speziellen WLAN-Adapter mit USB- oder Ethernet-Anschluss auszuweichen. Steht der PC auf dem Schreibtisch, wo die Antenne einigermaßen freies Feld hat, kommt statt der PCI-PCMCIA Adapter Range Extender-Antennenlösung ebenso eine WLAN-PCI-Karte in Frage (siehe Abbildung 1.19).

Abbildung 1.19: Zum Einstecken in PCI-Steckplätze – falls der PC so aufgestellt ist, dass die Antenne einigermaßen frei abstrahlen kann – eignet sich ein WLAN-Adapter wie der F5D6001von Belkin. (Bild: Belkin)

Grundsätzlich sind bei externen Adaptern solche mit zwei Antennen denen mit nur einer vorzuziehen: Erst dann kann der Diversity-Antennenmechanismus funktionieren, der aus dem elektromagnetischen Umgebungsbrei die WLAN-Signale mit der besseren Qualität filtert und so die Übertragungsqualität verbessert.

Abbildung 1.20: Für Computer ohne PCMCIA-Schächte bietet die Industrie WLAN-Adapter mit USB-Schnittstelle an. Solche USB-Adapter[3] lösen gleichfalls das Problem einer zu geringen PCMCIA-Steckplatz-Zahl, denn mehr als zwei davon hat ein Notebook in der Regel nicht aufzuweisen. Solche Adapter haben den Vorteil, dass sie weitaus freier abstrahlen und durch Diversity-Antennen besser empfangen können, wodurch sie eine bessere Signal- und Transferqualität erreichen. (Bild: Belkin)

Abbildung 1.21: Zum Anschluss an den Ethernet-Port eines PC bietet die Industrie ebenfalls externe Lösungen an. (Bild Belkin)

Abbildung 1.22: Selbst – oder gerade – PDAs profitieren als hoch mobile Geräte von drahtloser Ungebundenheit am meisten: Hier ein Beispiel für einen WLAN-Adapter für einen Compact-Flash-2-Steckplatz3. (Bild: Belkin)

1.6   Ad-hoc-Networking

Eines der reizvollsten Merkmale für WLANs ist die instante Kontaktaufnahme mit anderen PCs. Dieser Ad hoc oder Peer-to-Peer genannte Vernetzungsmodus schließt Computer zu einem so genannten Basic Service Set (BSS) – einem gemeinsam genutzten Funkkreis – zusammen.

Damit diese Computer miteinander kommunizieren können, muss ihnen die gleiche Service Set Identification (SSID) oder stattdessen eine Universalkennung wie »ANY« (siehe Kasten Erstkontakt), die gleiche Kanalnummer sowie – falls erforderlich – der gleiche Schlüssel zugewiesen werden. Anders als bei einem Infrastrukturnetzwerk, wo der Access Point den Stationen die Kanalnummer und, sofern so voreingestellt, auch den Schlüssel übermittelt, müssen den Kommunikationswilligen alle diese Parameter bekannt sein.

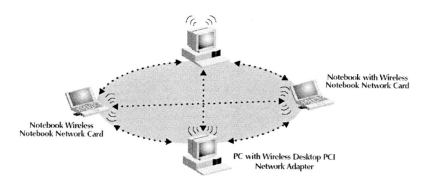

Abbildung 1.23: In einem Ad-hoc-Netzwerk kommunizieren die beteiligten Netzwerk-Clients ohne Vermittlung eines Access Point miteinander. (Bild: Belkin)

1.7 Infrastructure-Networking

Ein WLAN-Infrastruktur-Netzwerk besteht – anders als ein WLAN-Ad-hoc-Netzwerk – immer aus wenigstens einem Access Point sowie mindestens einer Station. Der Access Point dient üblicherweise als Übergang in ein Kabel-LAN und arbeitet in diesem Fall als WLAN-Ethernet-Bridge. Access Point und Station(en) bilden zusammen im Gegensatz zum Peer-to-Peer-Ad-hoc-Netz ein so genanntes Basic Service Set (BSS).

Anders als beim Ad-hoc-Netzwerk gibt der Access Point den drahtlos angeschlossenen Clients die WLAN-Parameter, etwa Sendefrequenz vor, sobald sie mit der SSID des Access Point in das WLAN »eingebucht« worden sind.

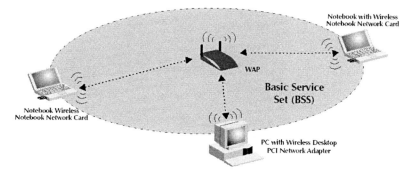

Abbildung 1.24: In einem Basic Service Set (BSS) verwaltet ein einzelner Access Point die beteiligten Stationen – hier zwei Notebooks und einen PC. Dazu müssen sie lediglich auf die gleiche SSID eingestellt sein. (Quelle: Belkin)

Zur Abdeckung einer größeren Gebäudefläche oder eines ganzen Geländes können mehrere Basic Service Sets (BSS) zu einem Extended Service Set (ESS) zusammengeschlossen werden (siehe Abbildung 1.25). Üblicherweise werden dazu zwei oder mehr Access Points mit ihren Ethernet-Ports über einen Ethernet-Switch gekoppelt.

Um Interferenzen zwischen den Access Points auszuschließen, ist darauf zu achten, dass die Funkkanäle der sich überlappenden Bereiche drei Kanäle Abstand zueinander haben (siehe Abbildung 1.3).

Jeder Access Point erhält eine eigene IP-Adresse und wahlweise die gleiche oder unterschiedliche SSIDs, je nachdem, ob Roaming zwischen verschiedenen Netzwerksegmenten oder der Zugriff auf disparate Netzwerke erwünscht ist.

1.7.1 Roaming

Erhalten alle Access Points im Extended Service Set die gleiche SSID, können sich die drahtlos angebundenen Clients zwischen ihnen frei bewegen (roamen). Das erlaubt, einen kompletten Firmenstandort so zu vernetzen, dass ein einmal eingebuchter Anwender überall drahtlosen Zugriff auf das Netzwerk hat.

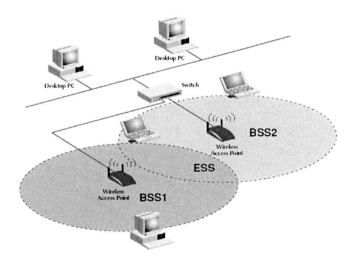

Abbildung 1.25: Ein Extended Service Set (ESS) verknüpft drahtlos oder wie im Bild gezeigt via LAN-Kabel zwei oder mehr Basic Service Sets (BSS), deren Access Points als Bridge zum Ethernet-LAN dienen. Durch Hinzufügen weiterer Access Points, jeweils mit eigenen IP-Adressen, lässt sich eine größere Flächendeckung erreichen. Haben alle Access Points die gleiche SSID, können die mobilen Clients »roamen«, sich also in den Bereichen, die von den einzelnen Access Points abgedeckt werden, frei bewegen. (Bild: Belkin)

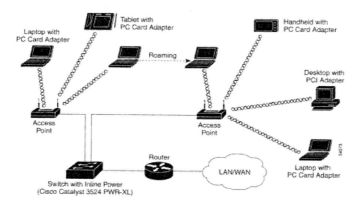

Abbildung 1.26: Roaming ermöglicht, dass Geräte mit WLAN-Adapter überall Zugriff auf das Netzwerk haben. Die Stromversorgung der Access Points über ihren Backbone-Ethernet-Anschluss verringert den Installationsaufwand beträchtlich. (Quelle: Cisco)

1.7.2 Segmentierung

Alternativ dazu können die Access Points in einem Extended Service Set auch unterschiedliche SSIDs haben. Das ist dann sinnvoll, wenn mehrere WLANs am gleichen Ort parallel betrieben werden sollen. Dieser Fall tritt ein, wenn beispielsweise

- der Betreiber eines Public Hotspots ohne Beeinträchtigung durch die dort eingebuchten Anwender ein drahtloses Netzwerksegment für hausinterne Zwecke benötigt

- in einer Firma verschiedene Arbeitsgruppen mit ihren eigenen Netzwerksegmenten ausgestattet sind und ggf. auf zwei oder mehr WLANs parallel zugreifen wollen

- Basic Service Sets über WLAN-Bridges drahtlos miteinander vernetzt werden sollen.

1.7.3 Sicherheit jenseits von WEP und WiFi

In einem Infrastruktur-Netzwerk lassen sich weitaus bessere Sicherheitsmechanismen integrieren, als das bisschen WEP im IEEE802.11-Standard (siehe Kapitel 7). Zu der gängigsten Methoden zählt die Einrichtung eines neuen respektive Einbeziehung eines vorhandenen zentralen Authentifizierungsservers (siehe Kapitel 2 – Fujitsu-Siemens-Firmennetz).

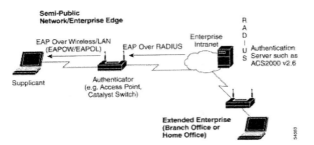

Abbildung 1.27: Die von Cisco implementierte IEEE802.1x-Architektur zählt zu den ersten auch für Unternehmen geeigneten Sicherheitssystemen für WLANs. (Quelle: Cisco)

1.7.4 Zahlenspiele

Theoretisch kann eine Basisstation (Access Point) unendlich viele Funknetzwerkkarten verwalten. In der Praxis ist die Zahl der Stationen jedoch durch die Größe der internen Tabellen in den Access Points beschränkt und liegt in der Regel bei 64. Mehr Stationen sind schon deshalb nicht sinnvoll einzusetzen, weil sich alle beteiligten Stationen die Bandbreite von brutto 11 und netto 5...6 Mbit/s teilen müssen. Denn bei einem Wireless LAN handelt es sich – just wie bei einem nicht segmentierten Ethernet – um ein Shared Medium.

Daher ist es sinnvoll, bei einer größeren Anzahl von Stationen auch mehrere Access Points zu installieren, was ein leitungsfähiges, also wenigstens 100 Mbit/s schnelles Backbone zur Vernetzung der Access Points voraussetzt. Im Büroeinsatz haben sich etwa 10 bis 15 Funkstationen pro Access Point bewährt. Werden nur geringe Datenraten benötigt, etwa in einem Public Hotspot, der den angeschlossenen Usern lediglich einen relativ schmalbandigen Zugang zum Internet bereitstellt, kann die Zahl der Stationen auch höher angesetzt werden.

Für solche Zwecke bietet die Industrie eine Reihe von erweiterten Access Points an, die außer ins LAN auch eine Brücke Richtung ISDN, xDSL- oder Kabel-Modem schlagen. Sie arbeiten üblicherweise über einen integrierten Router, der zwischen den unterschiedlichen Protokollen vermitteln und IP-Adressen per **NAT** (Network Address Translation) zwischen internem und externem Netzwerk übersetzen kann.

1.7.5 Multifunktionale Access Points

Darüber hinaus finden sich für den Einsatz in SoHo-Umgebungen (Small Office / Home Office) entwickelte Access Points, in die ein Multi-Port-Ethernet-Hub oder -Switch zum Anschluss einiger weniger kabelgebundener Geräte mit Ethernet-Schnittstelle respektive ein Printserver integriert sind. Solche Produkte haben den Vorteil, dass sie die wenigen verbliebenen kabelgebundenen Geräte ebenso vernetzen wie die drahtlosen – was wäre ein kabelfreies Notebook, wenn es zum Drucken dann doch wieder an ein Kabel angesteckt werden müsste.

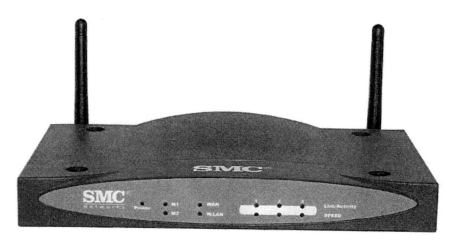

Abbildung 1.28: Überaus praktisch erweist sich im SoHo-Einsatz die Kombination aus Access Point, Ethernet-Switch, Internet-Router und Print-Server, die SMC mit dem Barricade anbietet. (Bild: SMC)

Ein gelungenes Beispiel für einen SoHo-WLAN-Access Point ist der »Barricade« von SMC: ein IEE802.11b-kompatibler WLAN-Access Point, ein Autosensing Ethernet-Switch für 10/100 Mbit/s, ein Internet-Router und ein Print-Server. Der Internet-Router unterstützt nicht nur die gängigen WAN-Zugangstypen wie statische und dynamische IP-Adressierung und PPoE, sondern ebenfalls das noch recht junge PPTP (Point to Point Tunneling Protocol). Selbst die Einwahl per Analogtelefonie oder per ISDN beherrscht die Büchse.

Für SoHo-Netze ist ein WAN-fähiger WLAN-Access Point auch deshalb so interessant, weil er den angeschlossenen Stationen einen gemeinsamen Internetzugang eröffnet. Dazu schreibt Peter Siering in der Computerzeitschrift c't, Ausgabe 14/2002:

> *»Was einerseits ein Nachteil einfacher Access Points sein mag, nämlich ihre Brückenfunktion, ist andererseits ein Vorteil: Integriert man ein solches Gerät in ein bestehendes Netz, etwa indem man es an einen freien Port des vorhandenen Hubs steckt, so kann man dessen vorhandene Internetverbindung transparent von WLAN-Clients aus mitnutzen. Für das bestehende Gateway, etwa einen Windows-PC mit Proxy-Server oder Internet Connection Sharing, unterscheiden sich die WLAN-Clients nicht von den anderen im Netz vorhandenen PCs.«* [4]

Auf diese Art können sich also viele Internet-User hinter einem Access-Point »verstecken«, etwa um gemeinsam auf einen nur für einen Nutzer tarifierten DSL-Anschluss zuzugreifen, auch wenn das sie Anbieter solcher DSL-Dienste wie die Deutsche Telekom AG, die QSC AG oder die Münchner M-Net GmbH in ihren Einzelplatzverträgen ausdrücklich ausschließen.

WLAN-BASICS

Der IEEE802.11-Standard definiert zwei Mechanismen für die Zugangskontrolle und die Privacy im drahtlosen LAN – den so genannten SSID
(Service Set Identifier) und den WEP-Schlüssel (Wired Equivalent Privacy), dessen Qualität allerdings Profis vom Knacken eines WLAN nicht
abhalten kann (siehe Kapitel 7 – Sicherheitsmaßnahmen). Ferner kann
der Anwender einen von 13 Kanälen auswählen. Alle Kommunikationspartner müssen selbstredend auf dem gleichen Kanal arbeiten.

Der SSID ist zwar frei wählbar, dennoch empfiehlt es sich, vor der Vergabe die Umgebung zu scannen, welche SSIDs denn bereits in Reichweite des WLAN-Adapters vergeben sind.

Tipp: Wurden andere WLANs in der Nähe entdeckt, empfiehlt es sich,
die Kanalnummer so zu wählen, dass wenigstens zwei Kanalnummern
»Abstand« bleiben, um die Interferenzen (Nachbarkanalstörungen) zwischen verschiedenen WLANs zu vermeiden.

Im Fall eines Infrastruktur-Netzwerks benutzen WLAN-Clients den SSID,
um sich an einem Access Point anzumelden. Im Infrastruktur-Modus
braucht die Kanalnummer nicht eingetragen zu werden – die gibt der
Access Point »seinen« Stationen implizit vor, sobald sie dort eingebucht
sind. Hier sollte der vorgenannte Tipp für die Vergabe der Kanalnummer
bei der Einrichtung des Access Point Beachtung finden.

---

1   http://www.sniffer.com/
2   http://www.wildpackets.com
3   Belkin Modell F5D6050, siehe auch http://catalog.belkin.com
4   Verlag Heinz Heise, c`t Magazin für Computertechnik, Ausgabe 14/2002,
    Seite 84ff, Peter Siering

Kapitel 2

WLAN im Einsatz

In rasender Geschwindigkeit verbreiten sich allerorten die WLAN-Installationen. Ob in Small-Office/Home-Office-Umgebungen, über öffentliche, gegen Bezahlung nutzbare Zugangspunkte (Public Hotspots) über Videoüberwachungs- und Streaming-Video-Installationen in schwierigem Gelände bis hin zur flächendeckenden Campus-Vernetzung reichen die Einsatzgebiete. Mehr noch: Peu à peu gräbt die WLAN-Vernetzung an der Existenzbasis für den Mobilfunk der dritten Generation (UMTS). Mit dem Ziel, ein so genanntes Bürgernetz zu errichten, ein WLAN, das sich über einen ganzen Stadtteil erstreckt, befassen sich die rund zwei Dutzend Mitglieder der Hannoveraner WaveHAN-Gruppe[1]. Jeder Teilnehmer steuert sein eigenes Equipment bei, um per xDSL und WLAN eine Flächendeckung aufzubauen. Der ungenannte Autor der WaveHAN-Website beschreibt das Vorhaben so:

> *»Wir wollen Netzforschung betreiben, was im Klartext heißt, dass wir große Netze aufbauen, verwalten und pflegen wollen und sämtliche Kontrollen durch die Provider, wie zum Beispiel Inhaltsfilterung, Zensur und Volksverdummung, umgehen wollen. Man könnte also von einem Bürgernetz reden.«*

Inzwischen soll man im Stadtteil Vahrenwald zwar bereits überall per WLAN ins Bürgernetz kommen, aber die Liste der letzten Einträge zeigt seit Monaten nicht mehr als zwei Einträge: Ob die Idee trägt?

Neben der etwas romantisch anmutenden Robin Hood-Mentalität der privaten Netzwerker hat sich WLAN jedoch zu einer durchaus seriösen und betriebssicheren Technologie gemausert. Das belegen die vielen WLAN-Installationen, die wir in der Bundesrepublik exemplarisch zusammengetragen haben.

2.1   Studentenwerk Mainz

Eine WLAN-Komplettvernetzung führt derzeit die Universität Mainz durch. Seit Januar 2002 können sich bereits 1500 Studierende drahtlos in die lokalen Netzwerke ihrer Wohnanlagen einklinken und im Internet surfen. Den erforderlichen WLAN-Adapter gibt der jeweilige Hausmeister ohne zusätzliche Kosten aus.

Initiator dieses Großprojekts war das Studentenwerk Mainz, das nach bereits erfolgter Vernetzung der Campus-Wohnanlagen ebenfalls die vier im Mainzer Stadtgebiet gelegenen Studentenwohnheime effizient mit lokalen Netzwerken und mit einem Internetzugang über das Rechenzentrum der Universität, das selbst als ISP (Internet Service Provider) auftritt, ausstatten wollte. Ein Netzwerk auf Kabelbasis kam jedoch aufgrund der Größe des Projekts, der Bauart der Wohnheime und aus Kostengründen nicht in Frage. Ebenso sollte die Anbindung der Wohnheime an das Rechenzentrum der Uni, welches als Internet Service Provider dient, nicht aus der Hand gegeben werden, da ansonsten zusätzliche laufende Kosten entstehen würden. Bei der Evaluierung der möglichen Techniken konnte sich Wireless LAN auf Basis von IEEE802.11b in mehreren Punkten gegenüber alternativen Techniken durchsetzen.

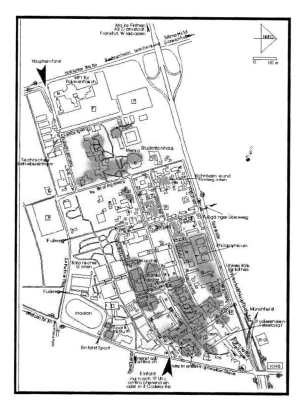

Abbildung 2.1:   Ein kompletter Campus – hier der der Universität Mainz[2] – lässt
sich problemlos mit Wireless LAN Access Points abdecken.
(Bild: Universität Mainz)

Zu erwähnen sind in diesem Zusammenhang vor allem die im Folgenden aufgeführten Anforderungen:

*   offener Standard, was die Auswahl unter mehreren WLAN-Komponentenher-
    stellern ermöglicht

*   Weiterentwicklung; es war zu Beginn schon absehbar, dass Nachfolger dieser
    Technik eine längere Lebensdauer des Systems ermöglichen

*   keine Bauarbeiten innerhalb der Wohnbereiche, um den Bewohnern größere
    Störungen zu ersparen

*   Preisvorteil, da kostengünstiger als alle vergleichbaren Alternativen

*   die Möglichkeit, im Richtfunk (Backbone) ein identisches System mit 22
    Mbit/s einzusetzen, was das Management vereinfacht, weil heterogene Struk-
    turen vermieden werden

- Unabhängigkeit, da keine fremde Infrastruktur angemietet werden musste, sodass der Betrieb weiterhin durch studentische Netzwerk-Arbeitsgruppen vollständig gewährleistet werden kann

- große Mobilität, da die Universität Mainz im Rahmen des vom Bundesministerium für Bildung und Forschung (BMBF) geförderte »Demonstrationsprojekts für die Funkvernetzung von Hochschulen« erste positive Erfahrungen mit IEEE802.11b gemacht und mit einer Versorgung des gesamten Campus, der Bibliotheken und Hörsäle begonnen hat; dies ermöglicht Bewohnern mit Laptop die Nutzung ihres Netzzuganges im gesamten Universitätsbereich

Nachdem die Entscheidung über die einzusetzende Technik getroffen war, stellte sich die Frage, welcher Hersteller den Anforderungen am besten gerecht werden konnte. Besonderer Wert wurde auf die folgenden Faktoren gelegt:

- Diversity-Antenne, da in den Gebäuden sehr gute Sende- und Empfangsqualitäten der eingesetzten Hardware benötigt werden

- Upgrade-Möglichkeit einer Funkzelle auf 22 Mbit/s mit einer zweiten Karte

- zentrale Managementsoftware, um Zugriffslisten an alle Access Points automatisiert zu verteilen

- Möglichkeit der Migration auf eventuell folgende schnellere Standards

- idealerweise Richtfunk vom gleichen Hersteller

Abbildung 2.2:   Die Access Points aus der ComPoint-Produktreihe von ARtem lassen sich wahlweise mit zwei WLAN-Adapterkarten bestücken. Die Firmware kann die beiden Adapter per Loadbalancing zu einer bis zu 22 Mbit/s schnellen Übertragungsstrecke aggregieren. (Bild: ARtem)

Diese Anforderungen schränkten die Auswahl des passenden Anbieters bereits ein und bei späteren Messungen vor Ort setzte sich die Wireless LAN-Technik der Ulmer Firma ARtem[3] eindeutig durch. Nach ersten Kontakten auf der CeBIT 2001 hatte sich herausgestellt, dass die professionelle Lösung »ARtem Onair ComPoint-D« mit zwei externen Antennen in der Lage war, die Zimmer des jeweiligen Gangs und noch Teile der darunter und darüber liegenden Etage zu versorgen. Die leistungsstarken Bridges, Access Points (Onair ComPoints) und Antennen stellen ein ideales Gerüst für das Funknetzwerk dar. Das WLAN-Software-Management sowie kompetente Ansprechpartner in Deutschland unterstützen Administratoren und User.

Drei Wochen nach dem ersten Kontakt erfolgten Vor-Ort-Messungen durch einen ARtem-Mitarbeiter, und nachdem die Finanzierung des WLAN für die Wohnheime im Gesamtumfang von 0,5 Mio. Euro vom Verwaltungsrat des Studentenwerks abgesegnet war, konnte einige Monate später die Installation beginnen.

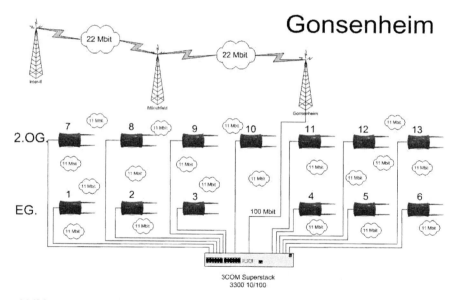

Abbildung 2.3: Im Studentenwohnheim im Mainzer Stadtteil Gonsenheim erfolgte die Kabelanbindung der Onair ComPoints untereinander und am Ethernet-Switch im Keller über Versorgungsschächte. Von dort führt eine zentrale Leitung zu den 22-Mbit/s-Bridges ins Dachgeschoss, die direkt oder über eine Relaisstation zu einem Hochhaus am Campus funken. Von dort führen zwei Lichtwellenleiter mit 100 Mbit/s Bandbreite zur Netzwerkzentrale des Studentenwerks. Eine weitere Lichtwellenleitung bildet den Uplink zum Zentrum für Datenverarbeitung der Universität Mainz. (Bild: Universität Mainz)

Probleme bei der Wahl der richtigen Positionierung der Onair ComPoints in den Fluren bereitete der viele Stahlbeton etwa im Wohnheim Hechtsheim mit 672 Bewohnern in sechs Gebäuden, das mit 34 Access Points ausgestattet wurde: Da jedes Zimmer einen Vorraum aufweist, galt es, jeweils zwei Wände zu überwinden. Hierbei machte sich die Leistungsfähigkeit der ARtem Onair ComPoints mit den externen und »stärkeren« Antennen, also solchen mit besserer Signalausbeute, positiv bemerkbar: Ausführliche Tests[4] hatten gezeigt, dass die 11 Mbit/s trotz Hindernissen überall erreicht werden. Dem Diebstahlschutz der Access Points dient eine selbst entwickelte Metallhalterung mit Sicherheitsschrauben. Die Datenrate von je 11 Mbit/s je Basisstation müssen sich 20 potenzielle Nutzer teilen, was aufgrund üblicher Auslastungsprofile ausreichend ist.

TEILE UND HERRSCHE II

Eine überschlägige Worst-Case-Betrachtung der jedem Anwender bereitgestellten, maximalen Nutzungsbandbreite ergibt:

Wenn sich 672 Bewohner beispielsweise im Studentenwohnheim Hechtsheim auf 34 Access Points verteilen, so kommen knapp 20 Anwender auf einen Access Point. Bei einer Brutto-Datenrate von 11 Mbit/s stehen jedem Anwender noch ganze 550 Kbit/s zur Verfügung. Das gilt dann, wenn alle gleichzeitig im WLAN sind.

Anders sieht es aus, wenn alle Anwender gleichzeitig über die Funkbrücke auf den ISP im Rechenzentrum zugreifen. Dann müssen sich die 672 Anwender die 22 Mbit/s teilen – sodass als Datenrate für den Zugriff auf den ISP lediglich 33 Kbit/s bleiben – brutto!

Fazit: Bei einem Verhältnis von etwa 2:1 zwischen Bruttodatenrate (11 Mbit/s) und Nettodatenrate (5...6 Mbit/s) stehen nur noch rund 16 Kbit/s für den Zugriff auf Rechenzentrum oder Internet zur Verfügung.

Um wenigstens ISDN-Tempo zu erreichen, dürfen also nicht mehr als 25 % der Studenten gleichzeitig surfen. Und das ist positiv gerechnet: Denn die 64 Kbit/s bei ISDN gelten sowohl für den Hin- als auch für den Rückkanal (Vollduplex). Die netto 6 Mbit/s einer WLAN-Verbindung werden hingegen zwischen Hin- und Rückkanal aufgeteilt (Semiduplex).

Ein weiteres Problem stellten die zu überbrückenden Entfernungen zu den nicht auf dem Campus gelegenen Studentenwohnheimen dar. Hier kamen besondere Richtfunkantennen von ARtem zum Einsatz, die Entfernungen bis zu sechs Kilometer überbrücken.

Innerhalb der Wohnheime wurden 100 Onair ComPoints mit zwei abgesetzten Antennen und einem freien Funkkarten-Slot zur Erweiterung eingesetzt. Den Hausmeistern wurden 800 USB-Clients, 200 PCMCIA-Cards und 10 ISA-Karten ausgehändigt, die diese kostenlos an Studenten weitergeben. Die Karten und Clients zählen zum Inventar des vom Studenten angemieteten Zimmers und sind dadurch mit der Mietkaution abgesichert. Amortisiert wird die gesamte Wireless LAN-Installation über einen Zeitraum von ca. 5 Jahren dadurch, dass jeweils rund fünf Euro der Monatsmiete in das Projekt fließen.

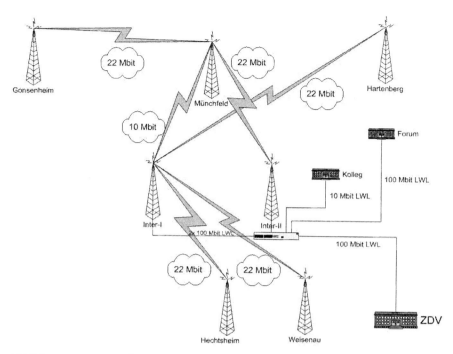

Abbildung 2.4: Um die Wohnheime an das Rechenzentrum anzubinden, überbrücken fünf Richtfunkstrecken Distanzen von bis zu 4,5 km. Mit zwei WLAN-Karten bestückt (die auf zwei verschiedenen Kanälen arbeiten), aggregieren die ARtem-Access Points automatisch die Bandbreite auf bis zu 22 Mbit/s. (Bild: Universität Mainz)

Abbildung 2.5: Bis zu sechs Kilometer lassen sich mit der ARtem-Antennen- und WLAN-Technologie überbrücken. (Bild: ARtem)

Der laufende Betrieb in den Wohnheimen und des gesamten Backbones sichern netzwerkbegeisterte Studenten in Netzwerk-Arbeitsgruppen, die das Funknetzwerk eigenständig konfigurieren und betreiben.

Die Zugangssteuerung sowie die Verwaltung der Onair-Komponenten steuert das Softwaretool Onair ACL-Manager[5] (Access Control List) von ARtem. Der ACL-Manager verwaltet zentral die Zugriffsberechtigungen aller Teilnehmer auf das drahtlose lokale Netzwerk. Es können hier Rechte der Funkclients individuell gestaltet werden, die sich nach logischen Funknetzen aufteilen und nach definierten Zeiten beschränken lassen. Darüber hinaus bietet der ACL-Manager als wichtigen Sicherheitsaspekt einen Schutz gegen unberechtigte Teilnehmer und registriert unberechtigte Versuche nicht registrierter Anwender, sich ins WLAN-Netz einzubuchen.

Der ACL-Manager richtet sich vor dem Hintergrund der steigenden Verbreitung von WLANs vor allem an Administratoren, um deren Bedürfnis nach effektiver und sicherheitsrelevanter Verwaltung von Funkinstallationen gerecht zu werden. Hier soll diese Art der zentralen Organisation, Regelung und Kontrolle die Anforderungen an ein Wireless LAN-Management erfüllen. Der ACL-Manager kann beispielsweise Gästen oder temporären Mitarbeitern einen dedizierten Netzzugang für bestimmte Bereiche oder auch gleichzeitig für eine begrenzte Zeitdauer gewähren, während er sie für andere Bereiche, Tage oder Personenkreise sperrt.

Bei der Anmeldung eines Wireless-Client, etwa eines PCs, Notebooks oder Telefons an einer hauseigenen Basisstation, startet der ComPoint-Manager eine Anfrage an der zentralen Datenbank auf dem ACL-Server, auf der die Zugriffsrechte abgelegt sind. Diese Anfrage enthält außer einigen Netzwerkparametern des ComPoint auch die MAC-Adresse des WLAN-Clients. Der ACL-Manager prüft nun, ob dieser Client zugriffsberechtigt oder die MAC-Adresse bereits in Gebrauch ist. Anschließend sendet er eine Meldung an den ComPoint zurück, die entweder den Zugriff des Clients erlaubt respektive untersagt. Der Zugriff auf das Funknetz ist dabei nicht – wie bei den meisten üblichen Zugangslisten – auf den einmaligen Eintrag der MAC-Adressen in den jeweiligen Access Points beschränkt, sondern lässt sich vom Administrator zentral registrieren und individuell gestalten. So bietet der ACL-Manager eine Autolearn-Funktion, welche eine schnelle Initialkonfiguration aller vorhandenen Teilnehmer erlaubt.

Zur Sicherheit wird jeder Versuch eines fremden Clients, in das Netz einzudringen, protokolliert, indem der Eindringling an den ComPoint gebunden wird, ohne jedoch an einer Datenkommunikation teilnehmen zu können.

2.2   Fujitsu Siemens Computers-Firmennetz

Obschon WLANs gemäß IEEE802.11b technisch tadellos selbst in großen Installationen wie bei den Universitäten Mainz, Potsdam oder Bremen funktionieren (siehe Kapitel 0) waren die Systemadministratoren großer Unternehmen, wie des Flugzeugherstellers EADS, in der Vergangenheit stets vor kompletten WLAN-Installationen auf Firmengeländen zurückgeschreckt: Zu groß waren ob der gravierenden Sicherheitslücken im IEEE-Standard (siehe Kapitel 7) die Befürchtungen, dass unternehmenskritische Daten an Unbefugte gelangen könnten.

Nun hat sich Fujitsu Siemens Computers mutig ins Zeug gelegt und im eigenen Haus den Beweis angetreten, dass dennoch ein sicherer Betrieb möglich ist – sofern auf die integrierten Sicherheitsmerkmale im IEEE802.11-Standard verzichtet wird respektive diese ergänzt werden. Bei der Konzeption galt es, folgende Fragen schlüssig zu beantworten:

1. Welche Anforderungen soll das drahtlose Netzwerksystem bei Fujitsu Siemens Computers erfüllen?

2. Wie soll die Integration in das bestehende Kabel-LAN erfolgen?

3. Wie viele drahtlose Clients kann das drahtlose Netzwerksystem versorgen?

4. Wie viele Access Points sind dafür nötig?

5. Wie kann eine flächendeckende Versorgung sichergestellt werden?

6. Welche Client-Typen, also PCs, Notebooks oder PDAs, soll das WLAN unterstützen?

7. Können die Funktechnologien IEEE802.11b-WLAN und Bluetooth- WLAN parallel eingesetzt werden?

8. Soll das System auf Nachfolgstandards wie IEEE802.11g oder IEEE802.11h nachrüstbar sein?

9. Wie kann trotz der Schwächen im IEEE-Standard den Sicherheitsaspekten Access, Authentication und Accounting Rechnung getragen werden?

10. Soll das WLAN-System redundant vermascht werden?

11. Welche Kostenvorteile sind von der WLAN-Installation im Vergleich zu einer alternativen Lösung, sei es ein drahtgebundenes LAN oder ein anderer mobiler Datendienst wie GPRS, zu erwarten?

Das umfangreiche Anforderungsprofil für den WLAN-Einsatz bei Fujitsu Siemens Computers erforderte eine umfassende Lösung, wobei Hilfe von außen nicht unbedingt erforderlich war: Immerhin hat das Unternehmen den Vorteil, auf Produkte aus dem eigenen Konzern zurückgreifen zu können. Siemens Schweiz hatte in Kooperation mit der insolvent gegangenen ELSA AG bereits im Jahr 1999 eigene IEEE802.11-Lösungen entwickelt und unter dem Namen I-Gate in den Handel gebracht.

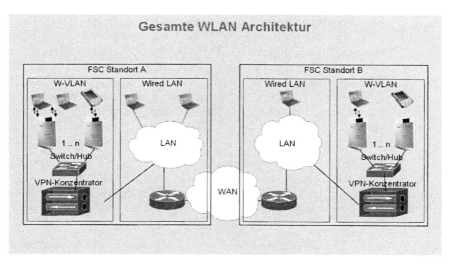

Abbildung 2.6: Fujitsu Siemens Computers vernetzt drahtlos gleich mehrere Standorte in Augsburg, München oder Paderborn mit drahtlosen virtuellen Netzwerken (W-VLAN), die sich nahtlos in die bestehende Kabelinfrastruktur einfügen. Bei den Access Points setzt das IT-Unternehmen auf die eigenen Produkte aus der I-Gate-Produktlinie. (Bild: Fujitsu Siemens Computers)

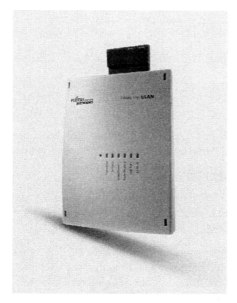

Abbildung 2.7: Drei Dutzend I-Gate-V2-Access Points genügen, um die wichtigsten Bereiche des Fujitsu Siemens Computers-Standorts Augsburg abzudecken. (Bild: Fujitsu Siemens Computers)

Das drahtlose Netzwerk sollte einen möglichst sicheren und einfach zu nutzenden mobilen Zugang zum Firmennetz ermöglichen. Unter Nutzung der vorhandenen IT-Infrastruktur und durch Integration der Standard-Clients (Desktop-PC, Notebook, PDA, Webpad) sollte eine universelle Lösung für alle Standorte der Fujitsu Siemens Computers GmbH kostengünstig realisiert werden. Selbst ein überregionales Roaming zwischen den Standorten sollte unterstützt werden.

Die Integration in die bestehenden Firmen-LANs an den verschiedenen Standorten erfolgte in zwei Stufen:

- durch den Aufbau eines separaten VLAN für die Access Points

- durch Kopplung an das WLAN über einen VPN-Konzentrator

Die Realisierung des WLAN-Projektes ging trotz des beträchtlichen Umfangs der Installation flott voran: Von der Konzeption im April 2002 bis zur Betriebsbereitschaft im Sommer 2002 waren kaum mehr als drei Monate vergangen. Dabei kam den Netzwerkern zupass, dass sie bereits auf eine funktionsfähige und sichere Kabel-Infrastruktur zurückgreifen konnten.

Das größte Problem galt es noch vor der Einrichtung zu überwinden: Für das zusätzliche Handling der Sicherheitseinrichtungen (Ausbau des VPN-Tunnels plus Authentifizierung) war die Bereitstellung zusätzlicher VPN-Software erforderlich, die für PCs und PDAs unterschiedlich ausfällt. In der Praxis wird das Installieren von zusätzlicher Client-Software (VPN, IPSec) von den Anwendern aber nicht als Beeinträchtigung empfunden.

Dazu musste Fujitsu Siemens Computers jedoch bei den Herstellern der Betriebssysteme erst etwas Überzeugungsarbeit leisten. Der VPN-Client für die PCs kommt von Cisco und hatte anfangs einige Bugs, die behoben werden mussten. In der aktuellen Version 3.5.1 läuft er jedoch gut. Auf den Pocket-LOOX-PDAs kommt der Movian VPN-Client von Certicom zum Einsatz. Dieser unterstützt in der aktuellen Version 2.1 zwar nicht die bei Fujitsu Siemens Computers eingesetzte Firewall-Software PIX[6] von Cisco, wohl aber der seit ein paar Tagen in der Betaversion 3.0 erhältliche Client, dem wohl in Zukunft der Vorzug gegeben wird. Der Pocket LooX selbst läuft unter dem Betriebssystem PocketPC 2002 von Microsoft.

Das System wird im Endausbau etwa 3000 potenzielle WLAN-Geräte innerhalb der Fujitsu Siemens Computers GmbH versorgen. Die von dem IT-Unternehmen erarbeitete Lösung ist jedoch skalierbar und daher jederzeit darüber hinaus einfach zu erweitern. Bis dato ist bereits der Standort Augsburg drahtlos vernetzt: Dort wurden bisher 35 Access Points installiert, die derzeit (Herbst 2002) etwa 1000 potenzielle Clients versorgen – Tendenz steigend.

Eine flächenerweiternde Versorgung kann jederzeit durch Beschaffung und Installation zusätzlicher Access Points erreicht werden. Momentan fokussiert sich das hausinterne IT-Management auf Bereiche mit einer hohen Anwenderdichte sowie mit hohem Kommunikationsbedarf. Dazu zählen Besprechungszonen und Konferenzräume.

An drahtlosen Clients unterstützt das WLAN-System Notebooks, Desktop-PCs und PDAs wie Pocket LooX, (siehe Kapitel 5 – Bluetooth), SX45 und SimPad aus dem eigenen Haus. Die Vernetzung erfolgt je nach Bauart und vorhandener Grundausstattung via PCMCIA-, USB- oder CF2-WLAN-Adapter oder über integrierte WLAN-Adapter.

Abbildung 2.8: Das Internet auf dem Schoß – per WLAN an einen PC mit Internetzugang oder ein Internet-Gateway angebunden, surft der Anwender mit dem SimPAD vollkommen ungebunden, gleich ob am Fernsehsessel oder am Schreibtisch. (Bild: Fujitsu Siemens Computers)

Für die Anbindung von Systemen, die als drahtlose Netzwerktechnologie mit Bluetooth ausgestattet sind, etwa die Notebook-Serie oder der PDA Pocket LooX aus eigener Produktion, wurden separate Bluetooth-Access Points von Red-M installiert, die mit eigenen LAN-Interfaces am Kabelnetz hängen.

Da die Gesamtlösung des V-WLAN unabhängig von der Art der Access Points arbeitet, lassen sich durch die Installation neuer oder durch Austausch bestehender Access Points weitere Übertragungsstandards wie IEEE802.11g oder IEEE802.11h oder gar HiperLAN/2 einfach in das Gesamtsystem integrieren.

Bei der Sicherheit löste sich die Fujitsu Siemens Computers GmbH gänzlich von den vom IEEE für WLANs definierten Verfahren wie WEP oder WEP Plus und setzte gleich auf eine vollständige VPN-Lösung (siehe Kapitel 7.10 – Sicherheitsbetrachtungen, Best of Practice, Szenario 4), da andernfalls keine optimale Informationssicherheit sichergestellt wäre. Da darüber hinaus das im IEEE-WLAN-Standard fehlende Key-Management für große Installationen einen zusätzlichen Schwachpunkt darstellt, setzte Fujitsu Siemens Computers auf ein VPN mit IPSec-Verschlüsselung und RSA-Tokens (RSA-Zertifizierungstickets) zur Authentifizierung.

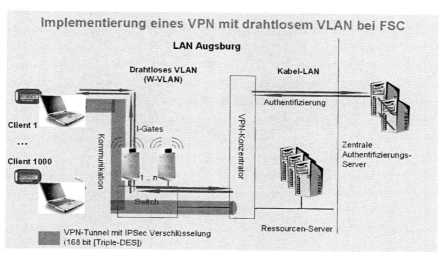

Abbildung 2.9: Den Sicherheitsmängeln im IEEE-WLAN-Standard begegnet Fujitsu Siemens Computers mit der Einrichtung eines drahtlosen VPN (W-VLAN) mit IPSec-Verschlüsselung auf der Funkstrecke. Für die Authentifizierung setzt das System auf RSA-Tokens. Die Schlüsselverwaltung erfolgt über zentrale Authentifizierungsserver vom Typ RADIUS oder ACE. (Bild: Fujitsu Siemens Computers)

Eine Vermaschung über Funkstrecken – wie sie aus Gründen der Betriebssicherheit beispielsweise die Kircheninstallation erfordert (siehe Kapitel 2.5) – war bei Fujitsu Siemens Computers nicht relevant, weil geschäftskritische Anwendungen und Daten wie SAP und Fertigungssteuerungsverfahren im Dauerbetrieb ausschließlich über das kabelgebundene LAN laufen.

Am schwierigsten ist wohl die Abschätzung der Kostenvorteile, denn der Zugewinn an Komfort ist schwer in Mark und Pfennig – pardon – Euro und Cent zu quantifizieren, ebenso wie die Effizienzsteigerung durch Zugriff auf Daten unabhängig von Ort und Zeit. Durch die Nutzung der unternehmensweit vorhandenen VPN-Infrastruktur fallen jedoch nur geringe Kosten für die Einrichtung an. Die eingesetzten VPN-Konzentratoren sind skalierbar von Kleinst- bis Großstandorten und reduzieren damit ebenfalls den Kostenaufwand.

Die WLAN-Installation im eigenen Haus ist auf jeden Fall so robust und sicher, dass sie Fujitsu Siemens Computers als Lösung zusammen mit den hauseigenen WLAN-Produkten aus der Connect2AIR-Reihe an Kunden weitergegeben werden wird.

Als WLAN-Hardware kommen derzeit die IEEE802.11b-Access-Points aus der Produktreihe »I-Gate V2« zum Einsatz. In Zukunft sollen an deren Stelle Access Points der Produktreihe »Connect2AIR WLAN« treten, die den Standards IEEE802.11a, IEEE802.11b und IEEE802.11g genügen.

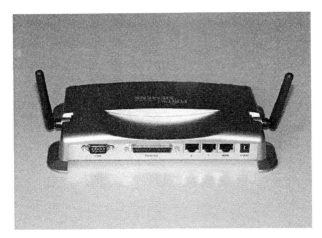

Abbildung 2.10: Die neuen Connect Bird IEEE802.11b-Access Points von Fujitsu Siemens Computers werden schon bald von der Connect2AIR-Reihe abgelöst, die dann die Nachfolge-Standards IEEE802.11a und g unterstützen sollen. (Bild: Fujitsu Siemens Computers)

Der drahtlose Ausbau des V-WLANs schreitet zügig voran: Nach den positiven Erfahrungen in Augsburg werden noch im Jahr 2002 die Standorte in München und Paderborn drahtlos ins Netz genommen, weitere folgen. Der zuverlässige Betrieb und die bislang nicht affektierte Sicherheit lassen den Schluss zu, dass sich die Sicherheitssystematik dieser Installation auch für andere Großinstallationen eignet.

2.3 Public Hotspots in Münchens Englischem Garten

Surfen im Freien, das geht neuerdings selbst in Münchens bestsituierten Biergärten. Das Handy ist out, WLAN ist in: Im Englischen Garten öffneten pünktlich zum Sommerauftakt 2002 die beiden Traditionsgaststätten über zwei miteinander verknüpfte Public Hotspots ihren Gästen nun den drahtlosen Zugang zum Internet. Bei einer deftigen Brotzeit und einer frischen Maß kühlen Bieres seine E-Mails erledigen und dabei in ständigem Internetkontakt zur Universität oder zum Büro zu stehen, könnte sich zum nächsten Computer&Lederhosen-Lifestyle entwickeln.

Möglich machte es das Pilotprojekt E-Garten®.Net[7], das seinen Initiatoren und Errichtern unter anderem Informationen zu den folgenden Punkten liefern soll:

• Akzeptanz der Wireless-Technik

• Akzeptanz der Möglichkeit, außerhalb von Büros in einer angenehmen Umgebung das Potenzial des Mediums Internet für geschäftliche und private Zwecke zu nutzen

- Nutzerverhalten – Schnittstelle respektive Abgrenzung von WLAN und dem Mobilfunkstandard der dritten Generation (UMTS)

Ein weiteres Ziel ist die Kommunikation und Demonstration des Potenzials der WLAN-Technik in der Öffentlichkeit und die Bereitstellung einer Informations- und Diskussionsplattform unter anderem zu Themen wie Datensicherheit, Sicherheit von PCs im Netz, Mobilität in der Arbeitswelt.

Das Projekt hat selbst für die Stadtentwicklung strategischen Charakter. So führt Dr. Reinhard Wieczorek, Referent für Arbeit und Wirtschaft der Stadt München, die folgenden Argumente ins Feld:

> *»Mit dem Pilotprojekt E-Garten®.Net wird in unserer Stadt ein neues Kapitel aufgeschlagen – die Verbindung eines unserer bekanntesten Wahrzeichen, des Englischen Gartens, mit modernster Telekommunikationstechnologie. Im Englischen Garten, dem grünen Herzen Münchens, kann man künftig datentechnisch ständig erreichbar und handlungsfähig sein, während man bei Brez'n und Bier das schöne Wetter und die Biergartenatmosphäre genießt.*
>
> *Bereits vor zwei Jahren hat Oberbürgermeister Christian Ude darauf hingewiesen, dass die nächste Runde technologischen Fortschritts nicht mehr von netzabhängigen Computern bestimmt wird, sondern von einer Kombination aus Handy und mobilem PDA (Personal Digital Assistent). Europa ist dank flächendeckender Netze auch beim Mobilfunk weltweit führend. In München sind eine Vielzahl von Unternehmen ansässig, die in diesem hochinteressanten Technologiefeld zu Hause sind. Darüber hinaus ist die LAN-Technologie anerkanntermaßen unter den Gesichtspunkten des Umweltschutzes unproblematisch, was wissenschaftliche Untersuchungen belegen. Was liegt daher näher, als das weltweit erste Pilotprojekt zur Erforschung der Nutzung mobiler Internetzugänge im öffentlichen Raum hier mitten in der Stadt zu starten?[7]«*

Die Pilotphase des Wireless LAN im Englischen Garten in München ist vom 23. Juli bis Ende Oktober 2002 angesetzt.

Als Übertragungstechnologie kommt die Funktechnik des Standards IEEE802.11b zum Einsatz. Es sind zwei Hotspots realisiert worden, die über eine 1,5-Mbit/s-Standleitung miteinander verbunden sind und so als ein transparentes Netz arbeiten.

Der Access Point am Chinesischen Turm deckt rund 75% der Biergartenfläche ab, die beiden Access Points am Seehaus aufgrund der örtlichen Gegebenheiten rund 50% der Fläche des Biergartens. Mit dieser Konfiguration lassen sich problemlos einige hundert gleichzeitige Anwender bedienen.

Sollte die Pilotphase eine höhere Nachfrage erweisen, lässt sich durch den Aufbau weiterer Access Points eine schnelle und problemlose Skalierung realisieren. Der schematische Aufbau ist der Grafik in Abbildung 2.11 zu entnehmen.

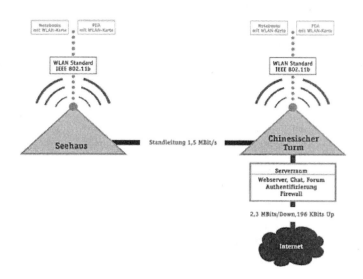

Abbildung 2.11:   Unter der Projektleitung von Michael Zimmermann entstand in
Münchens Englischem Garten ein Pilotprojekt für Public Hotspots
im Biergarten. (Bild: eGarten)

Beide Hotspots sind über eine T-DSL-Leitung mit 2,3 Mbit/s im Downstream und
192 Kbit/s im Upstream an das Backbone der Deutschen Telekom angebunden
(symmetrische DSL-Dienste hat die DTAG noch immer nicht im Programm).
Projektleiter Michael Zimmermann:

> »*Die Authentifizierung der Anwender findet über einen Browser statt. Der
> Anwender landet nach der Authentifizierung zuerst auf dem Einstiegspor-
> tal E-Garten.Net, welches ihm bereits eine Reihe von Anwendungen und
> Informationen anbietet. Von diesem Portal aus hat der Anwender freien
> Zugriff auf das Internet und auf weitere Dienste, die ihm auch bei einem
> normalen Festnetzanschluss zur Verfügung stehen.*
>
> *Die Pre-Paid-Karte (Voucher) beinhaltet den Zugangscode, den der Nutzer
> an entsprechender Stelle auf der Webseite www.e-garten.net eintragen
> muss. Der Zugriff auf die Webseite selbst ist kostenfrei und erfolgt automa-
> tisch beim Öffnen des Browsers, nach Aufbau der Verbindung im WLAN.
> Die Authentifizierungssoftware registriert den Login und löscht umgehend
> die eingegebenen Codes, sodass eine Wiederverwendung nicht möglich ist.
> Mit der Aktivierung wird die Zeit von 60 Minuten auf Null runtergezählt
> und nach Ablauf erfolgt die Sperrung.*
>
> *Das Billing erfolgt in der Pilotphase mittels Pre-Paid-Karten, die an den
> Kassen beider Biergärten erhältlich sind. Der Zugang zum gesamten*

Internet wird mit 2 Euro pro Stunde berechnet. Funktionen und Anwendungen, wie Foren oder Chat sowie der Zugang zu den Webseiten von Partnern und Sponsoren innerhalb des WLANs respektive des Portals sind kostenfrei.«

Die Anwender müssen bestimmte Voraussetzungen, sowohl von technischer Seite als auch von der Einstellung her, erfüllen. So muss der Anwender:

- ein Laptop, ein Notebook oder einen PDA mit einer WLAN-Karte besitzen beziehungsweise sich überlegen, sich ein entsprechendes Equipment anzuschaffen

- technik- bzw. internetaffin sein

- einen konkreten Nutzen davon haben

- flexibel genug sein, um das WLAN nutzen zu können

- selbstbewusst genug sein, eine neue Technik vor den Augen anderer Personen zu nutzen

Diese Voraussetzungen schränken zum einen die Zahl an potentiellen Nutzern ein und verringern zum anderen die Zahl der zu betrachtenden Zielgruppen für die Pilotphase deutlich. Der Vorteil ist jedoch, dass es sich bei den Anwendern um einen kritischen und gut informierten Personenkreis handelt, was gerade der Intention der Pilotphase mehr als entgegenkommt.

Zielgruppe sind laut Zimmermann grundsätzlich alle Anwender, die die genannten Voraussetzungen erfüllen. Da auch diejenigen Personen angesprochen werden sollen, die den Netzzugang nicht ausschließlich zum Abrufen Ihrer E-Mails oder weiterer Dokumente etwa aus einem Firmennetz nutzen, ist eine detaillierte Betrachtung potenzieller Zielgruppen erforderlich.

Zu den angesprochenen Personenkreisen zählen laut Michael Zimmermann:

- Early Adopter/First Mover

- Freiberufler, Home-Office-Tätige

- Studenten

- Außendienstmitarbeiter/Vertrieb

- Geschäftsreisende

- Touristen

- Spielebegeisterte

Sie gilt es, vom Nutzen der neuen Technologie zu überzeugen:

- Arbeiten in einer angenehmen Umgebung

- ständige Erreichbarkeit, auch außerhalb des Büros

- ausreichende Bandbreite im Vergleich zu GPRS/WAP

- preisgünstiger Internetzugang im Vergleich zu GPRS/WAP

- Nutzung eigener HW/SW im Vergleich zu Internetcafés

- Abruf eigener E-Mails und weiterer Informationen aus geschlossenen Netzen, da eigenes Equipment genutzt wird

- Nutzung der Infrastruktur für Veranstaltungen (lediglich eine WLAN Karte ist erforderlich)

- Spaß und Innovationsfaktor für Chats, Spiele und generelle Kommunikation

- Informationen für Touristen

Für den Nutzen im geschäftlichen Umfeld argumentiert Projektleiter Zimmermann:

> *»Freiberufler, Mitarbeiter mit Home-Office, kleinere Unternehmen, Vertriebsmitarbeiter und Studenten gehören zu der technik- und internetaffinen Gruppe. Diese Gruppe ist zu einem Großteil auch flexibel und selbstbewusst genug, diese neue Technik mit ihren Möglichkeiten nutzen zu können und zu wollen. Somit zählt dieser Personenkreis zur potenziellen Zielgruppe.*
>
> *Besprechungen werden gerne außerhalb der eigenen Räumlichkeiten abgehalten. Dies gilt insbesondere bei Arbeits- oder Projektbesprechungen. Ein Grund, warum dies nicht immer möglich ist, ist die fehlende Infrastruktur außerhalb der Büroräume bzw. der Aufwand, der erforderlich wäre, diese sicherzustellen. Mit der Bereitstellung des mobilen Internetzuganges ist dieser Umstand behoben.*
>
> *Eine bereits erwähnte Zielgruppe ist die Gruppe der Geschäftsreisenden. Diese Personengruppe ist von Hause aus mobil und auf eine mobile Kommunikation angewiesen. Diese beschränkt sich jedoch derzeit tagsüber fast ausschließlich auf Sprachkommunikation. Datenkommunikation ist, wenn überhaupt, nur in guten Hotels möglich. Diese werden wiederum aufgrund der bestehenden Kostensituation in den meisten Unternehmen eher gemieden. Gerade für diese Zielgruppe ist der mobile und im Vergleich zu GPRS preisgünstigere und leistungsfähigere Internetzugang über WLAN im Zentrum Münchens mehr als interessant.«*

Den Nutzen im privaten Umfeld beschreibt Michael Zimmermann folgendermaßen:

> *»Hierzu zählen vorrangig die Kommunikation und der Spaßfaktor sowie die Informationsrecherche. Mit entsprechenden Anwendungen über das Einstiegsportal sowie die Schaffung einer so genannten Internet-Biergarten-Community soll diese Anwendergruppe an das Projekt und die damit verbundenen Einrichtungen gebunden werden.«*

2.4   Oktoberfest-TV per WLAN ins Internet

Nicht gerade die typischste Anwendung für ein drahtloses Netz, dafür aber eine, bei der WLAN drastisch Kosten einsparte, war die Live-Videoübertragung aus den Münchner Oktoberfestzelten in das Internet im Jahr 2000.

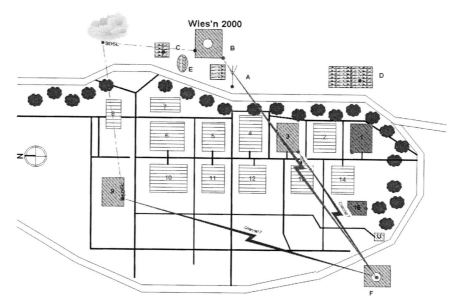

Abbildung 2.12:   Auf dem Oktoberfest 2000 diente WLAN-Technologie der Übertragung der Live-Videoaufnahmen aus dem Weinzelt (9) und dem HB-Zelt (3) in das Regiezentrum (B) über die WLAN-Relais-Station auf der St.-Pauls-Kirche (F), wo die Videostreams von zwei weiteren Kameras hinzukamen, die die Wiesn aus der Totalen zeigten. (Quelle: Smartmedia PresSservice)

Ein Internetbrowser und der Real Player von Real Networks genügten den Anwendern, um live am PC dabei zu sein, als sich die sechseinhalb Millionen Feier- und Trinklustigen aus aller Welt zum Stelldichein auf dem Münchner Millenniums-Oktoberfest einfanden. Die Live-Video-Website www.oktoberfest-tv.com öffnete den Usern weltweit Einblicke in die Bierzelte auf der Wiesn. Sie ist Teil des Streaming-Videoportals www.germannews.tv, das der vornehmlich auf Touristikinformationen spezialisierte Cybernex Mediendienst[8] betreibt.

Die Technik im Hintergrund bestand aus Videokameras, wie sie in der klassischen Videoüberwachung (CCTV) eingesetzt werden, Video-Webservern, die mit der Umwandlung der Bilddaten Datenpakete für das Internetprotokoll aufbereiten, sowie Regie- und Remote-Control-Rechnern für die Einspeisung der Daten in das Internet über SDSL.

Das Hauptproblem bestand darin, die Daten aus den Video-Webservern ohne gigantischen und damit nicht finanzierbaren Verkabelungsaufwand in das Regiezentrum auf dem ehemaligen Münchner Messegelände auf der Theresienhöhe hoch über dem Oktoberfestgelände zu leiten.

Dafür bot sich die im Jahr 2000 damals junge 11-Mbit/s-WLAN-Technologie an, die mit einer Übertragungsrate von brutto 11 und netto rund 6 Mbit/s ausreichend Bandbreite bot, um zehn Videostreams à 100 Kbit/s sicher von den Kameraservern in das Regiezentrum zu übertragen.

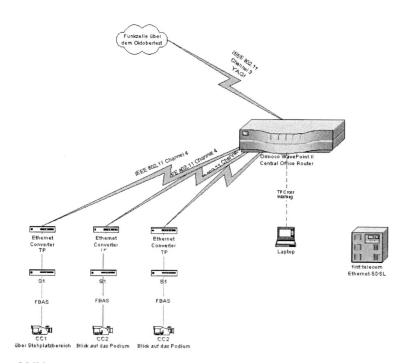

Abbildung 2.13: Im Weinzelt übernahmen Ethernet-WLAN-Konverter die Indoor-Datenübertragung zum Orinoco-Router, der die Datenpakete dann gebündelt per Richtfunk über YAGI-Antennen auf das WLAN-Relais auf der St.-Pauls-Kirche sandte. (Quelle: Smartmedia PresSservice[9])

Dabei kamen WLAN-Komponenten aus der WaveLAN-Produktreihe von damals Lucent, dann Avaya, dann Agere und – nach dem Verkauf der WLAN-Produktpalette – Proxim zum Einsatz. Um die großen Entfernungen zwischen Weinzelt und

St.-Pauls-Kirchturm, HB-Zelt und St.-Pauls-Kirchturm sowie zwischen St.-Pauls-Kirchturm und Regiezentrum drahtlos überbrücken zu können, mussten den WLAN-Karten Richtfunkantennen nachgeschaltet werden.

Während im HB-Zelt die Kamerasignale über Ethernet-Kabel und einen passiven Hub zum WLAN-Router geführt wurden, der sie über eine Richtfunkstrecke zum Turm der St.-Pauls-Kirche schickte, erfolgte im Weinzelt die Datenübertragung ausschließlich per WLAN: Dazu offerierte Agere so genannte Ethernet-Konverter, die die Datenpakete vom Kabelmedium auf die Funkstrecke umsetzten.

WASSER VERNICHTET BANDBREITE

Beim Betrieb von WLAN-Komponenen im Freifeld ist zu beachten, dass Wasser die Funkwellen im 2,4-GHz-Band stark dämpft. Das wurde bei der Oktoberfest-Installation zum Problem, weil in der Funkstrecke zwischen Weinzelt und St.-Pauls-Kirche drei Masten mit Fahnen der Löwenbräu-Brauerei standen. So lange sie trocken waren, hatte die Funkverbindung volle Signalqualität. Doch wenn der Regen einsetzte, dämpften diese nassen Lappen das Funksignal derart, dass die Brutto-Übertragungsrate bisweilen statt 11 nur noch 2 Mbit/s betrug.

Probleme bereitete ebenfalls das Wasser im Zelt: Sobald die Sonne untergegangen war, kühlte sich die Luft unter dem Dach des Weinzeltes so weit ab, dass der bier- und weinselige Odem der Festbesucher zu Wasserdampf kondensierte: Der absorbierte so viel Sendeenergie, dass sich die Signalqualität massiv verschlechterte und die Datentransferrate mithin nur noch bei 2 Mbit/s lag.

2.5   Videoüberwachung für Fronleichnamsprozession

Alljährlich findet in München zum katholischen Kirchenfest Fronleichnam ein Umzug in der Innenstadt statt, der die Prozession der Gläubigen vom Frauendom über die Ludwigstrasse zum Marienplatz führt. Zu den Aufgaben des Veranstalters zählt es, den Ablauf von Predigten und Andachten an den verschiedenen Stationen mit den Gebeten und Gesängen der Gläubigen zu koordinieren. Dazu wird der Prozessionszug mit Videokameras überwacht, sodass die Tonregie in die Lage versetzt wird, zum richtigen Zeitpunkt die Einsätze zu geben. Der Glasfaser-Backbone, mit dem die katholische Kirche ihre Liegenschaften in der Münchner Innenstadt vernetzt hat, reicht jedoch nicht bis zur am weitesten entfernten Station, dem Altar vor der Kirche St. Ludwig, sodass für die Anbindung dieses einen Standortes bislang alljährlich eine Funkverbindung von der Deutschen Telekom angemietet werden musste – ein überaus kostspieliges Unterfangen.

Rund 10.000 Euro kostete diese temporäre, proprietäre Punkt-zu-Punkt-Funkverbindung zuletzt (2000) pro Tag, mit Steigerungsraten von rund 25 Prozent gegenüber dem Vorjahr – Anlass für das Erzbischöfliche Ordinariat, sich nach Alternativen umzusehen. Nachdem die vorgenannten Oktoberfest-WLAN-Installation, für die das Erzbischöfliche Ordinariat eine Sondergenehmigung zum Betrieb eines Funkrelais (einer WLAN-Bridge) auf der dem Oktoberfest benachbarten St.-Pauls-Kirche erteilt hatte, zuverlässig funktioniert hatte, lag es nahe, diese Technologie ebenfalls für den Fronleichnamsumzug einzusetzen.

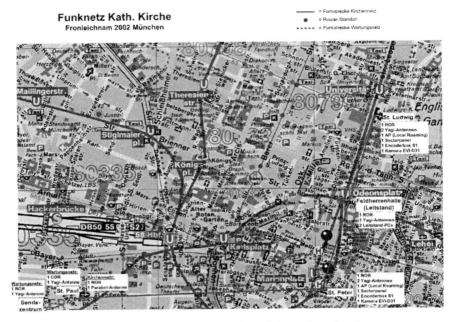

Abbildung 2.14: Statt über Standleitungen der Telekom überträgt das Erzbischöfliche Ordinariat zur Videoüberwachung des Fronleichnamszuges die von CCTV-Kameras an den Standorten St. Peter und St. Ludwig eingefangenen und von Video-Webservern für das Internetprotokoll aufbereiteten Bilder über WLAN-Richtfunkstrecken zur Tonregie an der Feldherrenhalle. Das WLAN-System wird über zwei weitere Funkbrücken vom Sendezentrum auf der Theresienhöhe über die St.-Pauls-Kirche ferngewartet. (Bild: Cybernex)

Die Anforderungen an die Fronleichnamsinstallation waren klar umrissen:

*   Aufbau einer CCTV-Kamera zur Überwachung des Fronleichnamsaltars auf dem Marienplatz

*   Einrichtung einer CCTV-Kamera zur Überwachung des Fronleichnamsaltars auf der Ludwigstrasse vor St. Ludwig

*   Aufbau einer CCTV-Kamera zur Überwachung des Fronleichnamsaltars auf dem Domplatz (zurückgestellt)

*   Aufbereitung der Videobilder im MPEG-Format zur Übertragung via Internetprotokoll

- Vernetzung der Standorte über Wireless LAN

- Übertragung und Darstellung der Bilder auf einem Computer im alljährlich temporär an der Feldherrenhalle aufgebauten Übertragungswagen der Tonregie

- Übertragung der Bilder in die Bildregie auf der Theresienhöhe zur optionalen Aufbereitung und Einspeisung in das Internet

- Einrichtung zusätzlicher, lokaler Fernwartungseinrichtungen für

  - die Vor-Ort-Wartung, etwa bei Ausfall einer der Fernfunkbrücken oder zur Justierung der CCTV-Kameras

  - die zusätzliche Einspeisung von Content

- redundante Vermaschung des Systems

- Fernsteuerung der CCTV-Kameras

- optionale Übermittlung von Ton

- Kosten unter 50.000 Euro

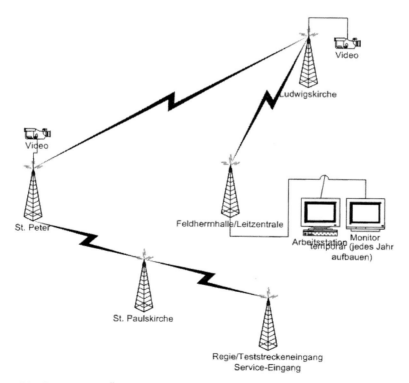

Abbildung 2.15: Über den Dächern Münchens vernetzt ein WLAN auf Basis von Orinoco-IEEE802.11b-Komponenten die CCTV-Kameras zur Überwachung des Fronleichnamszuges. (Bild: Cybernex)

Unter der Federführung des Cybernex-Mediendienstes errichtete das Münchener Spezial-IT-Unternehmen *bns Hard- und Software*[10] ein Funknetz, bestehend aus einem

- zentralen Access Point auf dem Kirchturm »Alter Peter«

- Access Point auf dem Kirchturm von St. Ludwig

- Access Point auf dem Kirchturm von St. Paul

- Access Point zur vorübergehenden Bereitstellung im Tonregie-Übertragungs- wagen vor der Feldherrenhalle auf dem Odeonsplatz

Während die Access Points auf den Kirchtürmen mithilfe von je zwei Yagi-Antennen untereinander durch Richtfunkstrecken verknüpft sind, strahlt von dort jeweils eine weitere Antenne mit 60 Grad Öffnungswinkel auf die darunter lie-genden Plätze respektive Straßen, um von dort einen direkten Einfluss auf das Kamerablickfeld nehmen und bei Bedarf weitere Bild- und später auch Toninhalte in das Netz einspeisen zu können.

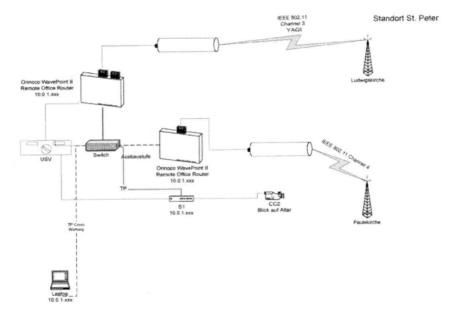

Abbildung 2.16: Der »Alte Peter« im Herzen Münchens trägt hochmoderne Elektronik: zwei Access Points zur Kirchturm-Vermaschung und zur Einspeisung der Videobilder via Kabel/Ethernet-Hub und WLAN-Funkbrücke zum Marienplatz. (Bild: Cybernex)

Eine weitere mit zwei Parabolantennen bestückte Richtfunkstrecke bindet den Knoten auf St. Peter an das Funkrelais auf der St.-Pauls-Kirche an, das seinerseits drahtlos mit dem Sendezentrum auf der Theresienhöhe gekoppelt ist (siehe auch Kapitel 2.3). Von dort erfolgt die Fernwartung des gesamten Systems sowie bei Bedarf die Einspeisung der Bild- (und später auch Ton-) Inhalte in das Intranet des Erzbischöflichen Ordinariats oder in das Internet.

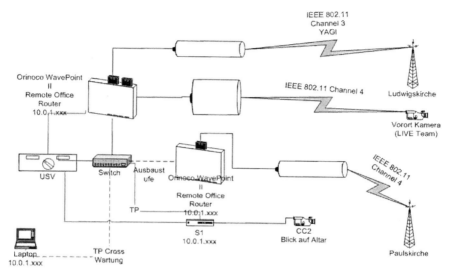

Abbildung 2.17:   Auf St. Peter schlägt ein Access Point, der mit zwei WLAN-Karten bestückt ist, via Yagi-Richtfunkantenne die Brücke zu St. Ludwig sowie zu einer mobilen Bildübertragungseinrichtung auf dem Marienplatz. Der zweite Access Point koppelt den Standort St. Paul drahtlos an und speist das per Ethernet-Kabel angelieferte CCTV-Kamerasignal ins LAN ein.

Die Einrichtung zweier weiterer Funkbrücken von St. Ludwig zum Münchner Frauendom war respektive ist projektiert, um den Domplatz ebenfalls in die Videoüberwachung für die Tonregie einbeziehen zu können. Diese Funkbrücke sowie eine weitere vom Frauendom zu St. Paul dienen darüber hinaus der redundanten Vermaschung des drahtlosen Setups für den Fall, dass eine der vorhandenen Übertragungsstrecken gestört wird.

Auf St. Ludwig ist ferner je eine Antenne mit 60 Grad Öffnungswinkel auf den darunter liegenden Straßenabschnitt gerichtet, sodass dann eine Wartung und/oder Einspeisung von Video-Content möglich ist. Auf St. Peter dient wegen der größeren Entfernung zum Marienplatz eine weitere Yagi-Antenne dem drahtlosen Brückenschlag.

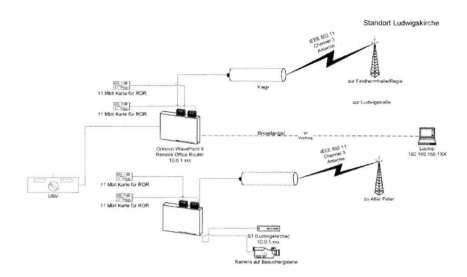

Abbildung 2.18: Auf St. Ludwig arbeiten zwei Access Points zur Realisierung der Funkbrücken zu St. Peter und in die Tonregie. Einer der beiden erhält den Video-Input per Ethernet-Kabel vom Videoserver und hält einen WLAN-Kanal zur weiteren Vermaschung mit dem Frauendom vor. Der andere deckt mit seiner zweiten WLAN-Karte samt Weitwinkelantenne zu Wartungszwecken einen Abschnitt der Ludwigstrasse ab.

2.6 Public Hotspots der WLAN GmbH

Eine in zunehmendem Maß typische Anwendung für WLAN-Technologien ist die Einrichtung so genannter Public Hotspots, also öffentlich zugänglicher drahtloser Zugangspunkte zum Internet, wie sie die WLAN GmbH mittlerweile bundesweit einrichtet.

Die WLAN GmbH zählt zu den führenden deutschen Anbietern von Public Hotspots in verschiedenen Hotels. Registrierte Anwender können mit ihren Zugangsdaten sogar zwischen allen angeschlossenen Häusern etwa der Marken Hilton, Lindner, Kempinski, Mariott, Steigenberger, Dorint, Best Western, Palace, Six Continents und Mövenpick roamen. Alle Netze basieren auf den weltweiten Standards IEEE802.11b und Wi-Fi (Wireless Fidelity).

Vor Ort formen jeweils einer oder mehrere WLAN-Access Points einen Public Hotspot. Zur Authentifizierung muss der Anwender an der Rezeption ein Anmeldungsvoucher lösen, das ihn mit den Zugangsdaten zum drahtlosen Netz – Benutzername und Passwort – versorgt.

Abbildung 2.19: Nach und nach überzieht die WLAN GmbH Deutschland mit einem Netz von Public Hotspots – etwa in Hotels – zur drahtlosen Einwahl in das Internet.

Das am besten ausgestattete Hotel und gleichzeitig eines der ersten, das diesen Dienst seinen Gästen anbietet, ist das Hilton-Parkhotel am Englischen Garten in München. Dort versorgen seit Dezember 2001 30 Access Points die 15 Etagen des Wohnturmes.

Die Zugangsdaten erhält der Gast im Businesscenter – 29 Euro kosten 24 Stunden freies Surfen. Das ist deutlich preiswerter als mit dem derzeit schnellsten Handy-Datendienst HSCSD. IT-Journalist Dr. Harald Karcher:

> *»Würde man das Hilton-Funknetz auf diese Art 24 Stunden am Tag non-stop nutzen, dann würde es pro Stunde 29/26 = 1,21 Euro kosten. Mit dem deutlich langsameren HSCSD-Handy kommt man auf zirca 6 Euro die Stunde.«[11]*

Da alle Hotels, die von der WLAN-Group mit Public Hotspots ausgestattet wurden, zur Authentifizierung auf einen zentralen Look-Up-Server zugreifen, lässt sich für Dauerkunden sogar ein deutschlandweites Roaming von Hotel zu Hotel realisieren. Dazu werden die Anwenderdaten schlicht via Internet an ein Hosting-

Abbildung 2.20: Wer außer im Hotel wohnen, meeten oder essen auch noch drahtlos ins Internet will, braucht sich vom Pförtner lediglich eine WLAN-Access-Card zu besorgen.

Center der WLAN-Group weitergeleitet, das zentral die AAA-Dienste bereitstellt: Authorisation, Authentication und Accounting. Dazu stellt die WLAN-Group den angeschlossenen Hotels VPN-Kanäle durch das Internet zur Verfügung – die nach Auskunft des Technischen Leiters Cyrus Hamidi derzeit sicherste Lösung.

Abbildung 2.21: Mit den Zugangsdaten, die vom Hotel nach dem Ordern eines WLAN-Vouchers ausgegeben werden, kann sich der Hotelgast ins Hotel-WLAN einbuchen.

Zum Thema Sicherheit führt Marketingleiter Jan Bentle aus:

> *»Grundsätzlich ist die Datenübertragung über WLAN genauso sicher oder unsicher wie jede Datenübertragung über das öffentliche Internet. Einzig und allein ein VPN, das typischerweise vom E-Mail-Provider des Nutzers betrieben wird, um die Verbindung von Ende zu Ende abzusichern, bietet unserer Einschätzung nach optimalen Schutz für die übertragenen Daten, unabhängig von der Übertragungstechnologie (Kabel/Funk).*
>
> *Unseren Kunden, die um die Sicherheit ihrer übertragenen Daten besorgt sind, legen wir daher den Einsatz eines VPN nahe. Wir haben unsere WLAN-Netze so konfiguriert, dass sie mit allen gängigen VPNs kompatibel sind.«*

WLAN HEUTE SCHON PREISWERTER ALS MORGEN UMTS

Im Vergleich zu den Kosten, die dem Anwender durch UMTS drohen, nehmen sich die Kosten für die WLAN-Interneteinwahl via Public Hotspot recht bescheiden aus. Das Preisbeispiel der WLAN GmbH aus dem Sommer 2002:

Derzeit existieren drei Preismodelle:

1. Prepaid: 2 Stunden für 9,50 Euro inkl. MwSt., ideal für den Übernachtungsgast, der schnell E-Mails synchronisieren will

2. Prepaid: 24 Stunden für 29 Euro inkl. MwSt., ideal für den Tagungsgast, der parallel zu seiner Veranstaltung E-Mails synchronisieren und im Internet recherchieren will

3. Postpaid: Dauerzugang für Access in allen angeschlossenen Locations: Abrechnung monatlich auf Basis des Datenvolumens, ideal für den Vielreisenden, der nicht jedes Mal an der Rezeption einen Zugang kaufen will und eine faire Abrechnung nur für das, was er gebraucht hat, wünscht.

2.7 WLAN-Benchmarks

Obwohl für alle Standard-IEEE802.11b-Produkte ähnliche Durchsatzwerte zu erwarten sind, zeigen sich in der Praxis dennoch zum Teil deutliche Unterschiede. Saubere UND praxisnahe Messungen sind in drahtlosen Netzen allerdings weitaus schwieriger durchzuführen als in kabelgebundenen Netzwerken: Der Durchsatz hängt nämlich durchaus von der elektromagnetischen Beschaffenheit der Umgebung ab, und die kann sich fortlaufend ändern. Ferner lassen sich die Durchsatzmessungen bei WLANs, die immer nur für eine spezielle Situation gelten (Gebäudeschnitt, Wandmaterialien, Aufbau der Messstrecke), nur ansatzweise verallgemeinern. Daher können die angegebenen Ergebnisse der beiden Publikationen allenfalls Richtwerte sein. So schreibt c't-Redakteur Ernst Ahlers in Ausgabe 14/2002:

»Die Benchmark-Resultate sind mit etwas Vorsicht zu genießen, denn bereits geringe Verlagerungen des AP oder Client können die Funkverbindung bereits deutlich beeinflussen. Schon das Drehen des Laptops um 90 Grad kann bei mittleren Entfernungen zum Abreißen der Verbindung führen. [...] Bei kurzen Entfernungen kann auch die Mehrwegeausbreitung durch Reflexionen von Signalanteilen an Wänden oder metallischen Objekten den Empfang beeinträchtigen, was sich bei manchen Kits an einem geringeren Durchsatz im Nahbereich als bei mittlerer Distanz bemerkbar macht.«[12]

Das Magazin *Mobile Computer & Kommunikation*[13] unterzog die gängigsten WLAN-Systeme auf dem deutschen Markt in ihrer Ausgabe 1/2002 einem praktischen Test, um zu ermitteln, welche Datenraten in der Praxis zu erwarten sind. Jedes Produkt musste seine Übertragungsleistung über die Entfernungen 3, 26 und 78 Meter beweisen.

Im ersten Testabschnitt wurde eine 61 Mbyte große Datei per File Transfer Protocol (FTP) übertragen. Die Messwerte wurden fünfmal aufgenommen. Als Ergebnis steht der arithmetische Mittelwert im FTP-Benchmark-Diagramm (sieheAbbildung 2.22).

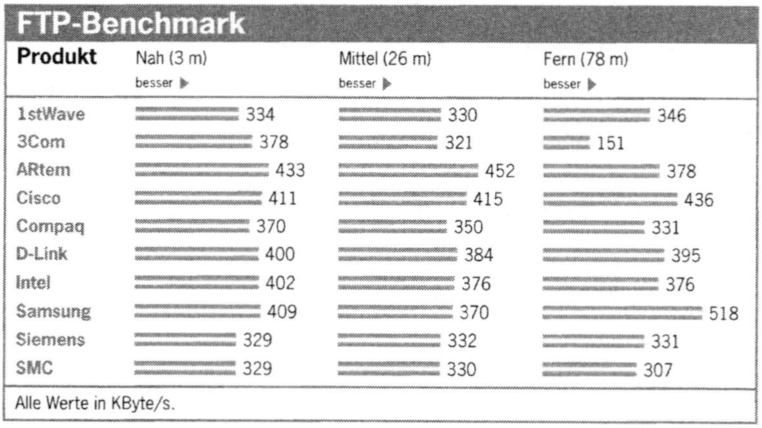

FTP-Benchmark

Produkt	Nah (3 m) besser ▶	Mittel (26 m) besser ▶	Fern (78 m) besser ▶
1stWave	334	330	346
3Com	378	321	151
ARtem	433	452	378
Cisco	411	415	436
Compaq	370	350	331
D-Link	400	384	395
Intel	402	376	376
Samsung	409	370	518
Siemens	329	332	331
SMC	329	330	307

Alle Werte in KByte/s.

Abbildung 2.22: Der von der Zeitschrift Mobile Computer & Kommunikation fünfmal durchgeführte FTP-Benchmark-Test mit einer 61 Mbyte großen Datei zeigt, dass Datenraten besonders im Fernbereich deutlich variieren. (Bild: Mobile Computer & Kommunikation)

Im zweiten Testabschnitt wurde der TCP/IP-Durchsatz mit dem Benchmark-Programm NetIO Version 1.4[14] gemessen. NetIO misst die Datenrate anhand der Übertragung von sechs verschieden großen Datenpaketen, deren Größe zwischen 1 und 32 Kbyte variiert. Die flotteste Datenübertragung ergab sich bei einer Blockgröße von 4 Kbyte. Sie ist im TCP-Benchmark-Diagramm (siehe Abbildung 2.23) wiedergegeben.

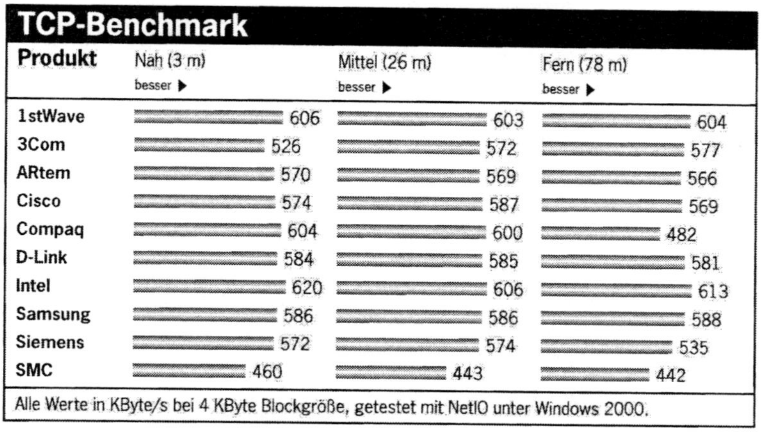

TCP-Benchmark			
Produkt	Nah (3 m) besser ▶	Mittel (26 m) besser ▶	Fern (78 m) besser ▶
1stWave	606	603	604
3Com	526	572	577
ARtem	570	569	566
Cisco	574	587	569
Compaq	604	600	482
D-Link	584	585	581
Intel	620	606	613
Samsung	586	586	588
Siemens	572	574	535
SMC	460	443	442

Alle Werte in KByte/s bei 4 KByte Blockgröße, getestet mit NetIO unter Windows 2000.

Abbildung 2.23: Den TCP-IP-Durchsatz testete die Zeitschrift Mobile Computer & Kommunikation mit dem Benchmark-Testprogramm NetIO. (Bild: Mobile Computer & Kommunikation)

Die Langstreckenmessung über 78 Meter untersuchte die Übertragung entlang eines Büroflurs. Das kommt einer Freiluftsituation zwar nahe, jedoch sind im Gebäude Reflektionen des Signals an Metallflächen möglich. Das Signal, dass am Client ankommt, ist daher durch Überlagerungen gedämpft, deren Anteile sich auf verschiedenen Wegen zwischen Access-Point (AP) und Client-Adapter fortpflanzen. Diese Überlagerung kann durch die Verwendung zweier Antennen, so genannter Diversity-Antennen, die etwa im Abstand der Wellenlänge von 13 Zentimetern auseinander liegen, vermindert werden.

Die IEEE802.11b-kompatiblen Produkte im Test der Zeitschrift Mobile Computer & Kommunikation übertragen im Normalfall Daten mit Raten bis zu 11 Mbit/s. Bei schlechterer Funkverbindung schalten sie auf 5,5, 2 und 1 Mbit/s zurück (Fall-Back). Der Benutzer kann die Daten zur Übertragung auf der Funkstrecke von der Hardware verschlüsseln lassen. Alle Produkte verwenden DSSS- (Direct Sequence Spread Spectrum) respektive FHSS-Modulation (Fall-Back).

Das Computermagazin c't kam zu ähnlichen Ergebnissen. In seiner Ausgabe 14/2000 untersuchte es ebenfalls den Durchsatz einer Reihe von WLAN-Starterkits:

- Belkin   B5Dg007[15]
- FSC*   ConnectBird Wireless LAN USB Set[16]
- Samsung   SWL-Starterkit[17]
- Tekram   2@Net[18]
- Unex   NexAir Kit UR211i[19]
- 3Com   WLAN-Bundle[20]

- D-Link   DWL-905[21]
- Epox   Wireless Starter Kit[22]
- SMC   SMC2665W-Kit[23]
- Vobis   Highscreen[24]
- 1stWave   1ST-WM-STARTER03[25]
- Agere   Orinoco Wireless Networking Kit RG-1100 EUR w/USB[26]
- Compaq   WLAN Home Packet mit USB-Adapter[27]
- Proxim   Skyline 802.11b 11 Mbit Bundle[28]

* Fujitsu Siemens Computers

Allerdings testete c't mit etwas anderen Parametern als Mobile Computer & Kommunikation, nämlich in den Abständen 1, 20 und 40 Meter. Fazit des Autors Ernst Ahlers:

> *»[...] Wer schlicht zwei Rechner im Ad-hoc-Modus miteinander koppeln will, sollte sich die Produkte von Fujitsu Siemens (Reichweite) und Tekram (Preis) genauer ansehen. Für die drahtlose Erweiterung eines Büro-LAN als »Last Meter« kommen am ehesten die Kits von 3Com (für mittlere Entfernungen) und D-Link (mit etwas höherer Reichweite) in Frage. Steht schließlich das kabellose Rudelsurfen im Vordergrund, dann reizt das Kit vom Compaq mit seinem vergleichsweise niedrigen Preis. Wer auf die verbesserte Firmware warten mag, sollte auch dem 1st-Wave-Router einen näheren Blick gönnen.[29]«*

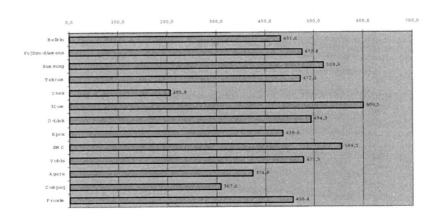

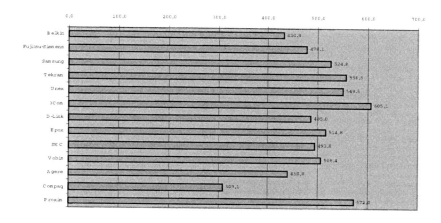

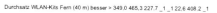

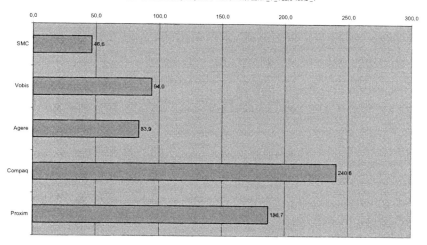

Abbildung 2.24: Die Testergebnisse der c't zeigen deutliche Unterschiede zwischen den Produkten verschiedener Hersteller, die jedoch auch auf die lokalen Randbedingungen des Tests zurückzuführen sein können.

1 http://www.wavehan.de

2 http://www.zdv.uni-mainz.de/603.html

3 http://www.artem.com

4 http://www.11b-networks.de/Vortrag.pdf

5 Eine kostenlose Startup-Version des ACL-Managers steht auf der ARtem-Homepage unter www.artem.de/support/downloads.shtml zur Verfügung. Die Lizenzen sind nach Teilnehmerzahlen gestaffelt, kosten z. B. für bis zu 20 User 500 Euro zzgl. MwSt. und sind erweiterbar.

6 Firewall Serie von Cisco, unterstützt ab Werk VPN-Clients, die unter Windows 95/98/NT/2000/ME/XP, Linux, Solaris und Apple Macintosh OS X laufen

7 http://www.e-garten.net

8 http://www.germanews.com

9 Smartmedia PresSservice, Sudetenstrasse 23, 85622 Feldkirchen

10 http://www.bns-computer.de

11 http://www.wlan-group.de/hilton_park_on_air.pdf

12 Verlag Heinz Heise, c`t Magazin für Computertechnik, Ausgabe 14/2002, Seite 84ff, Ernst Ahlers

13 http://www.komunik.de

14 ftp.leo.org, Programmierer Kai Uwe Rommel

15 www.belkin.de

16 www.fujitsu-siemens.de

17 www.samsung.de

18 www.tekram.de

19 www.unex.com.tw

20 www.3com.de

21 www.dlink.de

22 www.epox.de

23 www.smc-europe.com

24 www.vobis.de

25 www.1st-wave.de

26 www.orinocowireless.de

27 www.compaq.de

28 www.proxim.de

29 Verlag Heinz Heise, c`t Magazin für Computertechnik, Ausgabe 14/2002, Seite 84ff, Ernst Ahlers

Kapitel 3

WLAN IEEE802.11

Die gängigsten Vertreter für Radio-LANs (**RLAN**) entspringen heute dem Standard IEEE802.11, genauer dessen Erweiterung IEEE802.11b. Wegen der geringen Marktpräsenz anderer RLAN-Systeme wie HomeRF oder HiperLAN sind sie es, die heute landauf, landab mit dem Begriff Wireless-LAN oder WLAN gleichgesetzt werden.

Dieses Kapitel zeigt die Arbeitsweise der zugrunde liegenden Mechanismen auf, erklärt die eingesetzten Kodierungsverfahren, liefert Details zu den vielfältigen Erweiterungen dieses RLAN-Standards und nennt technische Realisierungen auf Chip-Ebene.

Der IEEE802.11-Standard spezifiziert lediglich die unteren beiden Schichten des OSI-Modells, also im Wesentlichen die Methoden des Kanalzugriffs und die Funktion der Bitübertragungsschicht.

3.1 Positionierung der IEEE802.11-WLANs

Die drahtlose Datenübertragung dient in erster Linie der leitungsfreien Überbrückung von Entfernungen und stellt zur Abdeckung der unterschiedlichen Entfernungsbereiche jeweils adäquate Technologien bereit:

- Personal Area Networks (PAN) und deren drahtlose Pendants, die Wireless PANs, decken den Nahbereich zwischen 5 und 100 Metern ab.

- Local Area Networks (LAN) und deren hier besprochenen drahtlosen Erweiterungen (WLAN) arbeiten üblicherweise im 300-Meter-Umfeld.

- Wide Area Networks (WAN) und deren Funkvertreter (WWAN) sowie alles, was darüber hinausgeht.

Wir konzentrieren uns in diesem Kapitel auf die mittlere, die WLAN-Ebene, und die dafür auf breiter Front bereitgestellte Technologie, welche das IEEE im Standard 802.11 und dessen Erweiterungen 11b, 11a, 11d, 11e, 11g und 11h spezifiziert hat.

Dass bei Funktechnologien nicht nur Übertragungsraten und Reichweiten zählen, sondern dem Faktor Mobilität eine wichtige Rolle zukommt, veranschaulicht Abbildung 3.2: Es zeigt sich, dass WLANs nicht für den Einsatz in schnell bewegten, mobilen Teilnehmern wie Kraftfahrzeugen ausgelegt sind. In diesem Zusammenhang sei die Bemerkung erlaubt, dass »Mobility« nicht mit dem häufig genutzten Begriff »Mobile« gleichgesetzt werden darf: Eine »Mobile Station« (IEEE802.11) respektive ein »Mobile Terminal« (HiperLAN/2) wird, obschon von einem Ort zum anderen bewegbar, zumeist ortsfest betrieben.

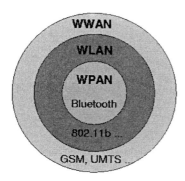

Abbildung 3.1: Koexistenz der drahtlosen Netze: Die IEEE802.11-Technologien decken den mittleren Bereich ab.

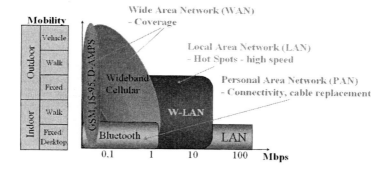

Abbildung 3.2: Die Einsatzgebiete der verschiedenen Netzwerke werden in dieser Grafik noch einmal deutlich. (Quelle: HiperLAN/2 Forum[1])

3.2 Was ist ein WLAN – Archetyp und Motivation

RLANs sind in der heute marktgängigen Ausprägungsform als WLANs nichts weiter als drahtlose Erweiterungen des am weitesten verbreiteten Netzwerktypus – des Ethernet. Dem Boom bei mobilen EDV-Geräten, allen voran bei Notebooks und in zunehmendem Maße bei PDAs, wollte die Netzwerkindustrie mit einem adäquaten Medium begegnen, um die gewonnene Mobilität gleichfalls auf die Vernetzung ausdehnen zu können. Wesentliche Motivation sind Komfort und Internetzugang:

Den vom Handy gewohnten Komfort der drahtlosen Sprachkommunikation und die immer dichter werdende, weltweite Informationsvernetzung durch das Internet verlangten nach einer drahtlosen Netzwerkanbindung. Dabei spielte es zunächst keine Rolle, dass GSM und Ethernet in Koexistenz genutzt wurden und werden.

Ob auf dem Universitäts-Campus oder in Konferenz- oder Besprechungsräumen – der tragbare Rechner ersetzt allerorten das Notizbuch, Kalender und Klarsichtfolien. Die zunehmende Abbildung von Geschäftsprozessen auf elektronische Datenverarbeitungssysteme macht die Anbindung an das Internet respektive an ein oder mehrere Intranets zu einem Muss.

Ergo bestand die Hauptaufgabe für die Entwickler darin, eine drahtlose Erweiterung von Ethernet-Strukturen zu ersinnen, auf der gleichfalls das Internetprotokoll anwendbar ist, sowie ein einfach zu etablierender Peer-to-Peer-Kommunikationsmodus als Ersatz für die PC-PC-Datenübertragung per Infrarot.

3.2.1 Anforderungen an das drahtlose Ethernet

- Überbrückung von Entfernungen zwischen 3 und 300 Metern, um den typischen Ausdehnungen von Arbeitsgruppen gerecht zu werden

- Datenraten wie das klassische Shared-Ethernet um 1 Mbit/s

- Kompatibilität zu Ethernet IEEE802.3 für eine einfache Integration via Bridges in bestehende Netzwerkstrukturen

- Kompatibilität zu TCP/IP

- Nutzung eines möglichst weltweit lizenzfrei verfügbaren Frequenzbandes für eine rasche Marktpenetration mit großen Stückzahlen (und damit moderaten Preisen)

- robuste Übertragungsverfahren

- ein in weiten Bereichen akzeptierter Industriestandard aus denselben Gründen

Eine Integration von Sprach- oder anderen Echtzeitdiensten stand bei der Entwicklung jedoch nicht im Vordergrund. Für die Integration von Telefonie in Form von Voice-over-IP (VoIP) über LAN (Ethernet) und WAN (Internet) hoffen die Marketingabteilungen in der Industrie noch immer auf die Weiterentwicklung des Ethernet in Richtung Quality-of-Service (QoS). Die Autoren bemühen in diesem Zusammenhang in voller Absicht das Wort »Hoffnung«, denn das Ethernet ist physikalisch per Definition nicht echtzeitfähig – und dessen drahtlose Erweiterung ebenfalls nicht.

Was das Management von Echtzeitanwendungen betrifft, sind HiperLAN/2 (siehe Kapitel 4) und Bluetooth (siehe Kapitel 5) im Vergleich zu Ethernet/WLAN à la IEEE802.11-Technologien von einem anderen Stern (Europa).

3.2.2 Das leisten IEEE802.11-WLANs

Der Forderung nach einem weit reichenden Standard begegnete das IEEE mit der Einsetzung der Arbeitsgruppe 802.11 bereits im Jahr 1985. Nach zwölf (!) Jahren Arbeit bestätigte das IEEE den Standard IEEE802.11 schließlich am 26. Juni 1997 und publizierte ihn am 18. November des gleichen Jahres. Um einen lizenzfreien Betrieb zu ermöglichen, setzten die Standardgeber zunächst auf das **ISM**-Band im 2,4-GHz-Frequenzbereich.

Die erst nach der »b«-Variante verfügbare »a«-Version nutzt dagegen Bereiche des 5-GHz-Spektrums. Die mit unterschiedlichen Übertragungstechnologien realisierten Weiterentwicklungen »b« (DSSS) und »a« (OFDM) betreffen in erster Linie die Übertragungsrate. Dabei setzen die Marketingabteilungen der Hersteller und Anbieter ausschließlich auf das für die IT-Branche abgewandelte »Gesetz der großen Zahl«, vermarkten ihre Produkte mit immer höheren Bruttodatenraten, verkünden aber selten die tatsächlich erzielbaren Transferleistungen ihrer Komponenten.

- 1997: IEEE802.11 – max. 2 Mbit/s,2,4-GHz-ISM-Band

- 1999: IEEE802.11b – max. 11 Mbit/s, 2,4-GHz-ISM-Band

- 2002: IEEE802.11a – max. 54 Mbit/s, 5-GHz-NICHT-ISM-Band

- 2003: IEEE802.11g – max. 54 Mbit/s, 2,4-GHz-ISM-Band[2]

3.2.3 Die PHY-Ebene – Daten ins Medium

Der IEEE802.11-Standard deckt lediglich die unteren beiden Schichten im OSI-Modell ab. Er definiert ein gemeinsames Medienzugriffsprotokoll (Media Access Protocol) für drei unterschiedliche physikalische Schichten:

- Infrarot (IR)

- Frequency Hopping Spread Spectrum (FHSS)

- Direct Sequence Spread Spectrum (DSSS)

Mit IEE802.11a kommt das

- Orthogonal Frequency Division Multiplexing (OFDM)

hinzu, das gleichfalls von HiperLAN/2 genutzt wird und ebenso in IEEE802.11g Verwendung finden wird.

3.2.4 Frequenz-Ressourcen

IEEE802.11-WLANs nutzen sowohl das 2,4-GHz- als auch das 5-GHz-Spektrum der elektromagnetischen Strahlung zur Nachrichtenübermittlung. Während im 2,4-GHz-Band relativ unkritische Arbeiten wie das Erhitzen von Speisen im Mikrowellenherd oder das Öffnen von Garagentoren per Funkbefehl verrichtet werden, weshalb dort ein lizenzfreies Band für industrielle, wissenschaftliche (scientific) und medizinische Zwecke (ISM) freigegeben wurde, nutzt das 5-GHz-Spektrum weitaus wichtigere Dienste wie das zivile Luftüberwachungsradar.

IEEE802.11b-Geräten steht in den verschiedenen Regionen der Welt durchaus nicht das gesamte 2,4-GHz-ISM-Band zur Nutzung frei: Nicht alle der zwischen 2412 und 2484 MHz gestaffelten Frequenzkanäle können überall in gleicher Weise genutzt werden.

Kanal-nummer	Frequenz [MHz]	Amerika	ETSI	Israel	China	Japan
1	2412	X	X	-	X	X
2	2417	X	X	-	X	X
3	2422	X	X	X	X	X
4	2427	X	X	X	X	X
5	2432	X	X	X	X	X
6	2437	X	X	X	X	X
7	2442	X	X	X	X	X
8	2447	X	X	X	X	X
9	2452	X	X	X	X	X
10	2457	X	X	-	X	X
11	2462	X	X	-	X	X
12	2467	-	X	-	-	X
13	2472	-	X	-	-	X
14	2484	-	-	-	-	X

Tabelle 3.1: Die Tabelle zeigt die Frequenzzuweisung der DSSS-Kanäle für IEEE802.11b im 2,4-GHz-Band. Je nach Region in der Welt sind manche Frequenzen nicht verfügbar. So können in Frankreich, obwohl im ETSI-Gebiet gelegen, nur die Kanäle 10 bis 13 genutzt werden.

Zerrissene Frequenzbänder und Globalisierung

Im Unterschied zum 2,4-GHz-Bereich ist der Gebrauch des 5-GHz-Bands weltweit NICHT einheitlich definiert. Nicht nur, dass in verschiedenen Ländern unterschiedliche Frequenzbänder vorgeschrieben sind, darüber hinaus gelten auch unterschiedliche Grenzen für die Sendeleistung. Beides erschwert es den Hardwareproduzenten, ein einheitliches, weltweit vermarktbares Produkt herzustellen.

In Europa sollen Teile des 5-GHz-Bandes ebenfalls gebührenfrei bereitgestellt werden. Über die endgültigen Nutzungsmodalitäten entscheidet die Regulierungsbehörde für Post und Telekommunikation(**RegTP**[4]) vermutlich Ende 2002.

Europa:

5150 bis 5350 MHz, max. Sendeleistung 200 mW **EIRP**

5470 bis 5725 MHz, max. Sendeleistung 1000 mW **EIRP**

In Europa sind in den Frequenzbändern leicht unterschiedliche Sendeleistungen (im Vergleich mit dem Rest der Welt) bei insgesamt 455 MHz Bandbreite erlaubt.

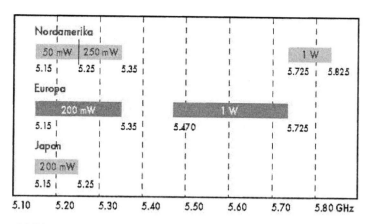

Abbildung 3.3: Das in Europa für schnellere »a«-WLANs vorgesehene, 200 MHz breite Indoor-Frequenzband um 5,25 GHz bietet Platz für acht 54-Mbit/s-Kanäle.[3]

Den Anforderungen der RegTP genügt derzeit IEEE802.11a noch nicht, denn obwohl die Spezifikationen der Funkschnittstelle für IEEE802.11a und Hiper-LAN/2 nahezu identisch sind, fehlen im IEEE802.11a-Standard wesentliche Faktoren für das automatische Ausweichen auf andere Frequenzen und die adaptive Regelung der Sendeleistung. Ergo hat der deutsche Regulierer RegTP den lizenz-freien Betrieb von IEEE802.11a-Geräten noch nicht zugelassen.

Die Standardisierungsgremien IEEE, ETSI & **ITU-R** (International Telecommunication Union, Radiocommunications Sector, www.itu.int) streben derzeit eine Einigung zur Harmonisierung an.

Nordamerika:

5150 bis 5250 MHz, max. Sendeleistung 50 mW **EIRP**

5250 bis 5350 MHz, max. Sendeleistung 250 mW **EIRP**

5725 bis 55825 MHz, max. Sendeleistung 1000 mW **EIRP**

In Nordamerika stellt die Regulierungsbehörde FCC 300 MHz Bandbreite für die WLAN-Produkte bereit, die in drei Unterbänder zu je 100 MHz aufgeteilt sind. Das erste Unterband (5,15 bis 5,25 GHz) trägt vier Kanäle zu je 20 MHz Band-breite, wobei die Sendeleistung auf 50 mW begrenzt ist. Höhere Sendeleistungen mit 250 mW und 1 W sind im zweiten und dritten Unterband erlaubt. Das zweite Unterband schließt an das erste Unterband an und enthält ebenfalls vier Kanäle. Zusammen mit dem oberen Band stehen insgesamt zwölf Kanäle zur Verfügung.

Japan (in der Diskussion):

5150 bis 5250 MHz, max. Sendeleistung 200 mW **EIRP**

3.2.5   Spread Spectrum-Übertragungsverfahren

Die ersten IEEE802.11-WLANs setzten als Übertragungstechnologie auf *Frequency Hopping Spread Spectrum* (FHSS) und erzielten damit Bruttodatenraten von 1 und später 2 Mbit/s. Da solche Komponenten inzwischen kaum mehr angeboten werden und Bluetooth ebenfalls FHSS als Übertragungstechnologie nutzt, verweisen wir zur tieferen Diskussion der Technologie auf das Kapitel 5.

Die heute den Markt dominierenden IEEE802.11b-Produkte setzen durchweg auf *Direct Sequence Spread Spectrum* (DSSS) als Übertragungstechnologie. Mit DSSS lassen sich unter Einsatz ausgefeilter Modulationsverfahren Bruttodatenraten von 11 Mbit/s erzielen. Aus Gründen der Abwärtskompatibilität (und beim Verbindungsaufbau) müssen IEEE802.11b-Geräte jedoch noch die Datenraten bis herab zu 1 Mbit/s beherrschen.

Die legal in Deutschland zurzeit nur mit Sondergenehmigung betreibbaren Geräte gemäß IEEE802.11a und ab 2003 IEEE802.11g nutzen zur Steigerung auf Übertragungsraten von 22 bis 54 Mbit/s indes *Orthogonal Frequency Division Multiplexing* (**OFDM**) als Übertragungstechnologie.

*   IEEE802.11   –   max. 2 Mbit/s,FHSS

*   IEEE802.11b –   max. 11 Mbit/s, DSSS/FHSS

*   IEEE802.11a –   max. 54 Mbit/s, OFDM

*   IEEE802.11g –   max. 54 Mbit/s, OFDM/DSSS

3.2.6   Übertragungsverfahrens-Konvergenz dank PLCP

Das Physical Layer Convergence Protocol (PLCP) erlaubt IEEE802-Systemen unterschiedliche physikalische Verfahren für die Datenübertragung zu nutzen.

Das Spread Spectrum-Übertragungsverfahren war einst für militärische Anwendungen entwickelt worden, um Daten möglichst abhörsicher zu übermitteln. Durch das Aufspreizen der Daten über einen sehr viel größeren Frequenzbereich als der des Nutzsignals benötigt man eine geringere spektrale Sendeleistung. Mit dieser Technik wird aber nicht nur das Orten und Abhören des Senders erschwert, sondern auch der Einfluss von schmal- und breitbandigen Störquellen minimiert. Für die Übertragung von Daten in einem Wireless LAN haben sich drei Varianten der Spread Spectrum-Technik durchgesetzt:

*   Frequency Hopping Spread Spectrum (FHSS)

*   Direct Sequence Spread Spectrum (DSSS)

*   Orthogonal Frequency Division Multiplexing (OFDM)

Die drei Verfahren sind nicht zueinander kompatibel. Das Physical Layer Convergence Protocol (PLCP) im IEEE802.11-Standard sorgt jedoch dafür, dass Kanalzugriff und Rahmenstruktur vom eingesetzten Übertragungsverfahren unabhängig sind (siehe Abbildung 3.4).

Abbildung 3.4: Durch das Physical Layer Convergence Protocol (PLCP) bleiben Kanalzugriff und Rahmenstruktur bei IEEE802.11 vom eingesetzten Übertragungsverfahren unabhängig. (Der Standard lässt darüber hinaus die Übertragung per Infrarot zu, die wegen Irrelevanz hier der Übersichtlichkeit halber weggelassen wurde).

FHSS – ein einfaches, aber stabiles Modulationsverfahren

Das FHSS-Verfahren (Frequenzumtastverfahren) überträgt das Nutzsignal über permanent abwechselnde Trägerfrequenzen. Das Abhören des Nutzsignals wird durch diesen Wechsel stark erschwert. Der Frequenzwechsel findet in einem Rhythmus statt, der dem Empfänger bekannt sein muss, d.h. Sender und Empfänger müssen vor der Datenübertragung synchronisiert werden. Für den Wechsel der Trägerfrequenz stehen dem Sender im Frequenzband verschiedene Kanäle zur Verfügung.

Die Datenübertragung mit dem FHSS-Verfahren erweist sich als sehr störunempfindlich, da Trägerfrequenzen mit starken schmalbandigen Störern ausgespart und die Daten mithilfe anderer Trägerfrequenzen erneut übertragen werden können. Durch die große Anzahl von benötigten Trägerfrequenzen reduziert sich die Bandbreite für die Datenübertragung auf Übertragungsraten von 1 bis 2 Mbit/s. Ebenso kompliziert der große Overhead für das Frequenzsprungverfahren das unterbrechungsfreie Weiterreichen mobiler Teilnehmer von einer Funkzelle in die nächste (Roaming).

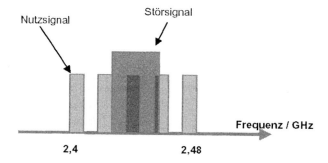

Abbildung 3.5: Da beim FHSS-Übertragungsverfahren die Trägerfrequenz periodisch wechselt, haben schmalbandige Störsignale nur geringe Auswirkungen. (Quelle: Siemens)[5]

DSSS – wie Daten unter dem Rauschen segeln

Beim DSSS-Verfahren (Direct Sequence Spread Spectrum) wird das Nutzsignal über den verfügbaren Frequenzbereich im ISM-Band zwischen 2,4 und 2,4835 GHz aufgespreizt. Diese Technologie war ursprünglich für den militärischen Funkverkehr entwickelt worden und erweist sich – zu Lasten der spektralen Effizienz – als überaus robust gegenüber Störungen.

Dazu verschlüsselt der Sender jedes Datenbit in einer Pseudozufallsfolge aus mehreren Zuständen (Signalspreizung, siehe Abbildung 3.7). Durch dieses Aufspreizen erscheint das Nutzsignal als Rauschen und ist somit auch unzugänglich für nicht autorisierte Zuhörer. Erst durch die Umkehr der Bandspreizung im Empfänger wird das Signal wieder aus dem scheinbaren Rauschpegel herausgehoben. Schmalbandige Störsignale werden durch die Umkehr der Bandspreizung vom Nutzsignal separiert herausgefiltert und beeinträchtigen so die Datenübertragung nur in dem Verhältnis, in dem Störbandbreite zu Spreizbandbreite steht – also im Mittel sehr wenig.

Durch die Aufspreizung des Nutzsignals über die gesamte zur Verfügung stehende Bandbreite können mit diesem Verfahren sehr viel höhere Übertragungsgeschwindigkeiten erreicht werden als mit dem FHSS-Verfahren. Da es bei drahtloser Datenübertragung zu einer Mehrwegausbreitung kommen kann, bei der sich die Signale addieren oder gegenseitig schwächen können, hilft der große Frequenzbereich, in dem das Nutzsignal übertragen wird, auch sehr schwache Signale zu rekonstruieren und eine erneute Datenübertragung zu vermeiden. Das DSSS-Verfahren ist somit wesentlich unempfindlicher gegenüber Signalüberlagerungen als etwa FHSS.

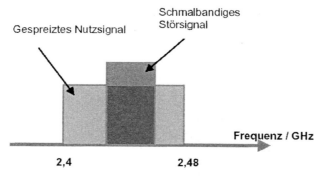

Abbildung 3.6: Beim DSSS-Übertragungsverfahren werden die Nutzdaten durch Frequenzspreizung quasi unterhalb des Umgebungsrauschens versteckt und nur durch Korrelation wieder zutage gefördert. (Quelle: Siemens)[5]

Bei DSSS nach IEEE802.11 wird die Nutzinformation mit einem speziellen Spreizcode, dem Barker-Code, durch eine XOR-Operation verknüpft. Dieser 11-Bit-Spreizcode mit der Bitfolge 10110111000 ist für alle IEEE802.11-Geräte einheitlich, weshalb kein Code-Multiplexing (CDMA – Code Division Multiple Access) stattfinden kann.

Auf diese Weise wird die Information über einen breiteren Frequenzbereich aufgespreizt, was die Störanfälligkeit verringert.

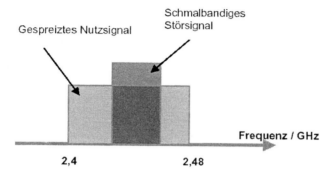

Abbildung 3.7:   Der DSSS-Spreizcode für IEEE802.11 (1 und 2 Mbit/s) hat 11 Bit Länge. Mit ihm wird die Nutzinformation in einer XOR-Operation überschlüsselt. (Quelle: KP-Engineering)

Dieses XOR-Resultat wird nun einem Träger aufmoduliert. Dabei können für den Träger zwei oder vier Phasen verwendet werden, wodurch sich pro Periode ein respektive zwei Bits gleichzeitig kodieren lassen. Mehr Zustände bedeuten eine höhere Datenrate, allerdings auch einen geringeren Signal/Störabstand und damit geringere Reichweite.

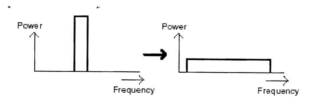

Abbildung 3.8:   Einer der Vorteile des DSSS-Verfahrens liegt in der Verteilung der Sendeleistung über ein breiteres Frequenzspektrum, was die Störanfälligkeit verringert. (Quelle: Lucent)

Bei IEEE802.11b entfällt die Restriktion auf den einheitlichen und konstanten 11-Bit-Spreizcode. Stattdessen kommt ein komplexer 8-Bit-Code zum Einsatz.

Bezüglich der vier Differential Quadrature Phase Shift Keying-Zustände lassen sich daraus zwar 4^8 = 65536 Codeworte generieren. Es werden jedoch nur 64, nämlich solche mit möglichst großem Abstand zueinander, eingesetzt.

- 1 Mbit/s: Differential Binary Phase Shift Keying (**DBPSK**)

- 2 Mbit/s: Differential Quadrature Phase Shift Keying (**DQPSK**)

- 11 und 5,5 Mbit/s: Complementary Code Keying (**CCK**) plus DQPSK

DSSS-Spreizcode-Variante DBPSK

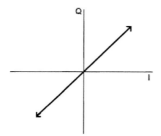

Abbildung 3.9:   Die DBPSK-Kodierung liefert die beiden Zustände (0,π), die pro Symbol die Übertragung von einem Bit (0,1) erlaubt.

Bit-Input	Phasenverschiebung
0	0
1	p

Tabelle 3.2:   DBPSK-Kodierungstabelle für 1 Mbit/s. (Quelle: SMPS)

DSSS-Spreizcode-Variante DQPSK

Beim *Differential Quadrature Phase Shift Keying* wird die Phase des Trägers in Werten von π/2 verschoben. Damit lassen sich vier Zustände darstellen und somit zwei Bit kodieren. Dadurch verdoppelt sich gegenüber dem Differential Phase Shift Keying die übertragbare Datenmenge – jedoch bei verringertem Signal-/Rauschabstand.

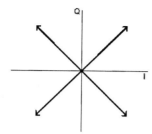

Abbildung 3.10: Die DQPSK-Kodierung erlaubt bereits die Übermittlung von »Doppelbits« (Dibits), da sie vier Phasenzustände annehmen und damit zwei Bit kodieren kann. (Quelle: SMPS)

Dibit-Muster (d0,d1)	Phasensprung
00	0
01	ð /2
11	ð
10	3 ð /2 (-ð /2)

Tabelle 3.3: DQPSK-Kodierungstabelle für die Übertragung von 2 Mbit/s. Zeitlich gesehen ändert d0 zuerst die Phase.

OFDM – die Königsklasse

Bezüglich der Aufteilung der Subträger, der Vorverarbeitung des Datenstroms und des Vielfachzugriffs gibt es unterschiedliche Arten von Modulationsverfahren, von denen einige nur erwähnt werden sollen.

Mit **FDM** (Frequency Division Multiplexing) lassen sich mehrere Bits parallel übertragen, indem sie zeitgleich auf verschiedene Subträger verteilt werden. Allerdings müssen dazu die einzelnen Frequenzbänder untereinander einen Sicherheitsabstand einhalten, was sehr viel Bandbreite kostet.

Mit der OFDM-Methode lässt sich etwa die Hälfte der Bandbreite einsparen, weil sich die Frequenzkanäle der Unterkanäle (Subträger) überlappen dürfen. Die wechselseitige Beeinträchtigung der Unterkanäle ist nämlich dann minimal, wenn die Mittenfrequenzen der Unterkanäle jeweils in die Nullstellen der Nachbarfrequenzen fallen (Orthogonalität).

Durch die Wahl eines günstigen Abstandes zwischen den Subträgern kann man die Intercarrier-Interferenz minimieren oder sogar verschwinden lassen. Liegen die Subträger in diesem optimalen Abstand zueinander, dann spricht man von OFDM (Orthogonal Frequency Division Multiplexing).

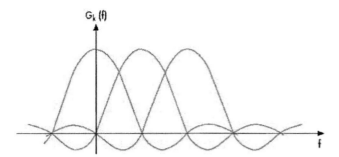

Abbildung 3.11: Bei OFDM liegen die spektralen Nulldurchgänge eines Trägers dort, wo die Spektren seiner Nachbarträger ihr Maximum haben. Dies garantiert geringstmögliche gegenseitige Beeinflussungen.[3]

Bei schmalbandigen Störungen oder Dämpfungsmaxima des Übertragungswegs kann man davon ausgehen, dass nicht alle, sondern nur Teile der Träger beeinträchtigt werden. Mit einer geeigneten Forward Error Correction (**FEC**) vermag der Empfänger aus gestörten Eingangsdaten die fehlerhaften Bits zu rekonstruieren. Allerdings bedeutet die FEC, dass senderseitig Redundanz in das Signal eingebracht wird, was zu Lasten der Nettodatenrate geht.

Hochentwickelte adaptive Verfahren, wie sie in HiperLAN/2 implementiert sind, arbeiten an dieser Stelle praktisch optimal, weil sie die Übertragungscharakteristik an den Übertragungskanal (nach Shannon) automatisch anpassen können – ein Merkmal, das in IEEE802.11a fehlt.

Die Kombination von OFDM mit FEC heißt übrigens **COFDM** (Coded Orthogonal Frequency Division Multiplexing). Das Verfahren erlaubt darüber hinaus, stark gestörte Frequenzbereiche auszublenden und sogar die einzelnen Subträger je nach ihrer Übertragungsqualität unterschiedlich zu modulieren.

Setzt man schließlich auf den einzelnen Subträgern noch ein Bandspreizverfahren wie DSSS ein, so spricht man von Multiträger-Direct-Sequence-CDMA.

OFDM ALS PHYSICAL LAYER (PHY)

OFDM[6] (Orthogonal Frequency Division Multiplexing) ist ein Modulationsverfahren, das zur Übertragung mehrere Trägerfrequenzen einsetzt (Multi Carrier).

Bei der Verwendung von OFDM überlappen sich die einzelnen Subcarrier (siehe Abbildung 3.11), was nicht nur zu einer Bandbreiteneinsparung führt, sondern auch höhere Datenübertragungsraten ermöglicht.

Bandbreite wird vor allem dadurch eingespart, dass man diese einzelnen OFDM-Subcarrier noch einmal mit einer höherstufigen Modulation wie BPSK bis 64-QAM bearbeitet.

Störungen lassen sich recht leicht eliminieren, solange ein Kanal den Null-durchgang der benachbarten Kanäle nutzen kann, um selbst zu senden. Dies gelingt aber nur bei einem (orthogonal verschobenen) Phasenwinkel von 90 Grad, solange also die Frequenz- und Phasenfehler klein bleiben.

Die OFDM erreicht eine hohe Leistungsfähigkeit selbst bei dispersiven (ver-breiterten) Kanälen, wie sie bei Frequenzen im Multi-Gigahertz-Bereich vorliegen. Die OFDM nutzen unter anderen HiperLAN/2, IEEE802.11a, IEEE802.11g, ADSL und DAB ebenfalls. Darüber hinaus findet eine »Multi-carrier-Modulation« Anwendung. Dabei werden die Daten in unabhängige Subcarrier übertragen.

Pro Kanal stehen 52 Subcarrier zur Verfügung, die in 48 Daten- und 4 Pilot-Subcarrier zur Synchronisation aufgeteilt sind. Den Pilot-Carriern kommt die Aufgabe zu, Phasenlagekorrekturen zur Kohärenz-Demodu-lation durchzuführen.

Vergleicht man OFDM beispielsweise mit DSSS, so haben Laufzeit-unterschiede bei OFDM einen wesentlich stärkeren Einfluss auf das Übertragungsverhalten, was zu einem stärkeren Absinken der Kommunika-tionsleistung von OFDM-basierten Verfahren gegenüber den DSSS-basier-ten führt.

Andererseits liegt der Hauptvorteil der OFDM in der besseren Verträglich-keit der Mehrwegeausbreitung: Alle Teilsignale, die zu unterschiedlichen Zeitpunkten durch Mehrwegeausbreitung am Empfänger ankommen, überlagern sich konstruktiv, so lange sie innerhalb des so genannten Guard-Intervalls am Empfänger eintreffen. Der Mehrwegeempfang wird also konstruktiv ausgenutzt.

Erklären lässt sich dieser scheinbare Widerspruch nur durch die Betrach-tung des Gesamtsystems: Jede Modulationsform benötigt einen gewissen Signal-/Rausch-Abstand, um zu funktionieren. Dieser Abstand nimmt naturgemäß mit wachsender Distanz zwischen Sender und Empfänger ab, korreliert aber auch stark mit der Frequenz. Das bedeutet: Ein Signal von 5 GHz wird bei wachsender Distanz sicher schneller schwächer als ein Signal bei 2,4 GHz, unabhängig von der Modulationsart (die Frei-raumdämpfung steigt mit wachsender Frequenz). Umgekehrt geht ein DSSS-Signal bei 5 GHz schneller in die Knie als ein OFDM-Signal bei 2,4 GHz. Ein direkter Vergleich der Modulationseffizienz bei unter-schiedlichen Frequenzen ist damit fragwürdig und sollte immer nur auf das Gesamtsystem angewendet werden.

Konkret beträgt die nutzbare durchschnittliche Datenrate bei HiperLAN/2 bei einer Distanz von 30 Metern noch ganze 24 Mbit/s, bei 60 Metern nur noch 6 Mbit/s. Zum Vergleich: In IEEE802.11b-WLANs sind bei 30 Meter Abstand noch die vollen 11 Mbit/s verfügbar, bei 100 Metern ver-bleiben noch 2 Mbit/s.

WLAN-Verfahren unterscheiden sich deutlich in den erreichbaren Bandbreiten und scheinen mit Bruttodatenraten von 2 bis 11 Mbit/s gegen die heute in Kabel-LANs gängigen 100 Mbit/s, stellenweise bereits 1 Gbit/s, deutlich im Nachteil. Mobilität ist damit schon ganz gut gewährleistet, abgesehen von einer gewissen maximalen Sendedistanz – im Freien unter günstigen Umständen bis zu 500 Meter, in Gebäuden je nach Bauart ein Zehntel bis Fünfzigstel davon.

Hohe Datenraten per Funk zu übertragen ist wegen der besonderen Eigenschaften drahtloser Übertragungsstrecken deutlich aufwändiger als drahtgebunden: Funkwellen breiten sich im freien Raum grundsätzlich in alle Richtungen (omnidirektional) aus, sie werden von Gegenständen reflektiert und Objekte (wie die Atmosphäre) dämpfen sie auch.

Diese Effekte wirken sich zudem für unterschiedliche Frequenzen verschieden stark aus. Die Zuverlässigkeit von Funkstrecken ist damit schon prinzipiell wesentlich schlechter als bei Kabelstrecken. Darüber hinaus hindert ein Effekt namens *Intersymbol-Interferenz* (siehe unten) die rapide Steigerung der Datenrate in Funk-LANs. Intersymbol-Interferenz ist allerdings nur die Folge der schon angedeuteten Mehrwegeausbreitung.

Intersymbol-Interferenz

Bei dem Beispiel im Bild gelangt das gesendete Signal $s(t)$ auf drei verschiedenen Wegen zum Empfänger, der erhält also drei Versionen des abgeschickten Signals. Während ein Signal direkt zum Empfänger findet (Line of Sight-Pfad), werden zwei Signale an Gebäuden reflektiert, bevor sie beim Empfänger eintreffen (Non-Line of Sight-Pfad). Durch die unterschiedlichen Pfade kommen alle drei Signale zu verschiedenen Zeitpunkten beim Empfänger an und erfahren eine unterschiedlich starke Dämpfung. Die Dämpfung steigt generell mit der Länge des Übertragungsweges und der Anzahl der Reflexionen; Entsprechendes gilt für die Verzögerung.

Besonders problematisch ist die Zeitdifferenz (Delay Spread), die zwischen dem ersten empfangenen Teilsignal – also demjenigen, das die kürzeste Strecke zurücklegen musste – und dem zuletzt empfangenen Signal verstreicht. Ein großer Laufzeitunterschied (Delay Spread) bedeutet, dass es zwischen Sender und Empfänger unterschiedlich lange Pfade gibt. Bei hohen Datenraten kann das dazu führen, dass zwei aufeinander folgende Signale sich durch die hohe unterschiedliche Verzögerung überlagern. Das ist die Intersymbol-Interferenz.

Die Intersymbol-Interferenz kann man nur bedingt durch Entzerrer beseitigen, hauptsächlich wegen der mit der Datenrate steigenden Komplexität des Entzerrens und den damit verbundenen Kosten.

Das Problem der Intersymbol-Interferenz wird bei unserem grafischen Beispiel dann sichtbar, wenn die Datenrate nun weiter steigt.

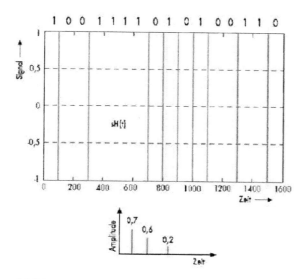

Abbildung 3.12: Das Sendesignal gelangt über drei unterschiedlich stark dämpfende und verzögernde Pfade zum Empfänger.[3]

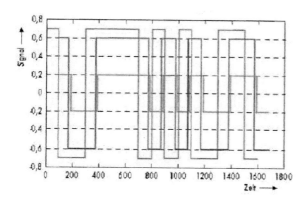

Abbildung 3.13: Der Empfänger sieht drei einzelne Teilsignale.[3]

In einem solchen Fall kann es passieren, dass ein »älteres« Symbol (0,1), das zuerst vom Sender abgeschickt wurde und das einen langen, stark verzögernden Pfad durchlaufen hat, ein aktuelles Symbol (1,0), das also später versendet wurde und auf dem direkten (kurzen) Pfad am Empfänger ankommt, durch Überlagerung unentzifferbar machen.

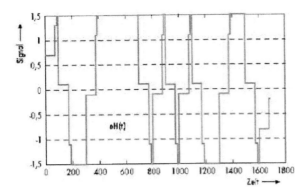

Abbildung 3.14: Das am Empfänger anliegende Summensignal.[3]

Multiträger-Modulation (MCM)

Einen besseren Weg, die Intersymbol-Interferenz zu minimieren, stellt die Multi-Träger-Modulation (Multi Carrier Modulation, MCM) dar. Die Idee dahinter ist folgende: Um einen Datenstrom mit hoher Rate zu übertragen, braucht man einen breitbandigen Kanal, also ein breites Frequenzband. Auf diesem kann der Datenstrom sequenziell fließen, mit der schon erwähnten Intersymbol-Interferenz als begrenzendem Faktor.

Alternativ kann man aber das breite Frequenzband in viele schmale Bänder (Subträger) aufspalten und den Sender anweisen, den hochratigen Datenfluss in viele niederratige Teilströme aufzuteilen, welche nun parallel auf den Subträgern übertragen werden können. Damit erreicht man, dass die Datenrate auf den jeweiligen Subträgern vergleichsweise niedrig ist; deshalb fällt auch die Intersymbol-Interferenz weniger stark aus.

MCM ist allerdings keine neue Erfindung als Reaktion auf die Intersymbol-Interferenz. Sie ist schon seit etwa 1950 bekannt und kam damals in militärischen Systemen zur Anwendung. Allerdings verhinderte ihre relativ hohe Komplexität den kommerziellen Durchbruch. Erst technische Fortschritte Mitte der 80er-Jahre haben dazu geführt, dass solche Systeme intensiv diskutiert und bald auch kommerziell zum Einsatz kommen konnten.

Natürlich sind auch Multiträger-Modulationsverfahren nicht frei von Problemen: Durch die relativ hohe Dichte von Subträgern kann es zu Beeinflussungen zwischen benachbarten Trägern kommen (Intercarrier-Interferenz). Ebenfalls stellt die Signalisierung bei vielen vorhandenen Subträgern ein Problem dar, also das Bekanntgeben vor jedem Übertragungszyklus, wer Daten auf welchem Subträger empfangen wird.

Problem der Mehrwegeausbreitung

Bewegt sich ein Signal *s(t)* vom Sender *S* zum Empfänger *E* über ein drahtloses Medium, so besteht das empfangene Signal *e(t)* aus zeitversetzten und gewichteten »Versionen« des gesendeten Signals.

Grund hierfür ist die Mehrwegeausbreitung des Signals *s(t)* über den drahtlosen Kanal. Mehrwegeausbreitung beschreibt die Möglichkeit des gesendeten Signals, über verschiedene Übertragungswege zum Empfänger zu gelangen. Verschiedene Wege resultieren wiederum in zeitverschobenen und unterschiedlich stark gedämpften Teilsignalen (Laufzeiteffekte).

Dieses Phänomen sorgt dafür, dass sich das gesendete Signal selbst am Empfänger stört. Solchen Störungen kann man zwar grundsätzlich mit Entzerrern beikommen, jedoch steigt die Komplexität solcher Entzerrer mit der Anzahl der verschiedenen Übertragungswege stark an, was sich auch auf die Kosten auswirkt.

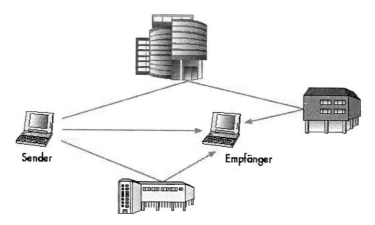

Abbildung 3.15: Funksysteme leiden generell an einer Mehrwegeausbreitung.[3]

3.3 MAC-Layer – die Verkehrskontrollanlage

Die Familie der IEEE802.11-Standards unterteilt die Verbindungsschicht des ISO/OSI-Schichtenmodells in zwei Teile: Die Kanalzugriffe steuert die Media Access Control (MAC), die logische Steuerung der Verbindungen übernimmt Link Layer Control (LLC) – ein Protokoll, das bei allen IEEE-Standards identisch gestaltet ist. Dieser modulare Aufbau vereinfacht auf höherer Ebene die Integration, weil die höheren Schichten ohne Rücksicht auf die Art des Zugriffsmechanismus und der physikalischen Implementierung auf die Kommunikationsdienste zugreifen können.

Daher rührt auch der Begriff »drahtloses Ethernet«, weil auf höheren Ebenen angesiedelte Protokolle wie TCP/IP (Schichten 3 und 4) in gleicher Weise auf IEEE802.11- wie auf IEEE802.3-Protokolle nach unten »durchgreifen« können.

Abbildung 3.16: In der Familie der IEEE802-Standards können Protokolle auf höheren Schichten uneingedenk der physikalischen Realisierung (PHY) und der Zugangssteuerung für das Medium (MAC) auf die Kommunikationsdienste zugreifen. Das erklärt die enge Verwandtschaft der Funktion von WLANs mit der des Ethernet. (Quelle: IEEE)

3.3.1 Zugriffskontrolle mit DCF und PCF

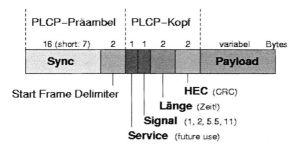

Abbildung 3.17: Rahmenstruktur des Physical Layer Convergence Protocol (PLCP). Bei IEEE802.11b kann die PLCP-Präambel auf 7 Bit verkürzt werden.

3.3.2 Netzzugriffe und mehr

IEEE802.11x-Verfahren bestehen aus einem gemeinsamen MAC, der auf unterschiedlichen Physical Layern (physikalischen Ebenen) arbeiten kann (siehe Abbildung 3.4). Tatsächlich umfasst das MAC-Protokoll einen asynchronen Basismechanismus, die **Distributed Coordination Function (DCF)**, die auf einem **CSMA/CA**-Verfahren (Carrier Sense Multiple Access/Collision Avoidance) fußt sowie einem Zusatz, der **Point Coordination Function (PCF)**, die Polling-orientiert arbeitet.

Beide Verfahren wechseln sich in einer Superrahmenstruktur miteinander ab; die beiden Zeitrahmen heißen **Contention Free Period (CFP)** für die PCF respektive **Contention Period (CP)** für die DCF. Während der CP wird die DCF als verteiltes

Zugriffsverfahren genutzt; in der CFP regelt ein Point Coordinator – meist der Access Point (AP) – den Zugriff auf den Kanal. Bei Assoziierung einer Station mit dem AP kann dieser die Station auf expliziten Wunsch in eine Polling-Liste aufnehmen, nach der den Stationen in der CFP exklusiver Kanalzugriff gewährt wird.

Der Zugriff auf das Medium – also den verfügbaren Übertragungskanal – wird von zwei Mechanismen gesteuert:

- Distributed Coordination Function (DCF)

- Point Coordination Function (PCF)

Beide Funktionen sind in der MAC-Ebene der WLAN-Geräte implementiert.

Die DCF bildet den grundlegenden Zugriffsalgorithmus, der von allen beteiligten Stationen im Netzwerk unterstützt werden muss. Die PCF ist hingegen optional und unterstützt zeitkritische Dienste, wie sie etwa für die Sprachübertragung erforderlich sind. Sie erzeugt wettbewerbsfreie Perioden innerhalb des grundlegenden wettbewerbsbehafteten Zugriffsmechanismus für den Datenverkehr – dient also der Bandbreitenreservierung.

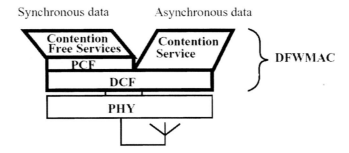

Abbildung 3.18: Alle IEEE802.11-Geräte müssen die Distributed Coordination Function (DCF) beherrschen, um wettbewerbsbehaftete Dienste (Contention Service) anzubieten. Wettbewerbsfreien Zugriff auf das Medium ermöglicht die optionale Point Coordination Function (PCF). Beide sind (teilweise optionale) Bestandteile des Protokolls der Distributed Foundation Wireless Media Access Control (DFWMAC).

Dies kann die PCF besonders deshalb bewerkstelligen, weil es sich um ein wettbewerbsfreies (contention free) Zugriffsverfahren handelt. Es stellt automatisch sicher, dass beispielsweise bei der Übertragung von A/V-Inhalten keine andere Station auf den Übertragungskanal zugreifen kann. Dies wird durch eine (interne) Reservierung von Zeitabschnitten vom PCF realisiert. Im OSI-Schichtenmodell liegt PCF oberhalb von DCF, die als Basis-Service nur wettbewerbsbehaftete Zugriffsmodi – dafür bei vielfachen Zugriffen von mehreren Stationen – dynamisch zuteilen kann.

KOLLISIONSVERMEIDUNG DURCH ROTIERENDE PRIORITÄTS-VERGABE

Eine sendewillige Station A, die ein Paket übertragen will, wählt einen Zeitschlitz (Slot) n aus einer bestimmten, medienabhängig vorgegebenen Zahl von Zeitschlitzen. Und überwacht den Kanal bis zum Zeitschlitz mit der Nummer n-1. Wenn bis zu diesem Zeitpunkt keine andere Station eine Übertragung auf dem Kanal gestartet hat, beginnt Station A die Übertragung im Zeitschlitz mit der Nummer n. Hat jedoch eine andere Station B zu einem früheren Zeitpunkt ihre Übertragung gestartet, also eine kleinere Zeitschlitznummer verwendet, dann wird die Übertragung von Station X so lange zurückgewiesen, bis Station B mit der Übertragung ihres Pakets fertig ist. Beim nächsten Übertragungsversuch wird die Zeitschlitznummer um die Zahl der Zeitschlitze, in denen im vorausgegangenen Zyklus keine Pakete übertragen wurden (Leerlauf), verringert. Das sichert den Stationen, die schon länger warten mussten, eine höhere Priorität zu.

3.3.3 Medienzugriff per CSMA/CA-Protokoll

Das Medium »Funk« ist in gewisser Hinsicht mit dem traditionellen Ethernet vergleichbar, bei dem mehrere Stationen um den Zugriff auf ein Medium (bzw. jetzt ein Frequenzband) konkurrieren. Bei WLANs nach 802.11 werden folgende Verfahren zur Koordinierung des Medienzugriffs eingesetzt:

Carrier Sense Multiple Access/Collision Avoidance (CSMA/CA)

Die sendewillige Station prüft zunächst, ob das Medium, also der Funkkanal, frei ist. Das vom Ethernet bekannte CSMA/CD ist nicht einsetzbar, weil eine Station während des Sendens kaum feststellen kann, ob eine weitere Station ebenfalls sendet.

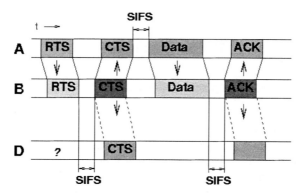

Abbildung 3.19: Die Distributed Coordination Funktion (DCF) steuert den Zugriff auf das Medium durch zeitliche Gliederung (Slot-Zuweisung).

Der Medienzugriffsmechanismus von DCF und PCD wird DFWMAC (Distributed Foundation Wireless Media Access Control) genannt und zählt zu der Klasse der **CSMA/CA**-Protokolle (Carrier Sense Multiple Access/Collision Avoidance). Alle IEEE802.11-Protokolle nutzen dieses Verfahren.

> **CSMA/CA STATT CSMA/CD**
>
> Im Gegensatz zum »normalen« kabelgebundenen Ethernet kann eine Funkstation (ohne spezielle Maßnahmen zu ergreifen) nicht gleichzeitig (auf der gleichen Frequenz) senden und empfangen, sodass das aus dem Ethernet bekannte Verfahren **CSMA/CD** nicht verwendet werden kann. Hier kommt stattdessen CA statt CD zum Zuge. Die **Collision Avoidance** (**CA**) funktioniert (vereinfacht dargestellt), indem der aktive Sendeteilnehmer zusätzlich zur Nachricht noch die Dauer seiner Aussendung addiert (und diese Information in ein als NAV gekennzeichnetes Feld überträgt). Alle anderen (mithörenden) Funkkreisteilnehmer verhalten sich während dieser Zeit still. Eine exzellente Darstellung des Medienzugriffes findet sich in [AW1^7].

3.4 Kommunikationsablauf

Eine Funkzelle kann unter IEEE802.11 zwei Formen annehmen, die als Ad-hoc-oder Infrastruktur-Netzwerk bezeichnet werden. Je nachdem, ob kein, ein oder mehrere Access Points (ESS) involviert sind, spricht man von einem Independent Service Set (IBSS), Basic Service Set (BSS) oder Extended Service Set (ESS). In Letzterem sind mehrere BSS über ein Distribution System (DS) miteinander verbunden (siehe Kapitel 1).

3.4.1 Exemplarische Kontaktaufnahme MS -> AP

Für die Kontaktaufnahme einer MS mit einem AP bietet der Standard zwei Alternativen:

- Der AP broadcastet periodisch einen Beacon, das ist eine Art Leuchtfeuer mit den Betriebsparametern (Kanalnummer, Service Set-ID und ggf. WEP-Schlüssel),

- Die Mobilstation sendet einen Probe Request, AP antwortet mit Probe Response.

Damit eine MS überhaupt zu einem AP in Kontakt treten kann, muss sie ZUVOR dessen Beacon-Informationen empfangen haben.

MAC-Frame-Format

Abbildung 3.20: Das MAC-Frame-Format: Ein IEEE802.11-Datenpaket enthält im Feld Duration/ID eine Angabe über die Dauer, die für die Übertragung des Frames benötigt wird. (Quelle: IEEE)

Control-Frame-Format

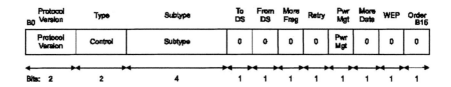

Abbildung 3.21: Das Control-Frame-Format von IEEE802.11 enthält zuvorderst Informationen über die Protokollversion. (Quelle: IEEE)

3.4.2 DIFS und SIFS vermeiden Kollisionen

Für alle MAC-Funktionen nutzt IEEE802.11 einen Priorisierungsmechanismus – die **Inter Frame Spaces** (IFS). Sie stellen nichts anderes dar als Pausen, in denen die Stationen nicht senden, sondern nur den Übertragungskanal abhören.

Eine Station darf nach Abschluss der vorhergehenden Übertragung erst nach Verstreichen einer für den zu sendenden Frame charakteristischen Wartezeit auf den Kanal zugreifen. Priorisierenden Charakter erhalten die IFS durch die Festlegung der Längenverhältnisse untereinander, für sie gilt:

SIFS < PIFS < DIFS.

Die konkreten Werte für SIFS, PIFS und DIFS hängen von der PHY-Technik ab.

Bevor sie normale Datenrahmen versenden darf, muss eine Station mindestens ein DIFS (DCF-IFS) abwarten.

Bestätigungen (ACKs) dürfen bereits nach einem SIFS (Short-IFS) auf den Kanal gesetzt werden und erhalten so die höchste Priorität.

Der Point Coordinator (PC) kann unter Nutzung des PIFS (PCF-IFS) den Polling-Betrieb in der CP einleiten; der PCF-IFS (PIFS) gewährt ihm bevorzugten Kanalzugriff vor anderen Stationen.

Aber die Collision Avoidance garantiert nicht die absolute Vermeidung von Kollisionen. Allerdings minimiert IEEE802.11 die Zeitspanne, in der Kollisionen vorkommen können, durch ein geschicktes Verfahren:

1. Die sendebereite Station wartet eine Zeitspanne mit der durch das **DCF Inter-Frame Spacing** (DIFS) definierten Mindestlänge ab.

2. Der Empfänger quittiert nach kurzer Pause
   Short Inter-Frame Spacing (SIFS).

3. Ist der Kanal nicht frei, muss die sendebereite Station den durch DIFS und einen Backoff genannten Zufallswert abwarten. Dabei greift ein Fairness-Algorithmus, der den Zufallswert nach erfolgtem Senden neu setzt und ihn ansonsten, also bei Fehlversuchen, dekrementiert.

Wegen der endlichen Ausbreitungsgeschwindigkeit kann es natürlich trotzdem zu Kollisionen kommen, wenn zwei Stationen nahezu zum selben Zeitpunkt einen freien Kanal feststellen und zu senden beginnen. Durch die ausbleibende Quittung (ACK) kann die Kollision erkannt werden. Eine Zufallskomponente bei der Zeit bis zum Wiederholversuch sorgt dafür, dass die beiden Stationen beim nächsten Mal (höchstwahrscheinlich) nicht wieder kollidieren.

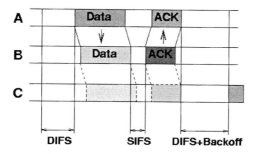

Abbildung 3.22: A, B und C bezeichnen drei Stationen im WLAN. Der Kanalzugriff erfolgt nach einer Pause mit der Mindestlänge DIFS. Der Empfänger quittiert den Erhalt des Data-Pakets nach Ablauf des SIFS-Intervalls mit einem ACK-Signal. Anschließend wartet der Sender die Zeitspanne DIFS + Backoff ab, wobei die per Zufallsgenerator generierte Backoff-Zeitspanne einem Fairness-Algorithmus folgend mit der Anzahl der Fehlversuche verringert wird. Sollte der Kanal nicht frei sein, muss die Station die Zeitspanne DISF + Backoff abwarten.

3.4.3 NAV als WLAN-frei- oder WLAN-besetzt-Kriterium

Informationen über den Zustand des Übertragungskanals (frei/belegt) kann ein WLAN-NIC auf zweierlei Weise gewinnen:

1. über das Abhören des Kanals (Carrier Sensing)

2. über den **Network Allocation Vector** (**NAV**)

Der Network Allocation Vector (NAV) stellt einen virtuellen Carrier Sense-Mechanisms dar, der lokal in jeder Station abläuft. Dabei handelt es sich um einen Timer, der die Zeitdauer angibt, wie lange das Medium voraussichtlich belegt sein wird. Erst nach Ablauf der durch den NAV-Wert vorgegebenen Zeitspanne wird erneut auf physikalischer Ebene geprüft (Carrier Sense), ob das Medium für eine Sendung frei ist. Den NAV-Wert ermitteln die Stationen aus dem Feld *Duration/ ID* (Dauer), welches im Kopf (Header) jedes Datenrahmens (Frame) enthalten ist (siehe Abbildung 3.20). Er wird nach der Übertragung jedes Frames über das Medium aktualisiert. Auf diese Weise können die Stationen das Medium für einen bestimmten Zeitraum für sich reservieren, was Kollisionen vermeidet. Darüber hinaus lässt sich der NAV-Wert auch dazu nutzen, Stationen ganz zum Schweigen zu bringen und nur nach Anruf (Polling) zum Senden zu bewegen.

Der NAV-Mechanismus verringert zwar die Wahrscheinlichkeit für das Auftreten von Kollisionen, kann sie jedoch nicht ganz ausschließen. Da eine Kollision zum Verlust der betroffenen Datenpakete führt, muss ein zusätzlicher Mechanismus den korrekten Empfang eines jeden Daten- oder Managementpaketes quittieren. Dazu antwortet der Empfänger mit dem Versand einer Bestätigung – dem Acknowledgement (ACK). Erhält eine Station nach dem Senden vom Adressaten keinen ACK-Frame, bedeutet das für sie, dass das Datenpaket verloren gegangen ist. Folglich muss sie es erneut senden. Dazu wartet die betreffende Station das so genannte Backoff-Intervall ab.

Ein ACK-Frame trägt keinen Datenteil und besteht aus lediglich 14 Byte.

Broadcast- oder Multicast-Frames werden indes nicht mit einem ACK quittiert. Wie bei der Quittierung von Kontroll-Frames geschieht das durch das Senden eines Antwort-Frames (beispielsweise RTS-/CTS-Frames).

3.4.4 Das Hidden-Node-/Hidden-Station-Problem

Der in Kapitel 3.3.3 beschriebene Collision Avoidance-Mechanismus kann jedoch nur dann funktionieren, wenn sich alle Stationen (Nodes) gegenseitig »sehen« können (A, B und C können sich gegenseitig empfangen, die Wege A-B, A-C sowie B-C stehen in beide Richtungen offen). Das ist dann nicht mehr gegeben, wenn einzelne Stationen durch Hindernisse abgeschattet sind. Dann kann es geschehen, dass eine Station D, die A nicht empfangen kann, wohl aber B und C, inmitten einer Sendung der Station A an B auf den Kanal B zugreift, was zu einer Datenkollision führen würde.

Das Hidden-Station-Problem lässt sich mit einem schon bei der seriellen RS-232-Schnittstelle der PCs für die Zugriffssteuerung auf der Leitung eingesetzten Mechanismus lösen: Request To Send/Clear To Send (RTS/CTS). Wie in Abbildung 3.23 erfährt Station D aus dem CTS von Station B, dass der Kanal durch die sendende Station A für eine gewisse Zeit belegt sein wird. Den erreichten Effekt bezeichnet man als **Virtual Carrier Sense** (VCS).

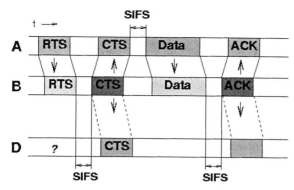

Abbildung 3.23: Beim Hidden-Station-Problem kann beispielsweise Station D nichts von Station A empfangen und muss von Station B im guten, alten Handshake-Verfahren informiert werden, ob der Kanal zu B frei ist oder wie lange er von einer Datenübertragung – hier von Station A an Station B – belegt sein wird. Die Länge von Data wird in den RTS- und CTS-Rahmen übermittelt.

Die VCS-Implementierung in Access Points ist optional und nicht zwingend im Standard vorgeschrieben.

Ebenfalls optional kann im Access Point eine **Point Coordination Function** (PCF) implementiert werden, die ihm – wie bei HiperLAN/2 – die Zugriffskoordinierung auf das gesamte Netzwerksegment überträgt, um beispielsweise das für Quality of Service (für Sprach- und Multimedia-Dienste) unerlässliche Bandbreitenmanagement über die Zuweisung definierter Teilbandbreiten zu garantieren – ein Ansatz, den das IEEE in der Standardweiterung IEEE802.11e aufgreift.

3.4.5 Verkehrsleitsystem im verteilten WLAN/LAN

zum/vom DS	Beschreibung Weg	Adr1	Adr2	Adr2	Adr4
00	innerhalb Zelle	Ziel	Quelle	AP	
01	von außerhalb	Ziel	AP	Quelle	
10	nach außerhalb	AP	Quelle	Ziel	
11	zu anderer Zelle	Ziel-AP	AP	Ziel	Quelle

Tabelle 3.4: Die Payload enthält neben dem Datenpaket unter anderem vier Adressen, die den Verkehr innerhalb einer Zelle, in die Zelle hinein, aus ihr heraus sowie in eine andere Zelle koordinieren.

Die flexiblen Adressierungsmöglichkeiten für den Datenverkehr werden durch die vielfältigen Quell- und Zieldefinitionen deutlich.

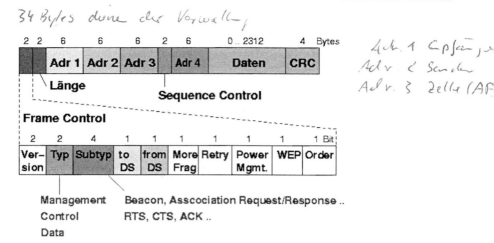

Abbildung 3.24: Die Struktur der Payload verdeutlicht den beträchtlichen Verwaltungs-Overhead bei der drahtlosen Übermittlung von Datenpaketen.

3.5 IEEE802.11-Standard

Dieser Standard war der allererste drahtlose WLAN-Standard vom IEEE. Er ermöglichte die Produktion von Produkten mit einer Bruttoübertragungsrate von 1 Mbit/s. Er fand in dieser Form keine große Nutzergruppe.

Im Markt dominieren seit 2001 WLANs nach 802.11b. Die Entwicklung aber bleibt hier nicht stehen. Die Suche nach neuen technischen Lösungen wurde einmal durch den Bedarf an höheren Datenraten motiviert. Weiterhin ist das bei 802.11b genutzte 2,4-GHz-ISM-Frequenzband relativ schmal. Wegen der zahlreichen weiteren Nutzungen (etwa durch Bluetooth) sind gegenseitige Beeinträchtigungen zu erwarten.

Im Bereich um 5 GHz existieren weitere Frequenzbänder, die von RLANs genutzt werden können. IEEE802.11a- (und HiperLAN/2-) Geräte nutzen diese Ressourcen. Sie sind jedoch weltweit nicht lizenzfrei zugänglich, weshalb sich die Markteinführung wesentlich schwieriger gestaltet. Wegen der fehlenden Abwärtskompatibilität zu IEEE802.11b ist ferner die Akzeptanz für IEEE802.11a-WLANs gering: Was nützt ein 54 Mbit/s schneller Public Hotspot, wenn die Kunden sich dann mit zwei verschiedenen WLAN-Karten herumschlagen müssen? Das beschränkt die Einsatzgebiete auf Closed Shops und Bridging. Abhilfe schafft IEEE802.11g, der bei vergleichbaren Datenraten die genannten Probleme zu umgehen verspricht.

Bruttodatenraten von einem oder zwei Mbit pro Sekunde sind heute wahrlich keine Straßenfeger mehr (dennoch erfolgt der Verbindungsaufbau auch bei den schnellen a- und b-Varianten noch immer mit dieser bescheidenen Datenrate). Stand der Marktverfügbarkeit sind 11 Mbit pro Sekunde (Ethernet mit 10 Mbit pro Sekunde galt bis zum Markteintritt Intels in das Ethernet-Geschäft 1996 noch als gängiger Durchsatz in kabelgeführten Netzwerken). Inzwischen stehen mit IEEE802.11a technische Neuerungen bereit, die diese Kabeldatenrate in Funknetzwerken schlicht verfünffachen.

Dennoch müssen Anwender und Netzbetreiber für unterschiedliche Zwecke noch immer unterschiedliche drahtlose Systeme einsetzen – ein Missstand, dem das ETSI mit HiperLAN/2 beikommen könnte.

3.5.1 IEEE802.11b

Dieser WLAN-Standard mit der höchsten Marktdurchdringung wird fälschlicherweise gerne unter dem Label »Wi-Fi« (Wireless Fidelity) vermarktet. Dabei handelt es sich de facto um ein Warenzeichen, das der Verbreitung der WLAN-Geräte deshalb sehr förderlich ist, weil dieses von der Wireless LAN Alliance[8] (**WLANA**) vergebene Gütesiegel eine weit reichende Interoperabilität der Geräte über Herstellergrenzen hinweg garantiert.

WI-FI UND WI-FI5

Die Wireless Ethernet Compatibility Alliance (WECA) sorgt im Wesentlichen für eine herstellerunabhängige Produktkompatibilität. Dies geschieht durch die Ausgabe von produktbezogenen Zertifikaten.

So sichert das Wi-Fi-Logo (IEEE802.11b) bereits erfolgreich Produkte aus dem 11-Mbit/s-WLAN-Bereich. Eine neue, einheitliche Norm sollte es ursprünglich mit Wi-Fi5 (IEEE802.11a) separat für den 5-GHz-Bereich geben. Dieser Plan wurde jedoch von der Herstellerorganisation WECA[9] kurzfristig fallengelassen, da man beim Verbraucher Verwirrung über das neue Logo befürchtete. Daher bleibt es auch für 5-GHz-Produkte beim bereits bekannten Wi-Fi-Logo. Zur Erlangung dieser Qualifikation muss das DUT (Device under Test) eine von der WECA entwickelte Testfolge erfolgreich bestehen.

Unabhängige Testlabors führen die Tests aus. Nach erfolgreichem Bestehen erhält der Hersteller für sein getestetes Produkt sein Zertifikat und damit das Recht, das Wi-Fi-Warenzeichen sowohl bei der Bewerbung als auch an seinem Produkt zu verwenden.

Infos über die Prüfanforderungen etc. findet der interessierte Leser im Internet unter dem URL www.wi-fi.org/downloads/ test_matrix.pdf.

Gründungsmitglieder der WECA waren Ende 1999 die Firmen 3COM, Cisco, Intersil, Agere, Nokia und Symbol. Inzwischen ist die Zahl auf über 140 Firmen gestiegen.

Zur CeBIT 2001 trugen ca. 80 Produkte das Wi-Fi-Logo, zur letzten CeBIT 2002 hatte sich diese Zahl bereits auf ca. 300 Produkte erweitert.

Technisch gesehen sind für IEEE802.11b-Geräte im 2,4-GHz-ISM-Frequenzband 14 Kanäle mit einer Kanalbreite von je 22 MHz definiert, von denen die ETSI für die Nutzung in Deutschland 13 freigegeben hat. In den USA und in Kanada können 11 Kanäle verwendet werden, in Frankreich dagegen nur 4 (siehe IEEE802.11d).

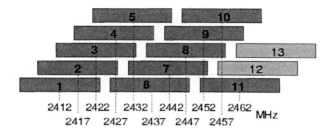

Abbildung 3.25: Kanalaufteilung im 2,4-GHz-Band für IEEE802.11b: Die Kanäle 14 überlappen sich so stark, dass lediglich die Kanäle mit den Nummern 1, 6 und 11 respektive 2, 7 und 12 oder 3, 8 und 13 gleichzeitig interferenzfrei am gleichen Ort nutzbar sind. (Quelle: KP-Engineering)

IEEE802.11b offeriert eine Bruttodurchsatzrate auf der Luftschnittstelle von 11 Mbit/s und arbeitet im 2,4-GHz-ISM-Band. IEEE802.11b verzichtet ganz auf FHSS, bleibt aber

- im lizenzfreien 2,4-GHz-ISM-Band und

- schraubt mit DSSS sowie Complementary Code Keying (**CCK**) plus DQPSK die Bruttoübertragungsrate auf 11 Mbit/s.

3.5.2   IEEE802.11a

Dieser High-Speed-WLAN-Standard mit einer Bruttoübertragungsrate von maximal 54 Mbit/s hat das IEEE im Frühjahr 2002 ratifiziert. Dass die »a«-Erweiterung des Standards erst nach der Verfügbarkeit der »b«-Geräte materialisierte, liegt an der schlechteren Verfügbarkeit der Ressource Übertragungsmedium und dem komplexeren Übertragungsverfahren (OFDM), das im Vergleich zur DSSS in IEEE802.11b eine fast fünfmal höhere Datenrate und stärkere Widerstandskraft gegenüber Störungen bietet. Nachteilig hingegen ist die im Vergleich zu IEEE802.11b kleinere Reichweite.

Einen wesentlichen Vorteil zieht dieser Standard aus der Tatsache, dass das 5-GHz-Band wesentlich weniger »überlaufen« ist als beispielsweise das 2,4-GHz-ISM-Band. Zusätzlich bietet IEEE802.11a mehr Kanäle und ein breiteres Band, was wiederum die Verbreitung von APs fördert und zu störungsfreieren Verbindungen führt. In der Praxis wird sich dieses Verhalten in einer höheren Zahl von APs pro Fläche im Vergleich zum »b«-Standard niederschlagen.

Aber es ist auch klar, dass ohne eine breite Massenverfügbarkeit und moderate Preispolitik Produkte für die mobile Client-Seite in Form von PC-Cards und unterschiedlichen PCI-Formfaktoren dieser Standard in Europa ein Nischendasein fristen könnte. Denn IEEE802.11a droht nicht nur Gefahr seitens des konkurrierenden HiperLAN/2, sondern auch aus dem eigenen Haus: Sowohl IEEE802.11g als auch IEEE802.11h offerieren Datenraten in »a«-Größe. Außerdem darf IEEE802.11h durchaus als der bessere Standard eingeschätzt werden. Er baut auf IEEE802.11a auf und beinhaltet in erster Linie Zusätze für das Spektrum-Management, um DFS und TCP implementieren zu können.

IEEE802.11a nutzt teilweise das 5-GHz-Frequenzband, dort tummeln sich jedoch auch kritische Dienste wie Radar für die Luftraumüberwachung und militärische Anwendungen.

Anders als die »b«-Variante setzt IEEE802.11a

- auf nicht exklusiv nutzbare Frequenzbereiche im 5-GHz-Band

- auf eine größere Anzahl an Subcarriern und 64-QAM zur Modulation

- IEEE802.11a erreicht mit diesen Maßnahmen und der OFDM-Modulation eine Vergrößerung der Bruttodatenrate auf maximal 54 Mbit/s

- auf das Modulationsverfahren OFDM mit einem Kanalabstand 312,5 kHz

- auf 12 nicht überlappende Kanäle

- Frequenzzuweisung USA 5,15 bis 5,35 GHz und 5,725 bis 5,825 GHz

- Sendeleistung USA 50 bis 1000 mW

- Frequenzzuweisung Europa 5,15 bis 5,35 GHz und 5,47 bis 5,725 GHz

Weitere Datenraten liegen bei 6, 9, 12, 18, 24 und 36 Mbit/s. Alle Produkte müssen 6, 12 und 24 Mbit/s unterstützen, 9, 18, 36 Mbit/s sind optional.

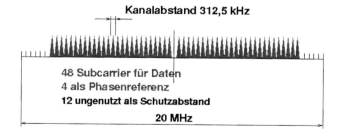

Abbildung 3.26: IEEE802.11a arbeitet mit einer größeren Anzahl an Sub-Carriern, was in Verbindung mit der Multi-Bit-Übertragung per 64-QAM Datenraten bis zu 54 Mbit/s erreicht. (Quelle: KP-Engineering)

Je Subcarrier wird eine 64-QAM verwendet, für niedrigere Raten (geringerer Signal-/Störabstand) auch 16-QAM, QPSK, BPSK.

DATENDURCHSATZ IN IEEE802.11A

Hersteller von WLAN-Produkten lieben die großen Zahlen. Konnten interessierte Käuferschichten dieser Produktkategorie bislang viel über werbewirksame Schreibweisen der Zahl 11 »lernen«, so wird sich dies vermutlich zukünftig auch auf die Zahl 54 beziehen.

Doch leider orientieren sich diese (optimalen) Werte an der physikalischen »Luft«-Schnittstelle. Den Benutzer interessiert aber vielmehr der zu erwartende Durchsatz auf der Ebene 3 des OSI-Schichtenmodells. Und da bleiben im günstigsten Fall von den 54 Mbit/s nur noch rund 32 Mbit/s übrig.

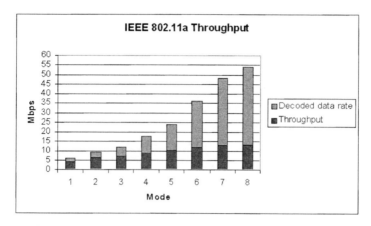

Abbildung 3.27: Datendurchsatz in einem IEEE802.11a-Netzwerk mit 5 Mobilstationen.[10]

Dieser erstaunliche Verschlankungseffekt ist hauptsächlich dem – allerdings notwendigen – Verwaltungsaufwand des MAC-Layers zuzuschreiben. Obendrein wird der Nettodurchsatz mit dem Abstand zwischen Sender und Empfänger noch weiter sinken: Messungen zeigen, dass der Nettodurchsatz, ausgehend von 25 Mbit/s, wenn Sender und Empfänger am gleichen Ort stehen, typischerweise um etwa 300 Kbit/s pro Meter abnimmt.

Doch der reine Punkt-zu-Punkt-Betrieb, quasi Richtfunk, ist nicht der typische Einsatzfall eines WLAN. Wesentlich häufiger soll es mehrere Benutzer gleichzeitig vernetzen. Dafür muss ein Netzwerk über ein Vielfachzugriffsverfahren verfügen (MAC, Medium Access Control). Klassisch sind Verfahren, die verschiedenen Benutzern unterschiedliche Zeitintervalle zur Nutzung der geteilten Ressource zuteilen. In diesem Aspekt unterscheiden sich HiperLAN/2 und IEEE802.11a enorm voneinander.

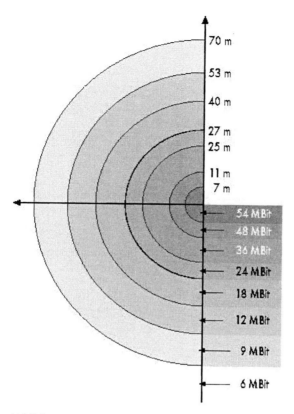

Abbildung 3.28: Optimalen Durchsatz garantieren auch WLANs nach IEEE802.11a
nur dann, wenn Sender und Empfänger dicht benachbart
positioniert sind. Mit zunehmender Entfernung sinkt die Datenrate
stetig ab. [3]

Die beiden RLAN-Systeme IEEE802.11a und HiperLAN/2 arbeiten auf der PHY-Ebene nahezu identisch. Daher unterscheiden sich deren PHY-Layer kaum und lassen sich sogar mit nahezu identischen Multifunktions-Chipsets abdecken.

Unterschiede weist vor allem der MAC-Layer auf. Die MAC-Ebene des IEEE-WLANs stammt aus der IEEE802.11x-Systematik und formt deshalb eine mehr oder minder große Ähnlichkeit mit einem drahtlosen Ethernet nach.

Ganz anders agiert an dieser Stelle HiperLAN/2, um grundsätzlich Probleme mit der Unterstützung sowohl für zeitkritische Dienste (synchrone, isochrone) als auch für asynchrone Datendienste zu lösen. Dies schließt die Behandlung von Sprache und Video mit ein, einer der Gründe für die Unterstützung von QoS.

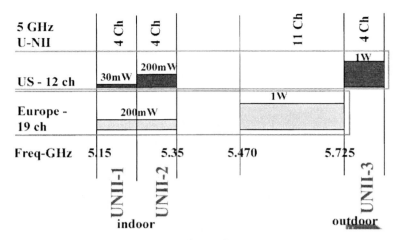

Abbildung 3.29: Für die USA definiert das IEEE die zulässigen Sendeleistungen in Abhängigkeit vom genutzten Frequenzbereich in drei 5-GHz-**U-NII**-Bändern. Für den Betrieb in Gebäuden (indoor) stehen insgesamt acht Kanäle zur Verfügung, die sich anders als in IEEE802.11b jedoch nicht überlappen. (Quelle: Cisco)

3.5.3   IEEE802.11d

Der auch als »World Mode« bezeichnete IEEE-Standard dient in erster Linie der Harmonisierung von Access Points, um ihnen die weltweit höchst unterschiedlichen Regularien für die Nutzung der knappen Ressource Frequenz sowie die daran geknüpften jeweils spezifischen Sendeleistungen beizubringen. Ziel ist es, dass keine unterschiedlichen Access Points für die verschiedenen Länder der Welt mehr benötigt werden, sondern dass der Gleiche überall auf der Welt eingesetzt werden kann und lediglich softwareseitig durch schlichte Eingabe des jeweiligen Betriebsstandortes den örtlichen Gegebenheiten angepasst wird.

Für die Mobile Stations Access ändert sich indes nichts, denn im Infrastruktur-Modus teilen die Points den angeschlossenen Stationen unter anderem die Parameter für den Kanal und die Sendeleistung mit, mit denen die Kommunikation mit dem Access Point abgewickelt werden. IEEE802.11d soll also nahtloses Roaming zwischen den WLANs in verschiedenen geografischen Regionen mit der gleichen drahtlosen Client-Hardware garantieren.

3.5.4   IEEE802.11e

Dies ist eine Erweiterung für die beiden IEEE-Standards IEEE802.11a und IEEE802.11g um QoS (VoIP) und Streaming-Multimedia-Verfahren – also ein vorsichtiges Herantasten an das, was HiperLAN/2 »ab Werk« bereits beherrscht.

Die zurzeit verfügbaren WLAN-Systeme basieren auf dem 1999 verabschiedeten Standard IEEE802.11, der den Medienzugriff von Funkstationen für verschiedene Übertragungsverfahren und Frequenzbänder beschreibt. Dabei bildet die so genannte Distributed Coordination Function (DCF) die Basis, sie arbeitet mit einem dezentralen CSMA/CA-Verfahren. Dieses ist aber nicht in der Lage, Dienstgüten wie garantierte Übertragungsraten, kontrollierte Laufzeiten, minimale Jitterabweichungen oder minimale Verluste von Daten sicherzustellen. Die bisher standardisierten Erweiterungen der DCF verfehlen dieses Ziel, sodass derzeit beim IEEE an der Erweiterung »802.11e – MAC-Enhancements« gearbeitet wird.

Der Point Coordination Function (PCF) kommt eine zentrale Aufgabe zu: Sie bietet die Möglichkeit, einzelnen Stationen gezielt Bandbreite zuzuweisen und somit Applikationen, etwa Audio oder Video, mit speziellen Dienstgütebedürfnissen (QoS, Quality of Service) zu unterstützen (siehe Kapitel 3.3.1).

Die dort entwickelten Verfahren sind gekennzeichnet durch eine zentral koordinierende *Hybrid Coordinating Function* (HCF) sowie die darin enthaltene Enhanced DCF (EDCF). Mithilfe der HCF vergibt eine Funkstation Kapazitäten dediziert und hat die Möglichkeit, den Funkkanal zu beliebigen Zeiten zu belegen. Die EDCF leistet eine nur schwache Unterstützung von Dienstgüte durch die Einführung von Prioritäten mittels unterschiedlicher Fenstergrößen im CSMA. Diese werden durch bis zu acht *Traffic Categories* (TCs) bestimmt, deren Parameter dynamisch verändert werden können. Insgesamt bringen aber diese Änderungen eine deutliche Verbesserung des Standards, erlauben jedoch nach wie vor nicht eine garantierte QoS.[11]

Hier könnte die bereits angesprochene PCF Abhilfe schaffen, leider ist diese in aktuellen WLAN-Produkten für IEEE802.11x nicht zu finden, wohl aber im ETSI-RLAN HiperLAN/2. Die eigentlich simple Struktur des zentralen Verfahrens der Kanalverteilung muss durch Mechanismen zur Anmeldung und Zuteilung der Kanalressource ergänzt werden (Call Admission Control, CAC und QoS-Reservierung).

Es entsteht ein verteiltes System, das nur beim Zusammenspiel von RLAN-Hardware (PCF-MAC-Funktionalität), Betriebssystem auf den Endgeräten (Stack und Treiber, Queueing) sowie Access Point (Scheduling) tatsächlich eine verbesserte Dienstgüte bieten kann. Da hierfür kein standardisiertes Verfahren in den IEEE802.11x-Standards existiert, sind einzelne Ansätze von Herstellern nur mit sich selbst kompatibel.

3.5.5   IEEE802.11f

Dies ist eine Erweiterung für die beiden IEEE-Standards 802.11a sowie 802.11g, um das Roaming mobiler Clients zwischen verschiedenen APs explizit festzulegen und die einzelnen Fähigkeiten von APs exakt zu definieren. Dieser Standard-Zusatz soll die Interoperabilität von APs unterschiedlicher Hersteller verbessern, die heute noch keineswegs gegeben ist.

3.5.6 IEEE802.11g

Ab Frühjahr 2003 will IEEE der Industrie einen Standard in die Hand geben, mit dem sie die Forderungen nach mehr Bandbreite und nach Abwärtskompatibilität zu den bereits massenhaft verwendeten IEEE802.11b-Systemen erfüllt.

Ob damit heute bereits IEEE802.11a markttechnisch als Auslaufmodell betrachtet werden muss, bleibt umstritten. Nach Ansicht von Florian Niedermaier von Cisco Deutschland werden »a«-Geräte in Deutschland nur wenig Verbreitung finden. Noch sind hierzulande ja nicht einmal die 5-GHz-Frequenzbereiche verfügbar. Andererseits gibt Lothar Stadelmeier von Sonys Home Network Lab in Stuttgart zu bedenken, dass IEEE802.11a wesentlich mehr Bandbreite bietet und dass das 2,4-GHz-Band bald so überlaufen sein wird, dass ein Ausweichen auf das 5-GHz-Band unausweichlich wird.

Am 15. November 2001 traf das IEEE802.11-Gremium die definitive Entscheidung, wie der zukünftige IEEE802.11g-Standard aussehen soll:

- maximale Datenrate: 54 Mbit/s

- Abwärtskompatibilität zu IEEE802.11b

- Support der CCK-Kodierung (aus IEEE802.11b übernommen)

- Support der OFDM-Kodierung (aus IEEE802.11a übernommen)

- optionaler Support zweier weiterer (noch nicht festgelegter) Kodierungen

- Datenraten von 22 bis 54 Mbit/s

- Frequenzband: ISM 2,4 GHz

- Reichweite 30 bis 50 Meter

- Übertragungsverfahren OFDM, jedoch verträglich mit IEEE802.11b

Den aktuellen Status des Entwurfs (Projects) IEEE802.11g ist unter dem URL http://grouper.ieee.org/groups/802/11/Reports/tgg_update.htm zu finden, mit der Ratifizierung im März 2003 ist zu rechnen.

Mit IEEE802.11g dürfte die Migration bestehender und zukünftiger Standards für das 2,4-GHz-Band beendet sein. Somit werden irgendwann alle WLAN-Systeme des 2,4-GHz-Bandes bei diesem Standard »auflaufen«.

3.5.7 IEEE802.11h

Diese Erweiterung respektive Ergänzung der IEEE802.11-Reihe bildet quasi die Schnittmenge, wenn nicht sogar die Obermenge der Standards IEEE802.11a und HiperLAN/2, wobei sich die genutzten Frequenzbereiche leicht voneinander unterscheiden. IEEE802.11h baut auf IEEE802.11a auf und beinhaltet in erster Linie Zusätze für das Spektrum-Management, um DFS und TCP implementieren zu können.

Der Großteil der Erweiterungen betrifft indes Software! Sofern eine Lösung hardwareseitig die Sendeleistung (Tx-power) kontrollieren und Radarstrahlung detektieren kann, ist sogar ein Upgrade von IEEE802.11a auf IEEE802.11h grundsätzlich denkbar.

Mit der »h«-Variante adaptiert IEEE die funktional herausragenden Teile des europäischen ETSI-Standards HiperLAN/2 und erkennt ihn damit offiziell an. Selbst aus der Sicht des IEEE bildet auch dieser Standard so eine Art von Endpunkt aller WLAN-Verfahren, die im 5-GHz-Band definiert sind. Damit stellt auch dieser Zukunftsstandard zunächst (wie auch IEEE802.11g) das Nonplusultra dar, was Leistungsfähigkeit und Flexibilität betrifft.

Mit einer Ratifizierung des IEEE802.11h-Standards wird jedoch erst in der zweiten Jahreshälfte von 2003 gerechnet, sodass Produkte frühestens Ende 2003 verfügbar sein werden.

3.5.8 IEEE802.11i

Dies ist eine Erweiterung für die IEEE-Standards 802.11a, 802.11b sowie 802.11g, um die bekannten Sicherheitslücken des *Wired Equivalent Privacy*-Verfahrens (WEP) zu schließen. Dazu ist geplant, WEP durch das *Temporal Key Integrity Protocol* (TKIP) und den *AES*-Algorithmus zu ersetzen (siehe Kapitel 7 – Sicherheitsbetrachtungen). Dabei werden rotierende Schlüssel eingesetzt, die jeweils nach einer kurzen Lebensdauer durch neue ersetzt werden (siehe Kapitel 7).

Kompliziert wird die Gestaltung des Sicherheitsstandards durch das (bereits veröffentlichte) IEEE802.1x-Protokoll, das eine Authentisierungsmethode für Backend-Systeme darstellt, aber ebenfalls an Sicherheitsproblemen (Man-in-the-middle-Attacken) leidet. Daher wird vor dem Jahr 2003 nicht mehr mit einer finalen Lösung gerechnet.

3.6 Chipsätze für Dual-PHY/Multiband

»Early Adopter« werden in der IT-Branche diejenigen Hersteller oder Käufer genannt, die sich sehr früh schon auf eine neue Technologie einlassen, selbst wenn das mit höheren Kosten und anderen Unannehmlichkeiten einhergeht. Die Komplexität der WLAN-Produkte ließ es in Anbetracht der Tatsache, dass wesentliche Teile der Standards (Multi-Standard) noch gar nicht fertig gestellt sind oder lokal unterschiedlichen Regularien unterliegen, geboten erscheinen, mehr als einen Standard in einem Chip (Multi-PHY) zu unterstützen beziehungsweise Chips selbst nachträglich noch anpassen zu können.

Die Industrie arbeitet intensiv an multifunktionalen Lösungen, von denen hier exemplarisch die gängigsten aufgeführt sind:

3.6.1 Atheros

Der Chipsatz *AR5001X* Combo WLAN Solution von Atheros[12] unterstützt die nachfolgenden IEEE-Standards:

- IEEE802.11a, IEEE802.11b, IEEE802.11g, IEEE802.11e
- IEEE802.11f, IEEE802.11h, IEEE802.11i

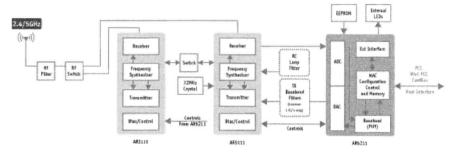

Abbildung 3.30: Atheros AR5001X WLAN System Architecture[12]

3.6.2 Bops

Der IP-Technologiekern *WirelessRay* der Firma Bops[13] unterstützt und verarbeitet die nachfolgenden Standards:

- IEEE802.11a, IEEE802.11b, HiperLAN/2, HiSWANa

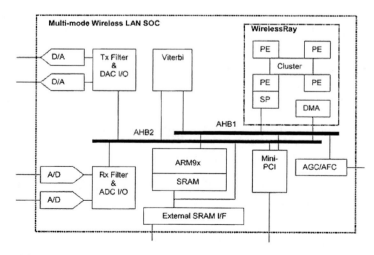

Abbildung 3.31: WirelessRay IP Enabled Multi-mode Wireless LAN SOC[14]

3.6.3   Systemonic

Die Firma Systemonic[15] aus Dresden geht mit dem parameterprogrammierbaren, also per Software an Standards anpassbaren WLAN-Chipsatz *Tondelayo* einen zukunftsweisenden Weg und unterstützt die folgenden Standards:

*   IEEE802.11a, IEEE802.11b, IEEE802.11g, IEEE802.11e

*   IEEE802.11h, HiperLAN/2, HiSWANa

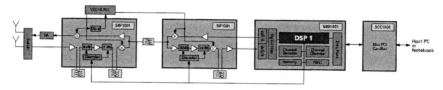

Abbildung 3.32:   Der WLAN-Chipsatz Tondelayo unterstützt – anders als es Systemonic in der Grafik dargestellt – auch HiperLAN/2.

---

1   http://www.HiperLAN2.com
2   Die Verabschiedung des IEEe802.11g-Standards wird für Herbst 2002 erwartet.
3   Frank Fitzek, James Gross, Andreas Köpsel: Kurzstrecken-Sprinter, Einblicke in die Technik neuer WLANs. In: CT 26 (2001) S. 214ff
4   www.regtp.de
5   http://www1.ad.siemens.de/net/html_00/ftp/fachartikel/ wirelesslanwhitepaper_de.pdf
6   www.ofdm-forum.com
7   AW1: Edgar Nett, Michael Mock, Martin Gergeleit: Das drahtlose Ethernet, Addison-Wesley, 2001, ISBN 3-8272-1741-X
8   http://www.wlana.com
9   www.weca.net
10 http://www.magisnetworks.com/pdf/industry/standards_comparison.pdf
11 Ausführungen basieren auf einem Text der ComNets, RWTH Aachen.
12 www.atheros.com
13 http://www.bops.com/
14 http://www.bops.com/cores/wirelessRay.htm#metrics
15 http://www.systemonic.com/

Kapitel 4

HiperLAN/2 – universelleres WLAN

Für die Einrichtung drahtloser Netzwerke (**RLAN**) stehen zwar gleich mehrere standardisierte Technologien zur Verfügung, von denen die gängigste Marktvariante heute das paketorientierte und verbindungslose WLAN gemäß dem amerikanischen Standard IEEE802.11b ist. Es dient im Wesentlichen als Ersatz oder Ergänzung bestehender Ethernet-LANs und erfährt derzeit die Erweiterungen IEEE802.11a, IEEE802.11g und IEEE802.11h, die wir in Kapitel 3 behandeln, aber es deckt nicht alle drahtlosen Kommunikationsbedürfnisse ab – insbesondere fehlt ein Echtzeitdienst für die Sprach- und Videoübertragung.

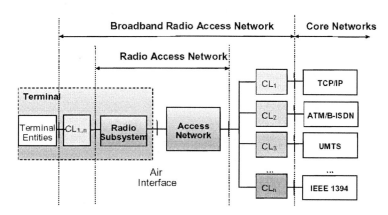

Abbildung 4.1:   Ein erster Blick auf das Referenzmodell der ETSI für HiperLAN/2 zeigt bereits den »Verbindungscharakter« – frei nach dem Motto »so wenig wie nötig« – denn HiperLAN/2 spezifiziert nur das »Radio Access Network« plus die notwendigen Konvergenz-Layer. Die jeweiligen »Core Networks« sind hingegen kein Bestandteil des HiperLAN/2-Standards, sondern im ATM-Forum, bei 3GPP, bei den Ethernet-Standards respektive im IEEE1394-Forum definiert.[1]

Das europäisch initiierte Pendant zu IEEE802.11 hat die ETSI unter dem Namen **HiperLAN/2** (High Performance Radio Local Area Network, Type 2) standardisiert. HiperLAN/2 stellt indes im Vergleich zu IEEE802.11 einen weitaus umfassenderen Ansatz für ein lückenloses drahtloses wie auch drahtgebundenes Vernetzungssystem dar – und darin ist das »LAN« im Sinne von Local Area Network nur eines der unterstützten Elemente.

4.1   HiperLAN/2 integriert Daten und Sprache

HiperLAN/2 ist ein integratives Netzwerk. Es läuft unter dem Arbeitsnamen »Wireless **ATM**« (Asynchronous Transfer Mode). ATM ist die bei den Telcos (Telekommunikationsunternehmen) in Europa am weitesten verbreitete Non-IP-Methode (Internetprotokoll) für die elektronische Kommunikation. HiperLAN/2 ist ein neuer Standard für drahtlose Netzwerke mit hohen Datenraten, die bei 5

GHz betrieben werden. Solche Netze können, wie WLANs, im privaten Bereich beispielsweise in Büros, auf Firmengeländen oder auch in Privathaushalten eingesetzt werden. Es ist aber auch möglich, an Stellen mit hohem Kommunikationsbedarf wie Bahnhöfen, Flughäfen oder Messen Dienste für Dritte anzubieten.

Eine der Stärken von HiperLAN/2 ist die Flexibilität, denn anders als IEEE802.11 enthält HiperLAN/2 integrierte Schnittstellen zum Mobilfunk der dritten Generation (G3 oder **UMTS**) sowie zum seriellen High-Speed-Bus (IEEE1394), den die Unterhaltungselektronikindustrie als Standard für die Heimvernetzung favorisiert.

HiperLAN/2 schlägt somit die Brücke zwischen dem meistverwendeten Datenübertragungsprotokoll der gängigen Telefongesellschaften respektive Kabelnetzbetreiber, der nächsten Generation für die Handy-Kommunikation und dem postulierten Standard für die Multimedia-Hausvernetzung. HiperLAN/2 ist also per se ein »integratives Netzwerk« und treibt die bei **ISDN** erstmals eingeführte Integration verschiedenster Dienste wie Telefonie, Fax oder Daten ein gutes Stück weiter.

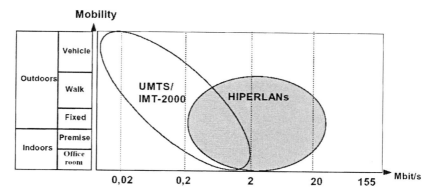

Abbildung 4.2: HiperLANs und UMTS unterscheiden sich hinsichtlich ihrer Datenrate, Zellengrößen sowie maximal zulässigen Relativgeschwindigkeiten.[2]

4.2 HiperLAN/2 – ein erster Blick

HiperLAN/2-RLANs arbeiten wie IEEE802.11a-WLANs im nicht lizenzfreien 5-GHz-Band und etablieren Funkverbindungen zwischen den Mobilen Terminals (MT) und einer Access Point oder Central Controller genannten Basisstation (AP/CC). Für jede Verbindung kann ein spezieller QoS-Parameter vorgegeben werden.

Bewegt sich das Mobile Terminal in eine andere Nachbarfunkzelle, so übergibt HiperLAN/2 automatisch die Verbindung an den funktechnisch am »besten« positionierten Access Point. Dieses Handover-Netzverhalten nennt sich *Roaming*.

Als ETSI-Standard spezifiziert HiperLAN/2 (ganz im Gegensatz zu den meisten IEEE-Standards) eine starke Verschlüsselung auf der Funkstrecke, die sowohl zur Authentifizierung als auch zur Sicherung einer Verbindung benutzt werden kann (siehe Kapitel 4.6.6).

Darüber hinaus enthält HiperLAN/2 einen Mechanismus, der bereits belegte oder gestörte Frequenzen erkennt und diese dann von einer weiteren Verwendung ausschließt. Durch die Dynamic Frequency Selection (**DFS**) entfällt für den Anwender die Notwendigkeit einer präzisen Frequenzplanung.

HiperLAN/2 ist kein Zukunftsstandard mehr: Da es aber weder kauffertige Lösungen auf dem Endkundenmarkt gibt, noch eine wenigstens europaweite Freigabe für den Regelbetrieb im allozierten Frequenzbereich vorliegt[3], besitzt Hiper-LAN/2 bis heute noch keinerlei Marktrelevanz.

> *»Gründe für die verzögerte Verfügbarkeit sind zum einen durch den sehr langen Standardisierungsprozess zu erklären, aber es bestehen auch massive regulatorische Hemmnisse in Europa. Ein Grund hierfür ist die zögerliche Haltung verschiedener Frequenzverwaltungen in Europa, die* **ERC**[4]*-Entscheidung 99/23[5] zu unterzeichnen. Diese Entscheidung fordert DFS über einen Bereich von 330 MHz (5150-5350 MHz und 5470-5725 MHz). Im Übrigen führt diese Anforderung auch zu einer erheblichen Erhöhung der Komplexität in den Endgeräten.«*

So sieht es Hans-Peter Steinbrück, zuständig für das HiperLAN/2-Engagement bei Panasonic Deutschland.

ZULASSUNGEN VON 5-GHZ-FUNKSYSTEMEN DURCH DIE BEHÖRDEN IN DER EU

Die (noch) fehlende Zulassung durch die regulatorischen Behörden in Europa ist nicht HiperLAN/2-spezifisch, sondern tangiert sämtliche 5-GHz-**RLAN**-Standards (also ebenfalls IEEE802.11a). Somit werden in der heutigen Form IEEE802.11a-Geräte in den meisten Ländern Europas (noch) nicht zugelassen.

Die gesamteuropäische Lösung wird sich aber auf jeden Fall konform zur ERC99(23) (European Radiocommunications Committee) verhalten (siehe Kapitel 8 – Anhang). Sie regelt als Hauptkriterien vor allem das Verhalten von 5-GHz-Funksystemen bezüglich der Dynamic Frequency Selection (**DFS**) sowie Transmit Power Control (**TPC**). Damit soll sichergestellt werden, dass 5-GHz-RLANs als sekundäre Nutzer nicht den Betrieb der primären Bandnutzer (RADAR-Dienste) stören können.

Als Ausnahme – respektive Zwischenlösung – werden allerdings Szenarien realisiert, die ohne DFS und TPC auskommen, allerdings zum »Preis« starker Beschränkungen bezüglich der verwendbaren Frequenzen und Sendeleistungen.

DFS und TPC sind indes elementare Bestandteile des HiperLAN/2-Standards, während bei IEEE802.11-Systemen diese Definitionslücke erst Ende 2003 durch den Zusatz IEEE802.11h geschlossen werden soll.

Maßgeblich für die europäische Zulassung wird der von der ETSI erarbeitete Standard ETSI EN 301 893 »Harmonized EN covering essential requirements of articel 3.2 of the R&TTE Directive«. Er beinhaltet sämtliche Kriterien, denen ein RLAN genügen muss, um auf dem europäischen Markt zugelassen werden zu können.

Zurzeit erarbeiten CEPT und ITU Modelle, die die Interferenz von RLANs gegenüber Radarsignalen darstellen sollen. Die dann dort festzulegenden Grenzwerte werden vom ETSI in den »Harmonized Standard« ETSI EN 301 893 übernommen. Dieser ist Ende Juli 2002 in die »Public Enquiry Phase« übergegangen und harrt der Veröffentlichung seiner finalen Variante voraussichtlich Ende 2002.

Für den HiperLAN/2-Standard von erheblicher Bedeutung ist das Engagement einer Reihe von wichtigen Herstellern, insbesondere aus den USA und Japan, weil IEEE802.11-Systeme sich eben kaum für die multimediale Heimvernetzung eignen. Daher hat HiperLAN/2 gute Chancen, nicht wie sein Vorgänger Hiper-LAN/1 unterzugehen. Die Spezifikation des HiperLAN/2-Kerns ist fertig, das »Rollout« des vollständigen HiperLAN/2-Standards ist für das erste Quartal 2003 geplant.

4.3   HiperLAN/2 im Überblick

Während WLANs gemäss IEEE802.11 für asynchronen Datenverkehr mit mittleren und hohen Datenraten, Bluetooth gemäss IEEE802.15 als hochmodernes Picozellennetz (PAN) mit **QoS** und anderen Annehmlichkeiten bereitstehen, stellt sich die Frage: Wozu dann *noch* einen weiteren (europäisch initiierten) Standard?

Nun, selbst die schnellste derzeitige WLAN-Variante (IEEE802.11a) ist ein recht grober Klotz. Außer einer auf bis zu 54 Mbit/s gesteigerten Bruttodatenrate bietet IEEE802.11a keinerlei Unterstützung für all die komplexen Betriebsprobleme, die dann anstehen, wenn es um mehr als nur den reinen asynchronen Datenaustausch zwischen PCs geht.

NOMENKLATUREN-WIRRWARR AUFGELÖST
HiperLAN/2 bedient sich einer etwas anders gelagerten Nomenklatur für die Bezeichnung der Kommunikationspartner: Während die stationären Sende- und Empfangseinrichtungen in IEEE802.11 meist *Access Point* (AP) heißen, nennt HiperLAN/2 einen solchen Knoten dann *Central Controller* (CC), wenn er vornehmlich der drahtlosen Heimvernetzung dient. Die immer wieder auftauchenden Begriffe Access Point und Central Controller sind also logische kontextuelle Bezeichnungen für die gleiche Sache.

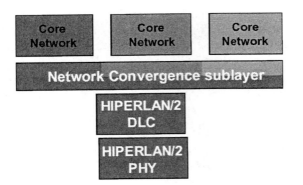

Abbildung 4.3:   Der Network Convergence Sublayer in HiperLAN/2 soll den problemlosen Übergang zwischen Kommunikationssytemen realisieren, angedeutet durch die unterschiedlichen Schattierungen der Core-Netzwerke. Die beiden momentan dominaten CLs sind Ethernet (standardisiert in BRAN) und IEEE1394. Darüber hinaus spielen aber auch CLs wie IP (noch nicht verfügbar), ATM oder UMTS eine immer gehaltvollere Rolle.

Der mobile Knoten, in IEEE802.11 *Mobile Station* (MS) oder nur *Station* genannt, heißt in HiperLAN/2 *Mobile Terminal* (MT). Und um die Verwirrung komplett zu machen, darf in Heimnetzwerken ein Mobile Terminal auch noch als *Wireless Terminal* (WT) bezeichnet werden. Handelt es sich bei den Stationen respektive Terminals um drahtlose Endgeräte eines LAN, heißen sie in dem einen oder anderen Papier auch *Client*.

Ferner ist es üblich, NIC zu sprechen, wenn AP/CC oder MS/MT/WT gemeint sind, auch wenn dieses Akronym in der Netzwerktechnik üblicherweise eine *Network Interface Card* bezeichnet.

Seitens der Industrie bürgern sich für HiperLAN/2-Geräte die folgenden Definitionen ein, die zwischen Business- und Home-Profilen unterscheiden, je nach Einsatzgebiet der Geräte:

Der AP wird dem Business-Profil zugeordnet und dient dem klassischen Zugang (Access) zum Wired Backbone, der beim IEEE *Distribution System* (DS) heißt.

Der CC wird dem Home-Profil als zentrale Kontrollinstanz zugeordnet, zu der die anderen Geräte im Heimnetzwerk *Direct Mode*-Verbindungen aufbauen.

Und dann gibt es noch den Zwitter zwischen MT und CC, das *CC-capable WT* – ein mobiles Endgerät (beispielsweise ein Notebook), das die Aufgaben eines Central übernehmen kann.

Ein AP ist vornehmlich für die zentrale Kontrolle aller Ressourcen einer drahtlosen HF-Zelle in unserem HiperLAN/2-Netz verantwortlich. Der AP ist üblicherweise an ein kabelbasiertes Netzwerk angeschlossen. Der CC bietet die gleiche Funktionalität bezüglich der Ressourcen-Steuerung durch den AP. Die Bezeichnung CC wird daher vor allem dann gewählt, wenn die Funktionalität eines AP mit der eines MT in einem gemeinsamen »Single Device« zusammengefasst ist. Dies ist vor allem bei dem »direkten Modus« (DM) oft der Fall.

4.4 HiperLAN/2 – das bessere RLAN

Die nachfolgende Aufzählung erhebt zwar keinen Anspruch auf Vollständigkeit, soll jedoch den Lesern dieses Buches die wesentlichen Spezialitäten von Hiper-LAN/2 à la carte offerieren, um schon einmal ihren Appetit auf mehr (Komfort und technische Finesse) anzuregen:

- Bereits im **MAC**-Layer ist HiperLAN/2 wesentlich effizienter als IEEE802.11, und weil es mit der gleichen Sendeenergie (bei konstanten Abständen) zwischen zwei Knoten wesentlich mehr Daten übertragen kann.

- HiperLAN/2 unterstützt – anders als IEEE802.11 – einen Quality of Service (QoS) über die Data Link Layer- respektive die MAC-Schnittstelle, indem es dynamisch veränderbare, aber immer gleich große Zeitschlitze vergibt (Bandbreitengarantie). Das ist eine wesentliche Voraussetzung für viele Applikationen, etwa für Telefonie oder andere Übertragungsformen mit Echtzeitanforderungen wie Voice over IP (VoIP).

- HiperLAN/2 kann durch die Radio Resource Control (**RRC**) die eingesetzten Ressourcen (Sendeleistung, Sendekanäle, Sendefrequenzen) präzise überwachen und dynamisch unter Last neu vergeben und dadurch wesentlich effizienter nutzen als jeder der etablierten IEEE-WLAN-Standards. Die RRC umfasst unter anderen:

  - Die Dynamic Frequency Selection (**DFS**

  - HiperLAN/2-Netze autokorrelieren ihren Betrieb und weichen so Bandstörungen, fremden Funknetzen oder auch anderen HiperLAN/2-Netzen effektiv aus und erreichen so eine ergonomische Nutzung der höchst endlichen Ressource »Frequenz« respektive Frequenzbereich. Dieser Mechanismus zur Vermeidung von Störungen beim Vorhandensein anderer Sender wird mit dem englischen Begriff »[Un]-Coordinated Interference« zusammengefasst – etwas, dass Bluetooth und IEEE-WLAN-Systeme erst noch mühsam via IEEE802.15 WPAN Task Group 2 (TG2) lernen müssen.

- HiperLAN/2 enthält bereits ab Standard eine Funktion zur automatischen Abregelung der Sendeleistung, die *Transmit Power Control* (**TPC**), sowie eine Stromsparfunktion, die *Power Saving Function* (**PSF**), wie sie bereits von der GSM-Technologie, nicht aber vom IEEE802.11-Standard bekannt sind. Die Vorteile der beiden Verfahren:

– Sie sparen bei einem portablen oder mobilen Knoten Akku-Kapazität

– minimieren die unvermeidliche »Verschmutzung« der Umwelt durch die Hochfrequenzstrahlung

– reduzieren dadurch die Zellgröße auf ein Minimum und

– ermöglichen dadurch eine größere Zelldichte, was gleichbedeutend mit einer größeren Anzahl von Kommunikationspartnern ist.

• Die Verwendung der **ODFM** (Orthogonal Frequency Division Multiplexing) in der **PHY**-Ebene mit variabler Bitrate subsummiert auch in technischer Hinsicht alle Vorteile von modernsten Modulationsarten in Verbindung mit hochleistungsfähigen **DSP**-Verarbeitungsstrukturen.

• HiperLAN/2 verwendet mehrere Bänder im 5-GHz-Bereich und arbeitet mit unterschiedlicher Sendeleistung in unterschiedlichen Frequenzbereichen (siehe auch Kapitel 3). Da IEEE802.11a im Indoor-Bereich auf die Nutzung der unteren beiden UN-II-Bänder limitiert ist, soll HiperLAN/2 spezifisch in Europa nur das Band unterhalb des UN-II-3-Bandes nutzen.

• HiperLAN/2 beherrscht besonders zielführende Methoden, um Übertragungsfehler effektiv zu neutralisieren, etwa die Forward Error Correction

• HiperLAN/2 beherrscht hohe Datenübertragungsgeschwindigkeiten von 6 Mbit/s bis 54 Mbit/s über Entfernungen von 150 bis 200 Metern.

• HiperLAN/2 zeichnet sich durch eine generische Systemarchitektur aus, kann also aufbauend auf einen funktionalen Kern extrem flexibel bei Bedarf in fast beliebiger Form erweitert werden (etwa in Richtung G3 oder IEEE1394).

• HiperLAN/2 unterstützt den Anschluss respektive den Datenübergang zu Ethernet, IEEE1394, ATM, PPP und 3G-Systemen »aus dem Stand heraus«.

• Während das Roaming eines MT von AP zu AP innerhalb der gleichen Netzwerkinfrastruktur heute schon standardisiert ist, erlaubt eine noch in Planung befindliche Handover-Funktion auch das Roaming von AP zu AP selbst über unterschiedliche Core-Netzwerke wie G3, IP, ATM oder IEEE1394 hinweg. Das soll den Benutzerkomfort auch in großen und sehr weit ausgedehnten HiperLAN/2-Systemen sicherstellen.

4.5 Vergleiche mit verwandten Standards

Die Familie der HiperLAN-Standards definiert gleichermaßen HiperLAN/1 und HiperLAN/2 sowie die Erweiterungen HiperACCESS und HiperLINK, die ihrerseits eigenständige Standards sind:

	Hiper-LAN/1	Hiper-LAN/2	Hiper LAN/2	Hiper-LAN/2	Hiper-LAN/2
Nomenklatur	Hiper-LAN Type I	Hiper-LAN Type II	HiperLAN Type III	HiperLAN Type IV	unbekannt
Aliasname	–	–	HiperAC-CESS	Hiper-LINK	HiperMAN
max. Transferrate [Mbit/s]	23,529	6 bis 54	ca. 25	ca. 155	unbekannt
Frequenz-band [GHz]	5, 17	5	42	17	2 … 11
Reichweite indoor [m]	50	30	n/a	n/a	unbekannt
Reichweite outdoor [m]	300	150	5000	150	unbekannt
Sendeleis-tung [mW] o. [dBm]	1000 mW EIRP RF	1000 mW EIRP RF	40 mW EIRP RF	100 mW EIRP RF	unbekannt

Tabelle 4.1: Die Tabelle zeigt die verschiedenen Bestandteile des HiperLAN-Standards sowie deren maximale Übertragungsraten und Reichweiten. Das brandneue Supplement HiperMAN weist noch viele undefinierte Stellen auf.

Während die Arbeit an HiperLINK noch nicht begonnen wurde, treiben aktuell ETSI und BRAN auch noch den HiperMAN-Standard voran. HiperMAN (Metropolitan Area Network) definiert eine interoperable Luftschnittstelle zu Fixed Wireless Access-Systemen, die im Frequenzbereich zwischen 2 und 11 GHz arbeiten.

4.5.1 Historie: HiperLAN/1

Als Vorgänger von HiperLAN/2 hatte eine Fachgruppe mit dem Namen Radio Equipment & Systems 10 (RES10) innerhalb des europäischen Gremiums ETSI einen Standard für drahtlose Netze erarbeitet und 1996 veröffentlicht. Dieser war vornehmlich auf das Ad-hoc-Networking von sowohl mobilen als auch portablen Systemen ausgerichtet und setzte auf einem modifizierten **CSMA/CA**

HiperLAN/1 konnte in dieser Inkarnation sowohl Echtzeitanforderungen erfüllen als auch asynchrone Datenübertragungen unterstützen. Nach Fertigstellung von HiperLAN/1 wurde die Fachgruppe RES10 aufgelöst und formierte sich neu in der Projektgruppe **BRAN** (Broadband Radio Access Network) – zuständig für die Entwicklung des HiperLAN/2-Standards.

HiperLAN/1 – obschon gar nicht schlecht und bereits (in der Theorie als Standard) ausentwickelt, noch bevor IEEE802.11a kam – war allerdings kein kommerzieller Erfolg beschieden. Dies lag zum einen an der nur geringen Unterstützung durch die Industrie, andererseits an der technologisch bedingten Tatsache, dass die Chipintegration in diesem Frequenzband (zunächst 5 GHz) im Gegensatz zum WLAN-Standard (2,4 GHz) sich viel schwieriger gestaltete.

Einige der bekanntesten Hersteller von HiperLAN/1 waren Apple, Hewlett-Packard, Harris Semiconductor, IBM, Nokia, Proxim, Intermec und STM. Trotzdem stellte einzig Proxim 1998 mit seinem Produkt RangeLAN 5 ein auf HiperLAN/1 basierendes System vor, das aber bald wieder (mangels Nachfrage) vom Markt genommen wurde.

HiperLAN/1 ist heute technisch obsolet (obwohl immer noch »moderner« als etwa IEEE802.11b) und wird vollständig durch HiperLAN/2 ersetzt.

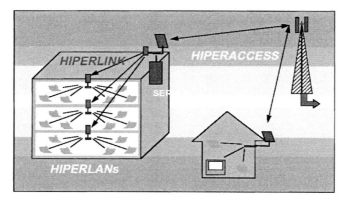

Abbildung 4.4: Das europäisch initiierte HiperLAN-System beschränkt sich nicht auf die lokale drahtlose Vernetzung, sondern umfasst die drahtlose Verteilung auch auf weitreichenderer Ebene. (Quelle: NWEST[6])

4.5.2 Erweiterungen: HiperACCESS

HiperLAN/2 wird ergänzt durch den HiperACCESS-Standard, der neue Anwendungsgebiete erschließt und so die Hiper-Familie ergänzend abrundet.

HiperACCESS, die für große Entfernungen ausgelegte HiperLAN/2-Variante, unterstützt mit seiner *Punkt-zu-Multipunkt-Topologie* Zugriffe mit einer Datenrate von typischerweise bis zu 27 Mbit/s.

Damit bietet es sich in nahezu idealer Weise als Integrationsnetzwerk für den unter der Bezeichnung Wireless Local Loop (WLL) bekannten Standard an. HiperACCESS überbrückt im 42-GHz-Band Entfernungen bis zu 5 Kilometer und öffnet funktechnisch den Zugang für Wohnviertel, Stadtbereiche und Geschäftskunden.

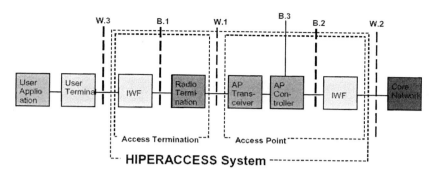

Abbildung 4.5: General-Referenzmodell des HiperACCESS-Systems[7]: An der Stelle W.1 befindet sich die Luftschnittstelle des Systems.

Als früher Name wurde die Bezeichnung HiperLAN/3 verwendet. Dieser Standard kann unter anderem für die Funkanbindung von Telco-Kunden genutzt werden, um damit das Problem der so genannten »Last Mile« zu lösen. Diese Eigenschaften positionieren HiperACCESS als Unterstützungsnetz für eine ganze Klasse unterschiedlicher Netzwerke einschließlich UMTS, IEEE1394, ATM und (drahtloser) IP-basierender Systeme.

WIRELESS LOCAL LOOP (WLL)
WLL ist der drahtlose Teilnehmeranschluss an ein Verbindungs- oder Backbonenetz. Bei WLL handelt es sich um eine Variante zur Überbrückung der »letzten Meile«. Der Mikrowellen- und der optische Richtfunk sind beides technische Möglichkeiten, Daten mittels breitbandiger Funkübertragung von einer Vermittlungsstelle bis zu einem Unternehmen zu übertragen.

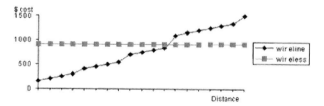

Abbildung 4.6: Kostenvergleich für WLL- respektive Kabelanbindung auf der letzten Meile: WLL-Systeme sind ab einer Distanz von etwa 3000 Metern kostenmäßig billiger als kabelgebundene Lösungen.[8]

Die Möglichkeiten des HiperACCESS-Standards, die sich – wie bei ATM – aus der Gewährleistung der Dienstgüte (QoS) ergeben, lassen das System für die Telekommunikationsunternehmen (Telcos) besonders vorteilhaft erscheinen.

Zu bedenken ist jedoch, dass der zusätzliche Verwaltungsaufwand und das zusätzliche Verkehrsaufkommen aufgrund der kleinen ATM-Zellen (53 Byte) in der Vergangenheit vielen Anbietern bereits bei den drahtgebundenen ATM-Systemen den Markteintritt erschwert hatte.

4.5.3 Erweiterungen: HiperLINK

Die unter dem Namen HiperLINK auftretende Spielart von HiperLAN/2 soll drahtlose *Punkt-zu-Punkt-Verbindungen* für die Anbindung (Interconnection) zwischen jeweils zwei HiperACCESS-Knoten und HiperLAN/2-Systemen mit Datenraten von bis zu 155 Mbit/s im 17-GHz-Band schaffen. Dabei sollen Reichweiten von bis zu 150 Metern abgedeckt werden können. Bislang hat die offizielle Arbeit an diesem Standard aber noch nicht begonnen, eine Ausformung von Produkten ist in der nächsten Zeit noch nicht zu erwarten.

4.5.4 Erweiterungen: HiperMAN

HiperMAN (High Performance Radio Metropolitan Area Network) repräsentiert ein ortsgebundenes, drahtloses Zugangsnetzwerk, das mit Frequenzen zwischen 2 und 11 GHz arbeitet und ebenfalls als Verbindung zwischen HiperACCESS und HiperLAN/2 dient.

4.5.5 Hip, Hype, Hiper – Klarstellungen

Ohne den (von Proxim abgesehen) produktlosen HiperLAN/1-Standard noch zu berücksichtigen, haben wir es mit drei – noch nicht ausgewachsenen – mächtigen ETSI-Standards zu tun. So umfasst die technische Leistungsfähigkeit von HiperLAN/2 bereits in der Papierphase über 50 ETSI-Einzeldokumente und steckt den IEEE802.11a-Standard mit nur einem Referenzdokument leicht in die Tasche.

Der derzeit wesentlichste und wichtigste EU-Standard ist auf jeden Fall HiperLAN/2, denn er tritt gegen die bereits etablierten IEEE-WLAN-Systeme an. Wird er angenommen, und davon ist im Augenblick auszugehen, wird er die Anforderungen an zukünftige Netze auf der Referenzmesslatte ein großes Stück »nach oben« verlagern, denn es ist davon auszugehen, dass sowohl Anwender als auch Administratoren die neue Bequemlichkeit, sich nicht kontinuierlich mit Netzplanungen oder geknackten Sicherheitssystemen herumschlagen zu müssen, schätzen werden.

Sobald sich dann der erste Staub nach einer erfolgreichen Markteinführung (von HiperLAN/2) gelegt haben wird, könnte die große Zeit von HiperACCESS kommen. Ein technisch mit HiperLAN/2 verwandter Standard, zum richtigen Zeitpunkt dem Markt präsentiert und mit einem Angebotsprofil ausgestattet, Top-Lösungen für aktuelle Netzvermaschungsprobleme bereitstellen zu können, könnte sich als Hit erweisen.

Ähnlich könnte denn bei der Einführung von HiperLINK verfahren werden. Da dieser Standard aber noch nicht einmal vom ETSI »angekocht« worden ist, ist es an dieser Stelle noch viel zu früh, um Marktprognosen abzugeben.

UNTERSCHIEDE DER HIPERNETZE

Anbei noch in Zusammenfassung ein nach Meinung der Autoren wesentliches Unterscheidungskriterium aller vier HiperNETZE:

HiperLAN/2: Ist ein WLAN mit *Multipunkt-zu-Multipunkt-Verbindungen* der Paarungen MTs mit APs/CCs respektive APs/CCs mit APs/CCs, was die Ausbildung hochvermaschter, lokaler WLANs erlaubt.

HiperACCESS: Drahtloser Infrastrukturstandard mit *Punkt-zu-Multipunkt-Topologie*. Damit ist HiperACCESS technisch ein Verteilungsnetzwerk. Konzentrierte Datenströme eines Punktes werden aufgefächert, um so Daten zwischen zwei Hierarchieebenen (Downstream) zu verteilen respektive in die Gegenrichtung (Upstream) zu konzentrieren.

HiperLINK: Drahtloser *Punkt-zu-Punkt-Verbindungsstandard*. Gleicht einer Richtfunkstrecke, die zwei Kommunikationspunkte miteinander verbindet. Dieser kommende Standard wird vermutlich geeignet sein, zwei HiperLAN/2-Knoten (jeweils als Repräsentant eines kompletten WLANs) miteinander zu verbinden.

HiperMAN: Das *High Performance Radio Metropolitan Area Network* repräsentiert ein ortsgebundenes, drahtloses Zugangsnetzwerk, das mit Frequenzen zwischen 2 und 11 GHz arbeitet und ebenfalls der Verbindung zwischen HiperACCESS und HiperLAN/2 dient.

4.5.6   HiSWANa / MMAC

Das japanische Institut Association of Radio Industries and Businesses (**ARIB**) arbeitet an einem Standard, das IEEE802.11a und HiperLAN/2 ähnelt. Die Multimedia Mobile Access Communications (**MMAC**) Promotion Association bezeichnet ihn als **HiSWANa** (High Speed Wireless Access Network Type (a)).

HiSWANa ist zum Großteil von HiperLAN/2 abgeleitet, weshalb weitgehende Übereinstimmungen zu HiperLAN/2 (und nur zu diesem Standard) vorhanden sind. Mit IEEE802.11a hat HiSWANa lediglich den PHY-Layer gemeinsam.

Im Jahr 2001 wurden HiSWANa und HiperLAN/2 sogar einander angeglichen, weshalb beide Standards leicht mit nur einem Chipsatz abgedeckt werden können. In Japan sind 2002 bereits erste Produkte erschienen. Da HiSWANa in Europa nur von geringer Relevanz respektive durch die Diskussion von HiperLAN/2 abgedeckt ist, werden wir diesen Standard hier nicht weiter vertiefen.

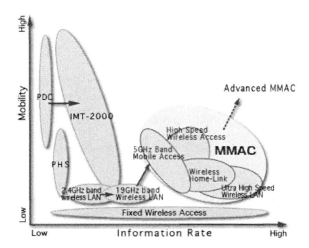

Abbildung 4.7: Die Grafik veranschaulicht den Zusammenhang zwischen verschiedenen drahtlosen Standards in Japan.[9]

4.6 HiperLAN/2 – auf dem Sprung in die Praxis

Der ehemalige Förderschwerpunkt ATMmobil des **BMBF** mit dem Namen Hiper-LAN/2 ist derzeit das einzige System, das auf der Funkschnittstelle (Brutto-) Datenraten bis zu 54 Mbit/s sowie Dienstgüteklassen (Quality of Service) definiert.

HiperLAN/2 spezifiziert verbindungsorientiert in erster Linie die unteren beiden Schichten des ISO/OSI-Referenzmodells (Bitübertragungsschicht/Physical Layer, Sicherungsschicht). Um den einfachen Übergang zu den höheren Schichten herzustellen, wurden Konvergenzschichten (Convergence Layer) eingeführt, die den Betrieb anderer Protokolle wie ATM, Ethernet, IP (Internet Protokoll) und IEEE1394 über HiperLAN/2 ermöglichen.

4.6.1 HiperLAN/2 – Bandbreite ohne Ende

HiperLAN/2 offeriert interessante Eigenschaften, die dieser Technologie zum Durchbruch als universeller drahtloser Breitbandzugang zu öffentlichen Festnetzen verhelfen könnten. HiperLAN/2 könnte sich sogar als ernsthafte Alternative zu UMTS positionieren und dabei erfolgreich alle höherbitratigen Dienste auf sich ziehen.

Einer der entscheidenden Gründe hierfür ist die Anzahl der Kanäle bzw. die zur Verfügung stehende Bandbreite. WLANs verfügen zwischen 5 und 6 GHz in Europa über 500 MHz nicht lizenziertes Spektrum, während UMTS – bis auf weiteres – lediglich 155 MHz zur Verfügung stehen. Dies ist mehr als dreimal soviel Bandbreite wie für den UMTS-Dienst.

So könnte ein hierarchisches Konzept realisiert werden, bei dem HiperLAN/2 innerhalb von Hotspots (etwa auf Flughäfen, Messegeländen, Autobahnbrücken, Innenstädten, Bahnhöfen und Hotels, um nur einige zu nennen) die lokale (und preiswerte) Breitbandvernetzung übernimmt, während UMTS die Komplettversorgung überall dort erbringen könnte, wo Kosten keine Rolle spielen oder nur kleine Bitraten erforderlich sind.

In einem typischen Szenario sind die Access Points zum Beispiel an Autobahnbrücken angebracht und »leuchten« etwa 200 Meter vor und nach einer Brücke einen Bereich aus, bei dessen Durchfahren ein Endgerät im Fahrzeug mehr als 20 Mbit/s Daten austauschen könnte. In vergleichbarer Weise wäre auch eine städtische Teilversorgung etwa für Fußgänger mit Zugangspunkten an Ampelmasten oder Straßenlaternen denkbar.

Außerhalb der breitbandigen Versorgungsinseln, d. h. den Ausleuchtzonen der Zugangspunkte, kann in einer integrierten Systemarchitektur ein mobiles Terminal die durchgängige Konnektivität jederzeit über ein flächendeckendes zellulares Netz aufrechterhalten, problemloses Roaming zwischen den Netzen vorausgesetzt.

4.6.2   WLANs der Zukunft – made in Europa

HiperLAN/2 ist die umfassende europäische Antwort auf die drahtlos vernetzte Welt à la IEEE802.11x. Doch anders als die Amerikaner haben sich die Europäer die Zeit genommen, einen Standard ins Leben zu rufen, der über Marketing-Schnellschüsse weit hinaus reicht: HiperLAN/2 schlägt sowohl eine Brücke in das Handy-Netz der dritten Generation als auch in den Multimedia-Heimvernetzungsstandard IEEE1394.

Während die Core-Definition bereits fertig gestellt ist, unterliegen die Bereiche globaler 5-GHz-Standard, Spektrum und 3G-Internetworking noch dem Standardisierungsprozess.

ETSI definiert HiperLAN/2 als eine global einsetzbare, drahtlose Breitband-Technologie im 5-GHz-Frequenzband. Sie bietet Always-On-Konnektivität für mobile (Kommunikations-) Geräte in korporativen, in öffentlichen und in häuslichen Umgebungen. Dabei kommt als Modulationstechnologie das Orthogonal Frequency Division Multiplexing (OFDM) zum Einsatz.

Die Verwendung des 5-GHz-Bandes kam vor allem deshalb in Betracht, weil die Limitierungen (aufgrund der erfolgten WLAN- und Bluetooth-Zuweisungen) des 2,4-GHz-Bandes bereits heute sichtbar werden. Zulassungsbehörden der ganzen Welt haben große Blöcke des Spektrums im 5-GHz-Band reserviert. Eine effiziente Verwendung des elektromagnetischen Spektrums sowie verbindliche Spielregeln ermöglichen so einen zukünftigen Hochgeschwindigkeitsbetrieb für eine hohe Anzahl von Nutzern.

HiperLAN/2 ist ein Standard des ETSI (European Telecommunications Standards Institute), der von der BRAN- (Broadband Radio Access Network) Gruppe bearbeitet wird. BRAN ist innerhalb von ETSI für die Standardisierung von Hiper-LAN/2 verantwortlich. Von den gleichen Gremien wurden bzw. werden HiperLAN/1, HiperLINK (primär zur Punkt-zu-Punkt-Vernetzung von vermaschten Zellen gedacht) und HiperACCESS (primär zur Überwindung der »Last Mile« via Funk gedacht) genormt.

4.6.3 HiperLAN/2 setzt auf Flexibilität

HiperLAN/2 beinhaltet nicht nur das Versprechen, ein sehr flexibler Radio LAN-Standard zu sein, sondern kann zum Thema Mobilität und Hochgeschwindigkeitsübertragung mit einer Bruttorate von 54 Mbit/s über die Luftschnittstelle (PHY-Ebene) aufwarten. Einzelapplikationen erreichen einen Nettodurchsatz von 20 Mbit/s. Für Echtzeitanwendungen wie Sprach- und Videoübertragungen offeriert HiperLAN/2 QoS.

Darüber hinaus unterstützt HiperLAN/2 eine Vielzahl unterschiedlicher Netzwerke, vom zukünftigen UMTS (3G mobile), über ATM-, IP- und IEEE1394-Netzwerke bis zu privaten RLAN-Systemen lässt sich nahezu alles unter dem HiperLAN/2-Dach versammeln. HiperLAN/2-Einsatzszenarien sind flexibel und vielseitig:

So eignet sich HiperLAN/2 außer in den schon klassischen Szenarien der drahtlosen Vernetzung von Büro- und Klassenräumen auch für die Vernetzung privater Home-Environments, für den Anschluss von Maschinenhallen der Industrie, den Einsatz auf Messen und Flughäfen, also für einen Hotspot-Betrieb – kurzum überall dort, wo eine drahtlose Netzanbindung eine leistungsfähige Alternative oder Ergänzung zu herkömmlicher drahtgebundener Technologie sein kann.

HiperLAN/2 kennzeichnet einen Meilenstein in der Entwicklung einer kombinierten Technologie für zellulare Kurzstreckenbreitbandkommunikation und drahtlosen LANs, die leistungsmäßig mit drahtbasierenden LANs vergleichbar sind. Sobald das 5-GHz-Band weltweit dem HiperLAN/2-Standard zugeordnet wird, hat diese Technologie (wie auch IEEE802.11h) das Potenzial, sich erfolgreich als weltweiter RLAN-Standard zu etablieren. Aber selbst dann, wenn sich HiperLAN/2 und IEEE802.11a/h als globale Technologien für RLANs durchsetzen sollten, können sie nicht das gesamte Frequenzband verwenden, weil sie Rücksicht auf den Hauptnutzer – Radarsysteme – nehmen müssen.

Gemeinsam mit den ETSI-Gruppierungen UMTS und 3GPP sorgt das BRAN-Gremium für die notwendige Interoperabilität durch die Festlegung der entsprechenden Spezifikationen zum UMTS-Anschluss. Dabei werden die notwendigen Erweiterungen für eine IMT-2000-Familienkompatibilität mit berücksichtigt, sodass sich HiperLAN/2 für alle G3-Systeme gleichermaßen eignet.

4.6.4 Neue Mode bei Spezifikationen – Testbarkeit

Das ETSI-Projekt BRAN ist aber nicht nur für die Erstellung von Standards verantwortlich, sondern auch der zeitgleichen Entwicklung von Testspezifikationen für den HiperLAN/2-»CORE«-Standard verpflichtet. Sie stellen sicher, dass Systeme und Geräte unterschiedlicher Hersteller zueinander kompatibel sind.

Diese Testspezifikationen erfassen sowohl den analogen Radioteil als auch die Protokollschichten. Dadurch lassen sich Spielräume bei der Entwicklung fast auf Null reduzieren, was letztlich der Eindeutigkeit des definierten Standards zugute kommt.

Aber nicht nur ATM und UMTS sind für die ETSI-BRAN-Gruppe ein Thema. Sie arbeitet ferner mit der IEEE-WG (WLAN Working Group 802.11) und der MMAC in Japan (Working Group High Speed Wireless Access Networks) zusammen, um eine maximale Harmonisierung aller im 5-GHz-Bereich arbeitenden Systeme zu erreichen.

Der HiperLAN/2-Standard beschränkt sich auf die Beschreibung der unteren beiden Netzwerkschichten (OSI-Schichtenmodell). Ein HiperLAN/2-Netzwerk besteht typischerweise aus mehreren Zugangspunkten, den Access Points (AP), die zusammen in einem bestimmten Gebiet die Funkversorgung gewährleisten. In diesen Funkzellen kommunizieren mobile Teilnehmer, die bei HiperLAN/2 auch als *Mobile Terminals*, kurz MTs, bezeichnet werden, mit diesen Zugangspunkten. Dabei wird sowohl ein *Centralized Mode* (CM) als auch ein *Direct Mode* (DM) unterstützt.

HiperLAN/2 arbeitet wie das drahtgebundene ATM verbindungsorientiert. Die logischen Verbindungen müssen vor der Übertragung von Nutzdaten eingerichtet werden und unterstützen alternativ Punkt-zu-Punkt-, Punkt-zu-Mehrpunkt- und Broadcast-Verbindungen.

4.6.5 Betriebsmodi von HiperLAN/2

Der HiperLAN/2-Standard kennt und unterstützt grundsätzlich die beiden unterschiedlichen Basisbetriebsmodi *Centralized* und *Direct*:

Der Centralized-Modus (CM)

In »zentralisierten« Betriebszustand ist ein AP (per Kabel) an das zentrale Netzwerksystem angeschlossen (Backbone-Network). Er fungiert als Partner für sämtliche MTs, die über ihn mit diesem zentralen Netzwerk verbunden sind. Der gesamte Netzverkehr zwischen den MTs und dem zentralen Netzwerksystem läuft über diesen AP. Dabei wird nicht zwischen Datenströmen unterschieden, die einerseits zwischen einem Node des zentralen Netzwerksystems und einem MT ausgetauscht werden, andererseits zwischen den verschiedenen MTs laufen, die über den AP mit dem zentralen Netzwerk verbunden sind.

Der Direct-Modus (DM)

Auch in diesem Betriebsmodus wird der Zugriff auf das HiperLAN/2-Netzwerk noch in einer zentralisierten Weise realisiert, wobei ein *Central Controller* (**CC**) zum Einsatz kommt. Hierbei wird jedoch der Benutzerdatenverkehr zwischen den Anschlüssen direkt ausgetauscht, ohne den CC zu durchlaufen. Es wird erwartet, dass in einigen Anwendungen (besonders in SOHO-Umgebungen) ein großer Teil des Benutzerdatenverkehrs zwischen den Anschlüssen ausgetauscht wird, die nur mit einem einzelnen CC verbunden sind.

Ein CC kann zusätzlich mit einem zentralen Netzwerksystem verbunden sein (ist also somit ebenfalls AP). In diesem Fall muss er sowohl im direkten Modus als auch im zentralen Modus arbeiten können.

4.6.6 Sicherheit, Authentifizierung & Verschlüsselung

Im Gegensatz zu der vom IEEE her bekannten Unsitte, die Sicherheit eines Funkstandards wieder in andere Standards (teilweise aufgrund von Nachbesserungsarbeiten) zu verpacken bzw. schwache oder zumindest hinsichtlich ihrer kryptografischen Stärke ungetestete Verfahren auf die Anwender loszulassen, enthält bereits der CORE-Standard von HiperLAN/2 »per Definition« klare Aussagen, wie mit Belangen des Datenschutzes zu verfahren ist.

Als Authentifizierungsgrundlage können entweder »bereits miteinander bekannte« AP- und MT- (paired) Konstellationen aufgebaut werden (so genannte Pre-Shared Keys, die mittels eines Pairing-Verfahrens (ähnlich Bluetooth) vorab ausgetauscht wurden, oder mittels Public Key-Verfahren und Zertifikaten im Betrieb dynamisch ausgetauscht werden können.

So wird sowohl der Schlüsselaustausch als auch die Erzeugung des Encryption Keys im HiperLAN/2-Standard auf der Grundlage des »Diffie Hellman Key Exchange-Standards« durchgeführt.

Als Krypto-Standard hat die ETSI den Algorithmus »HiperLAN Security Algorithm« entwickelt, den nur ETSI-Mitglieder und nur nach Unterzeichung einer Vertraulichkeitserklärung (**NDA**) erhalten. Diese Praxis ist abzulehnen, denn »Security based on Obscurity« ist ein Ansatz, dessen Versprechen in der Zukunft niemals garantiert werden kann, und ist im Übrigen unter Kryptoexperten verpönt.

Ersatzweise kennt HiperLAN/2 aber bereits DES, 3DES oder »keine Verschlüsselung« als gültige Algorithmen an. Hier wäre es wünschenswert, wenn bis zur vollständigen Etablierung des Standards noch die eine oder andere Spielart von Algorithmen zur Verfügung stehen würde, die Verfasser wünschen sich hier explizit noch den Support des AES-Verfahrens (siehe Kapitel 7). Die hier angesprochene bidirektionale Authentifizierung, der gegenseitige Schlüsselaustausch und der Eintritt in die Verschlüsselungsphase sind fest als Bestandteil des Netzwerkmanagements vom HiperLAN/2-Standard verankert. Auch dies ist gegenüber den bisherigen (eher schlechten) Netzstandards eine neue Qualität.

4.7   Wer steht hinter HiperLAN/2?

Wie sieht ein erfolgreicher Standard aus? Was ist erforderlich, um einen erfolgreichen Standard zu etablieren? Dies sind wichtige Fragen, denn wenn der Mix nicht passt, dann funkt es nicht. Als Beispiel möge der HiperLAN/1-Standard dienen, der mangels erfolgreicher Produkte den Anwender nicht erreichte – eine Technologie, die damals schon besser war als alles, was das IEEE heute als RLAN zu bieten hat.

Wesentlich erscheinen den Autoren vier (notwendige, aber möglicherweise nicht hinreichende) Elemente, die mindestens erforderlich sind, um eine akzeptable marktgängige RLAN-Mixtur zu erzeugen. Das Kochrezept für einen wirklich schmackhaften RLAN-Standard liest sich folgendermaßen:

- Ein technisch »sauberer« und aktuell mit hochmoderner Technologie umsetzbarer definierter Standard, zu leisten von den Standardisierungsgremien.

- Eine Lobbyisten-Gemeinde, die quasi eine Art von Interessenvertretung aller zukünftiger Nutzer (Hersteller, Anwender, Dienstleister) des zukünftigen Standards darstellt.

- Ein aufnahmebereiter Markt, der Produkte dieses Standards benötigt bzw. einen »Added Value« mit der Verwendung dieser Produkte generieren kann.

- Start-up-Technologie-Firmen, die bereit sind, ihre zukünftige Existenz auf den Erfolg eines Produktes (also in unserem Fall die Chiphersteller) zu setzen.

Damit wollen wir es bewenden lassen, denn dies soll ja kein Marketingbuch werden, sondern dem technisch interessierten Leser einen aktuellen Überblick über die Welt der WLANs offerieren.

4.7.1   Standardisierungsgremium ETSI/BRAN

Die Arbeitsgruppe BRAN (Broadband Radio Access Network) wurde im Jahr 1997 als Bestandteil des ETSI gegründet[10]. Mit der Erstellung der Testspezifikation für den HiperLAN/2-Standard wurde Mitte 2000 begonnen.

Dies ist im Übrigen auch ein wesentlicher Unterschied gegenüber dem Vorgehen bei der Erstellung von Standards durch das IEEE. Noch klarer wird es, wenn nackte Zahlen sprechen: So umfasst die CORE-Spezifikation zuzüglich technischer Erweiterungen insgesamt 17 Einzeldokumente, die Anzahl der Interoperabilitäts- und Konformitätstestspezifikation aber bereits 33 Dokumente.

Darüber hinaus ist es durchaus (noch) ungewöhnlich, dass die Entwicklung und Auslieferung der Interoperabilitäts- und Konformitätstestspezifikation Bestandteil der ETSI-Standardentwicklung sind.

Bei HiperLAN/2 hat man sich ganz konkret für diese zeitraubende Maßnahme als Bestandteil der Standardisierung entschlossen, um Pannen bzw. fehlende Bestandteile (möglichst) noch während der Definitionsphase zu entdecken.

4.7.2 HiperLAN/2 Global Forum H2GF

Bei der Durchführung der Erstellung dieser Testspezifikationen wird das ETSI durch das HiperLAN/2 Global Forum (H2GF) unterstützt, einem Konsortium von weltweit führenden Firmen in der IT- und TK-Industrie, die es sich als Aufgabe gestellt haben, die sinnvolle Komplettierung des HiperLAN/2 Standards sicherzustellen und diesen Standard auf einer weltweiten Stufe zu fördern.

Das HiperLAN/2 Global Forum H2GF[11] ist ein offenes Industrieforum, welches hinter dem HiperLAN/2-Standard steht. Es ist für die Verbreitung des HiperLAN/2-Standards im privaten (Consumer) und öffentlichen Bereich zuständig und betreibt daher Lobbyarbeit zur Umsetzung dieses Zieles.

Zu den sechs Gründungsmitgliedern gehörten Tenovis (Bosch), Dell, Ericsson, Nokia, Telia sowie Texas Instruments. Weitere Mitglieder mit klingenden Namen sind die Firmen Alcatel, Cambridge Silicon Radio, Canon, Intersil, Panasonic, Mitsubishi, Motorola, National Semiconductor, NTT, Philips, Siemens, Sony, Toshiba, Orange, Rohde&Schwarz, Sharp, StepVind, STM und Wireless Solutions (es ergeben sich fast täglich Verschiebungen).

Das Industrieforum wurde am 14. September 1999 zeitgleich in Atlanta und London gegründet. Die Mitglieder im H2GF

- erhalten Zugriff auf sämtliche ETSI BRAN HiperLAN/2-Dokumentationen
- erhalten Zugriff auf die komplette H2GF
- steuern und beeinflussen die technische Arbeit des H2GF-Forums
- können das Marktgeschehen beeinflussen
- partizipieren und erstellen selbst ebenfalls Interoperability-Tests.

Die Kosten einer Mitgliedschaft belaufen sich jährlich auf 5000 US-Dollar.

4.7.3 Hersteller und Produkte

Da der HiperLAN/2-Standard erst im Sommer 2002 verabschiedet wurde, kann es noch keine kaufbaren standardkonformen Produkte geben. Der Betrieb von RLAN-Produkten gemäß dem HiperLAN/2 oder IEEE802.11a im 5-GHz-Band bleibt also so lange illegal, bis der Frequenzbereich explizit FREIGEGEBEN ist. Für die Produktentwicklung sind die Hersteller der Kernkomponenten – der RLAN-Chip-Sets – indes gewappnet, denn die meisten haben ihre Produkte Multistandard-fähig gestaltet.

MIGRATION VON SINGLE- AUF DUAL-PHY/MULTIBAND-TECHNIK
Die Bezeichnung Dual-/Multiband bezieht sich auf Produkte basierend auf Funk-Chipsätzen für das Unlicensed National Information Infrastructure (U-NII)-Band (5 GHz) und das ISM-Band (2,4 GHz). Damit sind letztlich durch passende Variationen in den PHY- (Physical Layer) und MAC-Funktionen (Media Access Control) die Funkstandards

IEEE802.11a, IEEE802.11b, HiperLAN/2, IEEE802.11g, IEEE802.11h sowie **HiSWANa** abbildbar.

Programmierbare System-On-Chip-Lösungen (SOC) als Produktalternative für jetzige und künftige WLAN-Lösungen mit fest vorgegebenen Eigenschaften erweisen sich als attraktiver Ausweg für die nachfolgend genannten Probleme:

- Der Anwender wird mit einer Vielzahl verschiedener Standards konfrontiert, die es ihm zunehmend erschweren, eine dauerhaft optimale Entscheidung zu treffen.

- Die Multiband-Technik stellt eine Lösung für das Inkompatibilitätsproblem zwischen der unterschiedlichen IEEE- und ETSI-Standards dar.

- Multiband-Technik verringert außerdem langfristig den Kapitalbedarf eines Unternehmens, da die Einsatzdauer des Equipments verlängert werden kann.

- Die Entwicklung neuer Chipsätze verläuft erratisch – es kommt immer wieder zu Designfehlern. Bei reprogrammierbaren Systemen lassen sich solche Fehler mit großer Wahrscheinlichkeit durch Firmware-Konfigurationsfixes auch nach der Auslieferung (Deployment) eliminieren – ohne Down-Zeiten und aufwändiges Hardware-Austauschverfahren.

- Eine möglichst vollständige Flexibilisierung durch Firmware statt »Festverdrahtung« ist die Voraussetzung für Ansätze wie das so genannte Software Defined Radio (SDR) oder das Radio-on-a-Chip (RoC).

- Schwächen oder sogar Fehler der Standardisierungsgremien resultieren in ungenauen oder sogar fehlerhaften Spezifikationen des Standards. Auch die zur Ratifizierung vorliegenden (noch änderbaren) Standards verursachen in der Regel kein Redesign des WLAN-NIC-Chipsatzes mehr, sondern lassen sich auch nach der Produktauslieferung durch Patches noch einbringen. Das verkürzt die Entwicklungszeit (Time-to-Market) drastisch.

Die folgende Liste führt potenzielle Hardwarehersteller auf und zeigt deren aktuellen Stand der Produktentwicklung. Sie enthält all jene Firmen, die Mitglieder des H2GF-Forums sind oder den Autoren aufgrund vorliegender Veröffentlichungen bekannt sind.

Hersteller	IP-Core Tech.	Chipsatz Tech.	Produkt Fertigung
Agere	-	-	-
Alcatel	-	-	-
Amphion	CS3x20RX/TX		
Atheros	-	AR5001X Combo	-
Axis	-	-	-
Bops	WirelessRay	-	-
Canon	-	-	-
Comprize	-	Chipset	-
CSR	-	-	-
Elisa	-	-	-
Emtac	-	-	-
Envara	-	Chipset	-
Ericsson	-	Chipset	Projekt
Grundig	-	-	-
Helic	IP	-	-
Intersil	-	Prism Indigo	-
LG Electronics	-	-	-
LSI Logic	-	-	-
Magis	-	Air5 Chipset	-
MediaScape	-	-	-
Mitsubishi	-	-	-
Motorola	-	-	-
National Semi.	-	-	-
NEC	-	-	-
NewLogic	-	-	-
Nokia	-	unklar	unklar
NTT	-	unklar	Demo auf CeBIT 2002
Orange	-	-	-
Panasonic	-	Chipset	Demo auf CeBIT 2002
Philips	-	unklar	unklar
Proxim	-	-	unklar
Rohde&Schwarz	-	-	-

Tabelle 4.2:   Engagement bei HiperLAN/2 (Vor)-Produkten, Stand Juni 2002

Hersteller	IP-Core Tech.	Chipsatz Tech.	Produkt Fertigung
Sharp	-	-	-
Siemens	-	-	unklar
Silicon Wave	-	-	-
Sony	-	-	Demo auf CeBIT 2002
StepMind	-	-	-
STM	-	-	-
SystemONic	-	Tondelayo	-
Telenor	-	-	Projekt
Telia	-	-	-
Tenovis (Bosch)	-	-	-
Texas Instruments	-	DSP, Chipset	-
Theta	-	-	-
Thomson	-	HL2, Chipset	-
Toshiba	-	-	-
Wireless Solutions	-	-	-

Tabelle 4.2: Engagement bei HiperLAN/2 (Vor)-Produkten, Stand Juni 2002 (Forts.)

Auch wenn Tabelle 4.2 nur »sparse«, also mit nur wenigen Elementen, besetzt ist, so ist doch die Dynamik, mit der in den letzten Wochen das H2GF an Mitgliedern zugenommen hat, ein klares, positives Zeichen. Darüber hinaus darf man nicht vergessen, dass die meisten Chipsätze nicht nur einen, sondern aufgrund ihrer Flexibilität viele Standards unterstützen. Hier ist die Entwicklung in vollem Gange.

Ein Blick über »den großen Teich« offeriert uns bezüglich des verfügbaren IEEE802.11a-Standards, wie schnell es mit den Produkten gehen kann, denn dort sind – pünktlich zum Jahresende – die ersten WLAN-Geräte nach IEEE802.11a herausgekommen.

Die Firma Actiontec bietet solche Produkte seit Anfang November 2001 an. Dazu gehören ein Access Point für 499 US-Dollar und passende Netzwerkkarten (NICs) für 169 US-Dollar. Auch Intel hat entsprechende Produkte ab Dezember 2001 im Programm. Der Preis für einen AP liegt mit 449 US-Dollar etwas niedriger, dafür sind die NICs mit 229 US-Dollar etwas teurer. Ebenso werden viele der Anbieter von IEEE802.11b-Produkten nachziehen, beispielsweise Proxim, Sony oder Cisco. All diese Produkte werden für den Kunden in Europa vorerst nicht erhältlich sein, solange IEEE802.11a vom ETSI nicht zertifiziert ist.

Geräte für HiperLAN/2 und deren Preise sind den Autoren bislang nicht bekannt. Auch mit Ankündigungen halten sich die Hersteller momentan noch bedeckt – Ausnahmen machen Sony und Panasonic, die zur CeBit 2002 Prototypen zeigten.

4.8   Reichweiten und Datenraten

Daten schneller senden zu können, dabei auf höhere Frequenzen den belegten Bändern ausweichen, das Ganze als mikrozellulares Netzwerk, garniert mit QoS, DFS und TPC – so könnte man die Technik für Funknetzwerke der nächsten Generation zusammenfassend charakterisieren.

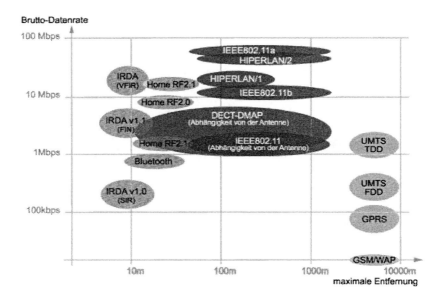

© tecChannel.de

Abbildung 4.8:   Das Verhältnis zwischen Datenrate und Reichweite der verschiedenen drahtlosen Übertragungssysteme veranschaulicht die vom TecChannel[12] veröffentlichte Grafik.

WLANs nach dem US-Standard IEEE802.11a oder dem europäischen Hiper-LAN/2 versprechen mehr Durchsatz, bringen aber auch neue Einsatzbedingungen, Einschränkungen und Erweiterungen mit sich.

Steigerungen ist man gewohnt, so erhöhen sich seit Jahren der Prozessortakt, das Speichervolumen und die Pixelzahl. Nun soll es auch bei der vergleichsweise jungen Technik der Funknetzwerke einen Sprung zum nächsten Level geben.

4.8.1 Indoor- und Outdoor-Bandnutzung

Zum Zweck der besseren elektromagnetischen Verträglichkeit und der zu überbrückenden Entfernung dürfen IEEE802.11a-WLANs in Gebäuden (Indoor) nur
die unteren beiden Teilbänder nutzen. Im Freien (Outdoor) findet dagegen das
dritte UN-II-Band Verwendung. Da die bereits im Markt befindlichen
IEEE802.11a-Geräte vornehmlich indoor genutzt werden, also UN-II-1 und UN-
II-2, dürften HiperLAN/2-Geräte bis zur Hamonisierung der US- und EU-Stan-
dards wahrscheinlich nur im Frequenzband zwischen 5,470 und 5,725 GHz eingesetzt werden (siehe Abbildung 4.9).

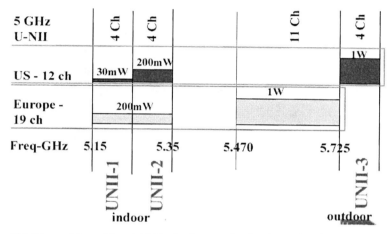

Abbildung 4.9: HiperLAN/2-Geräte werden höchstwahrscheinlich vor den
IEEE802.11a-Geräten in den Frequenzbereich 5,470 GHz bis
5,725 GHz ausweichen, können jedoch grundsätzlich auf allen
UN-II-Bändern arbeiten. (Grafik: Cisco)

4.8.2 Modulations- und Übertragungsverfahren

Modus IEEE/ HL2	Datenra-ten (Mbit/s)	Modula-tionsme-thode	Bezeichnung
n/a	1	**DBPSK**	Differential Binary Phase Shift Keying
n/a	2	**DQPSK**	Differential Quadrature Phase Shift Keying
n/a	5,5 und 11	**CCK**	Complementary Code Keying

Tabelle 4.3: Modulationstechniken in Abhängigkeit der Bitgeschwindigkeit.
Obwohl HiperLAN/2 und IEEE802.11a zum Teil unterschiedliche
Viterbi-Code-Rates verwenden, beherrschen die Chip-Sets in der Regel
die Vereinigungsmenge all dieser Code-Rates. [13]

Modus IEEE/ HL2	Datenraten (Mbit/s)	Modulationsmethode	Bezeichnung
n/a	5,5 und 11	**PBCC**	Packet Binary Convolutional Coding
1 / 1	6	**BPSK**	Binary Phase Shift Keying (**OFDM**)
2 / 2	9	BPSK	Binary Phase Shift Keying (OFDM)
3 / 3	12	**QPSK**	Quad Phase Shift Keying (OFDM)
4 / 4	18	QPSK	Quad Phase Shift Keying (OFDM)
5 / -	24	16-QAM	16x Quadrature Amplitude Modulation (OFDM)
- / 5	27	16-QAM	16x Quadrature Amplitude Modulation (OFDM)
6 / 6	36	16-QAM	16x Quadrature Amplitude Modulation (OFDM)
8 / -	48	16-QAM	16x Quadrature Amplitude Modulation (OFDM)
7 / 7	54	**64-QAM**	64x Quadrature Amplitude Modulation (OFDM)

Tabelle 4.3: Modulationstechniken in Abhängigkeit der Bitgeschwindigkeit. Obwohl HiperLAN/2 und IEEE802.11a zum Teil unterschiedliche Viterbi-Code-Rates verwenden, beherrschen die Chip-Sets in der Regel die Vereinigungsmenge all dieser Code-Rates. [13]

Sowohl HiperLAN/2 als auch IEEE802.11a unterstützen mehrere Modulations- und Kodierungsarten. Bei gleicher Modulationsart können jedoch unterschiedliche Verfahren zur *Forward Error Correction* (FEC) eingesetzt werden: Die Wahl der Viterbi-Code-Rate beeinflusst sowohl die Übertragungssicherheit als auch den Datendurchsatz (mehr FEC bedeutet schlicht weniger Nutzdaten).

Beide Standards setzen als Modulationsverfahren BPSK (Binary Phase Shift Keying, zwei Zustände), QPSK (Quad Phase Shift Keying, vier Zustände), 16- und 64-QAM (Quadratur-Amplitudenmodulation mit 16 respektive 64 Zuständen) ein. Bei IEEE802.11a ergeben sich acht mögliche Datenraten; bei Hiper-LAN/2 entfallen 24 Mbit/s und 48 Mbit/s, doch 27 Mbit/s kommen hinzu.

Sowohl HiperLAN/2 als auch IEEE802.11a passen die benutzte Modulation an die aktuelle Qualität (des Übertragungskanals) jedes einzelnen Subträgers an. Subträger, die relativ bessere Übertragung bieten, benutzen eine höherwertige Modulation als Subträger in einem schlechteren Zustand. Dieses Verfahren nennt man adaptive Modulation; es trägt zur effizienten Nutzung der Frequenzressourcen bei.

IEEE802.11a-Produkte signalisieren die jeweils benutzte Modulationsart genauso wie schon ihre IEEE802.11-Vorläufer: Im Header des zu übertragenden Pakets teilt der Sender die benutzte Modulation mit. Für den Header gilt deshalb zwangsläufig, dass er immer mit einer festen Modulation, nämlich der niedrigsten, aber robustesten übertragen wird.

Einen zweiten Mechanismus, der ebenfalls eine Adaption beinhaltet, sieht momentan ausschließlich HiperLAN/2 vor: die adaptive Steuerung der Sendeleistung (TPC, Transmission Power Control).

Damit gelingt es HiperLAN/2, die von der Europäischen Gemeinschaft gesetzlich vorgeschriebenen Grenzen für die maximale Sendeleistung einzuhalten. In Verbindung mit einer dynamischen Frequenzauswahl (DCS/DFS, Dynamic Channel/ Frequency Selection) bietet ETSI HiperLAN/2 gegenüber IEEE802.11a so eine bessere Ausnutzung des Spektrums. Die automatische Reduktion der Sendeleistung auf ein Minimum sorgt ferner dafür, dass sich benachbarte Zellen gegenseitig weniger beeinflussen – oder umgekehrt zu einer höheren Zelldichte.

Diese Vorzüge – die ebenso Voraussetzung für den legalen Einsatz von IEEE802.11a-Geräten in Europa sind – hat die IEEE bereits erkannt: Der zukünftige Standard IEEE802.11h wird TPC und DCS/DFS enthalten.

4.8.3   PHY und MAC von IEEE und ETSI nähern sich an

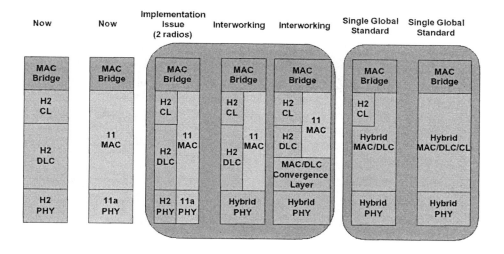

Abbildung 4.10:   PHY und MAC Harmonisierungspfad. (Quelle HiperLAN/2-Forum)

Wie mehrfach erwähnt, unterscheiden sich die PHY-Ebenen der beiden führenden Standards von ETSI und IEEE kaum. Die wesentlichen Unterschiede liegen dafür in der unterschiedlich ausgearbeiteten MAC-Ebene. Hier liegt der Hauptgrund für die Inkompatibilität zwischen HiperLAN/2 und IEEE802.11a.

Die fundamentalsten Unterschiede werden bei der Paketgestaltung sowie deren Verarbeitung deutlich, darüber hinaus unterscheidet sich die Adressierung bei beiden Funk-Netzwerken erheblich.

Um diese Zersplitterung mit der Zeit zu verringern, streben alle Normierungsverbände hier ebenfalls eine Harmonisierung an. Diese ist in Abbildung 4.11 durch unterschiedliche Graustufen angedeutet.

Idealer Endzustand dieser Entwicklung stellt dann ein für beide (alle) Standards verbindlicher Hybrid PHY und Hybrid MAC Layer dar, der dann für komplexere Standards wie HiperLAN/2 noch durch ein kleines »Zusatzstück« ergänzt werden muss.

Eine solche Plattform mündet dann in das Konzept einer »Single Chip Wireless Engine«, die alle notwendigen Hardwarevoraussetzungen für eine hochflexible Modemfunktionalität in sich vereint.

Dies ist dann in Verbindung mit den Software Radio-Chipsätzen die Basis für eine Multistandard-Systemplattform, die bei einem Netz-/Architektur-/Topologiewechsel zum Handover »einfach« den passenden Parametersatz in den Radio-on-Chip-Baustein schiebt, und schon geht es Roaming-technisch weiter, ohne Verbindungsabbruch.

4.8.4 Peer-to-Peer-Beschränkungen in HiperLAN/2

Ist es möglich, dass in einem HiperLAN/2 zwei WTs direkt, also ohne AP/CC, miteinander direkt (Peer-to-Peer) kommunizieren können? Die Antwort ist JEIN und NEIN. Weil nämlich HiperLAN/2 grundsätzlich Echtzeit-Fähigkeiten hat, muss IMMER eine Zentralinstanz die Bandbreitenvergabe verwalten – bei IEEE802.11 kann dagegen im Ad-hoc-Modus jede Station fast nach Belieben drauflosfunken.

HiperLAN/2 unterscheidet (derzeit) zwei unterschiedliche Betriebsprofile:

- Business Profile (TS 101 764-3)[14] und
- Home Profile (TS 101 761-4)[14],

die durch die jeweiligen Erweiterungen des Core-Standards definiert sind.

Im Business Profile verhält sich der Central Controller (CC) analog zu einem IEEE802.11-Access Point, der eine dauerhafte Brücke in ein Kabel-LAN schlägt und alle Mobile Stations (MS) in den Infrastruktur-Modus schaltet. Andere Szenarien kennt das Business Profile nicht, insbesondere keinen Ad-hoc-Modus wie IEEE802.11, der einen Peer-to-Peer-Betrieb ermöglichen würde. Das Festnetz ist vom Typ Ethernet (IEEE802.1/2/3), der Anteil an Streaming-Inhalten ist klein und der Großteil des Datenaufkommens geht ins Festnetz.

Im Home Profile gestaltet sich die Situation anders: Der Streaming-Content-Anteil ist sehr groß (Ziel: drahtlose A/V-Vernetzung) und das »Festnetz« ist in der Regel das Internet, welches relativ schmalbandig angebunden ist.

Szenario

Wir stellen uns zunächst folgende Situation vor, dass zwei separate Nutzer WT1 und WT2 existieren, die miteinander Peer-to-Peer kommunizieren wollen. Weder WT1 noch WT2 ist ein Teilnehmer eines bestehenden Netzwerks.

Erkenntnisse

In diesem Fall gilt für HiperLAN/2 (im Home Profile), dass der Aufbau und das Halten einer Ad-hoc-Verbindung zwischen zwei WTs direkt NICHT MÖGLICH ist.

Im Gegensatz dazu kann das IEEE802.11 sehr wohl, das über ein »verteiltes MAC-Protokoll« verfügt, welches es zwei oder auch mehreren Mobile Stations erlaubt, untereinander Ad-hoc-Verbindungen aufzubauen und zu halten – ohne dazu einen dedizierten AP zu benötigen.

Verbindungsaufbau

Somit ist klar: Der Weg zu einer Ad-hoc-HiperLAN/2-Verbindung kann nur über einen Central Controller zum gewünschten Ziel führen. In der Tat definiert das Home Profile von HiperLAN/2 ein **CC-capable WT**, also eine Mobilstation (Wireless Terminal) mit den Fähigkeiten eines Access Point (der in der Hiper-LAN/2-Terminologie Central Controller heißt).

In der Home Extension ist das erste Gerät des Netzwerkes, das auch den CC-Modus implementiert hat, automatisch auch CC (ähnlich dem Cycle Master in IEEE1394). Alle weiteren Geräte werden dann zu ordinären WTs.

Ad-AP-Networking

Grundsätzlich sind Ad-hoc-Netzwerke in HiperLAN/2 also NICHT möglich, weil es sich um ein verbindungsorientiertes Netzwerk handelt. Anders ließe sich ein Bandbreitenmanagement, wie es für die isochronen Datenübertragungen und andere Echtzeit-Merkmale (QoS) erforderlich ist, nicht realisieren. Durch den Kunstgriff mit dem CC-capable WT brauchen die Anwender aber dennoch nicht auf die so praktische Ad-hoc-Notebook-zu-Notebook-Kommunikation zu verzichten (auch wenn im Hintergrund ein verkappter Central Controller den Verkehr regelt).

4.8.5 QoS – das gelobte Land

Hier kann HiperLAN/2 gegenüber IEEE802.11 voll punkten, denn wie bereits mehrfach angesprochen, stellt QoS eine ganz wesentliche Systemeigenschaft des ETSI-RLAN HiperLAN/2 – ganz im Gegenteil zu den IEEE-Varianten – dar.

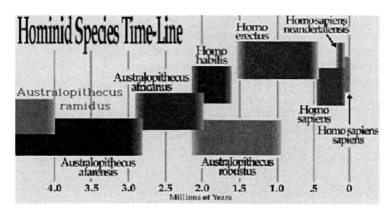

Abbildung 4.11: Älter heißt nicht weiser: Der Intelligenzgrad des MAC-Protokolls von HiperLAN/2 ist dem seines IEEE-Pendants so weit entfernt wie der Homo sapiens vom Homo erectus – wer Feuer machen und Werkzeuge nutzen kann, muss deshalb noch lange nicht sprechen können. (Quelle: http://www.wsu.edu:8001/vwsu/gened/learn-modules/top_longfor/timeline/timeline.html)

In HiperLAN/2 sind die Anleihen aus der ATM-Welt nicht zu leugnen. Daher ist die Struktur des HiperLAN/2-MAC so aufgebaut, dass die Unterstützung von Echtzeitverkehr möglich wird. Wahres Echtzeitverhalten ist jedoch dem Ethernet ebenso fremd wie dessen drahtlose IEEE802.11x-Pendants.

Um Isochronizität gewährleisten zu können, läuft HiperLAN/2 daher ausschließlich im Infrastruktur-Modus, wobei der AP die Zeitachse in buchbare MAC-Frames (Zeitslots) unterteilt, in denen mehrere Verbindungen scheinbar zugleich, de facto jedoch ineinander verschachtelt, ablaufen können (ein Merkmal, das auch IEEE1394 deutlich über Ethernet à la IEEE802.3 auszeichnet).

Dies wird durch eine Aufteilung der MAC-Pakete erreicht, die durch einen Convergence-Layer in Zellen mit fester Größe (53 Byte gesamt, 48 Byte Nutzdaten) fragmentiert werden und nacheinander in mehreren MAC-Frames fließen.

Buchen von Zeitscheiben

Die Kommunikation zwischen zwei Mobilstationen erfolgt immer über den nächstgelegenen AP der Funkzelle, der die Fragmente in der Uplink-Phase des MAC-Frames aufnimmt und in der Downlink-Phase an das Ziel weiterleitet (siehe auch Kapitel 4.8.3).

Den Zugriff auf die einzelnen **TDMA**-Slots handeln AP und MT dynamisch aus. Bevor eine Station einen Slot nutzen darf, meldet sie ihren Bedarf in einem Random Access Channel (**RAC**) an, wobei sie in Wettbewerb mit anderen Terminals in der Funkzelle tritt. Der AP weist in einem Frame Control Channel (**FCH**) die verfügbaren Zeitscheiben den einzelnen Stationen zu.

Durch die dynamische TDMA-Struktur in Kombination mit dem (zentralen) Mechanismus für den Kanalzugriff weist HiperLAN/2 alle wesentlichen Voraussetzungen für QoS auf und realisiert diese auch als wesentliche Voraussetzungen für multimediale Applikationen, besonders für die Implementierung von Sprachdiensten.

4.8.6 Datendurchsatz in HiperLAN/2

Im nachfolgenden Diagramm sind der Datendurchsatz (Throughput) und die Nutzdatenrate (Decoded Data Rate, DDR) grafisch dargestellt. Es wird ein Netzwerk mit 5 angemeldeten MTs angenommen.

Die Daten sind jeweils in Abhängigkeit der sieben unterschiedlichen Übertragungsmodi eines HiperLAN/2-Netzwerkes aufgetragen (vgl. Tabelle 4.4).

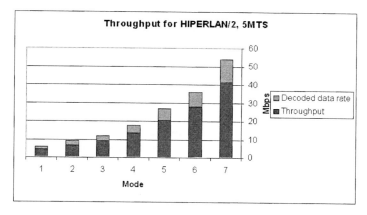

Abbildung 4.12: Datendurchsatz in einem HiperLAN/2-Netzwerk mit fünf Mobilstationen (MTs).[15]

4.9 HiperLAN/2-Diskussion

Welche Chancen hat HiperLAN/2, sich auf dem Markt durchzusetzen?
HiperLAN/2 weist nicht nur eine hohe Transferkapazität bezüglich der drahtlosen Luftschnittstelle von brutto 54 Mbit/s auf, sondern ist gezielt für die Zusammenarbeit mit Mobilfunksystemen der dritten Generation vorbereitet. Dieses Merkmal sowie der kompromisslose Einsatz von QoS zeichnen seinen Erfolg gewissermaßen bereits vor.

Welche Gründe gibt es, HiperLAN/2 als besseren Standard zu werten?

• HiperLAN/2 beinhaltet die besseren (aktuelleren) Technologien.

• HiperLAN/2 ist weltweit auf allen Märkten bereits zugelassen.

- HiperLAN/2 ist ein generischer Standard, der bereits zum Zeitpunkt seiner Definition alle möglichen Applikationen voraussehend in seiner Schnittstellentechnologie mit berücksichtigt hat. Er wird von vielen Firmen unterstützt, deren eigene drahtlose Übertragungstechnologie sich am Rande des Machbaren bewegt.

- HiperLAN/2 ist aufgrund der QoS-Basistechnologie in der Lage, umfassende Unterstützung für Sprachapplikationen, Videoübertragungen und Multimedia-Applikationen zu leisten.

- HiperLAN/2 werden viele Unternehmen dazu verwenden, diese Leistungsmerkmale in ihre Consumer-Produkte zu integrieren.

Lassen sich bereits heute HiperLAN/2-Geräte weltweit einsetzen?

Die notwendigen Frequenz-Bandreservierungen sind bereits in den meisten Ländern Europas und den USA erfolgreich verlaufen, wobei die Zahl der Länder, die diesen Bandplan noch nicht ratifiziert haben, ständig kleiner wird. Der Standardisierungsprozess der ETSI für Europa und Japan ist jedenfalls bereits beendet. Nun liegt es an den Regulierern, für die Freigaben zu sorgen. Die Regeln dafür werden in Europa von CEPT und ITU erarbeitet und im ETSI Harmonized Standard festgelegt.

Dabei unterscheidet die RegTP grundsätzlich nicht zwischen den konkurrierenden Standards IEEE802.11a/h respektive HiperLAN/2, sondern fordert Konformität zu definierten Eigenschaften (DFS und TPC).

Aus dieser Perspektive ließen sich HiperLAN/2-Systeme heute bereits in großen Teilen der Welt nutzen, wären denn HiperLAN/2-Geräte bereits kommerziell verfügbar.

Ist HiperLAN/2 die Zukunft der drahtlosen mobilen Technologie?

HiperLAN/2-Verfechter glauben vor allem an die integrativen Komponenten des ETSI-Standards, sodass sich hierarchische Vermaschungen unterschiedlicher WLAN-Standards zukünftig sehr einfach realisieren lassen. Mit Bluetooth (PAN), WLAN-Netzen und 3G-Mobilfunksystemen, verwoben mit HiperLAN/2-Netzen steht den Anwendern eine umfassende Kommunikationsumgebung für nahezu alle Arten tragbarer Computer, PDAs oder Handys zur Verfügung.

Wie wird sich der Markt für WLAN-Systeme entwickeln?

Vorsichtige Schätzungen gehen weltweit von jährlichen Zuwachsraten im zweistelligen Prozentbereich aus. Dies wird mindestens noch für die nächsten drei Folgejahre gelten. Getrieben wird diese Entwicklung vor allem durch

- die wachsende Notwendigkeit, Informationen über mobile Terminals abrufen zu können. Dies entspricht einer gesellschaftlichen Entwicklung, die eine allumfassende – ständig verfügbare – Online-Präsenz der Community und ihrer Daten Zug um Zug umsetzt,

- weiter steigende Datenraten an der Luftschnittstelle von RLANs,

- den zukünftigen Markteintritt großer Industrieunternehmen, welche die Leistungsfähigkeit aktueller RLAN-Technologien hausintern zunehmend für ihre Zwecke nutzen wollen. Außerdem wird sich durch maßvollen Mitbewerb sowohl bei den Chipset-Systemen als auch bei den Endprodukten rasch ein akzeptables Preisniveau für den Endverbraucher einstellen,

- die Akzeptanz offener Standards und die daraus resultierende Interoperabilität der Endgeräte.

Wird HiperLAN/2 traditionelle drahtgebundene Infrastrukturen ersetzen?

Nein, das wäre unwahrscheinlich. HiperLAN/2 wird uns aber genau diese Infrastruktur um den wesentlichen Faktor »Mobilität« ergänzen. Nur in einigen Fällen werden WLAN-Architekturen etablierte kabelbasierte Systeme verdrängen können. Aufgrund der zahlreichen Vorteile wird HiperLAN/2 von den Systemadministratoren höchstwahrscheinlich immer dort eingesetzt werden, wo die Interoperabilität zwischen den Systemen von großer Bedeutung ist.

Wie verläuft die weitere Standardisierung von 5-GHz-WLANs?

Im Mai 2001 wurde von ETSI BRAN die neue Arbeitsgruppe 5GARG gebildet (`www.etsi.org/frameset/home.htm?/T_news/0105_BRAN.htm`). Sie hat die Aufgabe, Konvergenz zwischen den WLANs herzustellen, die im 5-GHZ-Band operieren. Dazu soll sie mit anderen Standardisierungsgremien (Standard-Bodies) wie dem IEEE (US) und der MMAC (Japan) zusammenarbeiten.

Als konkrete Arbeitsziele nennt sie:

- Lösungen für die Koexistenz und das Zusammenspiel der von den unterschiedlichen IEEE802.11x-Gruppen spezifizierten WLAN-Standards und HiperLAN/2

- Optimierung der Interoperabilität zwischen dem HiperLAN/2 und dem japanischen HiSWANa

- weltweite Steuerung aller Spektrumsverwertungsaktivitäten bezüglich der Verwendung und der Harmonisierung des 5-GHz-Bandes

Quellenangaben zu Kapitel 4:

[CT01] Frank Fitzek, James Gross, Andreas Köpsel: Kurzstrecken-Sprinter, Einblicke in die Technik neuer WLANs. In: CT 26 (2001) S. 214ff

A. L. Intini: Orthogonal Frequency Division Multiplexing for Wireless Networks, University of California in Santa Barbara

Anne Wiesler: Parametergesteuertes Software-Radio für Mobilfunksysteme, Dissertation, Institut für Nachrichtentechnik, Universität Karlsruhe, Mai 2001, www.ubka.uni-karlsruhe.de/vvv/2001/elektrotechnik/9/9.pdf

G. P. Fettweis et al.: A closed solution for an integrated broadband mobile system (IBMS), International Conference on Universal Personal Communications, (ICUPC ´96), September 1996

Proxim: IEEE802.11a: A Very-High-Speed, Highly Scalable Wireless LAN Standard, White Paper, www.proxim.com/learn/library/whitepapers/wp2001-09-high-speed.html

S. Mangold et al.: Co-existence and Interworking of IEEE802.11a and ETSI BRAN HiperLAN/2 in MultiHop Scenarios, Proceedings of the 3rd IEEE Workshop on Wireless Local Area Networks, 2001, Boston, MA, USA

Dr. Richard Roy: Präsentation Smart Antenna Technology – Past, Present, and Future, ITS ART Symposium 1998, www.its.bldrdoc.gov/meetings/art/art98/slides98/roy/roy_s.pdf

Claes Tidestav, Anders Ahlén and Mikael Sternaed: Narrowband and Broadband Multiuser Detection Using a Multivariable DFE, Signal Processing Group, Uppsala University, www.signal.uu.se/Publications/abstracts/c957.html

http://www.ist-wsi.org/

BMBF-Symposium »Mobilkommunikation von morgen«, Ulm, 19. 6. 2000

Bernhard Walke: Mobilfunknetze und ihre Protokolle, Band 1+2, Teubner 2000

http://www.sdrforum.org/

http://www.nt.tuwien.ac.at/mobile/research/welcome.adaptiva.antennas/de

http://www.hhi.de/

http://www-ibms.ee.tu-berlin.de/overview.html

http://www.cept.org/, http://www.ero.dk/

1 ETSI TR 101 683 V1.1.1 (2000-02)
2 TR 101 031 V2.2.1 (1999-01)
3 England, Holland und Frankreich öffneten 5-GHz-Bänder im August 2002, Italien hat die Bandnutzung unverständlicherweise an das Militär vergeben und die RegTP-Freigabe für Deutschland erfolgt wahrscheinlich erst Ende 2002.
4 European Radiocommunications Committee
5 http://www.ero.dk/documentation/docs/docfiles.asp?docid=1576
6 http://nwest.nist.gov/abq_khun-jush.pdf
7 ETSI TR 102 003 V1.1.1 (2002-03)
8 http://www.iec.org/online/tutorials/wll/
   topic03.html?Next.x=35&Next.y=16
9 http://www.arib.or.jp/mmac/e/what.htm
10 http://www.etsi.org/literature/HFA_brochures/pdf/!branpro.pdf
11 www.HiperLAN2.com
12 http://www.techchannel.de
13 http://www.vocal.com/data_sheets/802_11g.html
14 http://webapp.etsi.org/WorkProgram/
   Report_WorkItem.asp?WKI_ID=7991&curItemNr=2&totalNrI-
   tems=2&optDisplay=10&qSORT=REFNB&qETSI_NUMBER=-
   101+763&qINCLUDE_SUB_TB=True&qINCLUDE_MOVED_ON=&
   qSTOP_FLG=N&butExpertSearch=Search&includeNonActi-
   veTB=FALSE&qREPORT_TYPE=SUMMARY
15 http://www.magisnetworks.com/pdf/industry/standards_comparison.pdf

Kapitel 5

Bluetooth – IEEE802.15.1

Bluetooth bezeichnet eine Technologie, die ein für alle Mal das lästige Kabelgewirr beseitigen will, das den so modernen Geräten unseres Informationszeitalters anhaftet. Wer kennt nicht die lustig anzusehenden Herren im gedeckten Dreiteiler, die mit Knopf im Ohr und Mikro vorm Mund durch Messehallen und Foyers stolpern – scheinbar im Selbstgespräch und doch nur am Draht zum Handy in der Rocktasche hängen. Bluetooth soll nicht nur dieses Kabel verschwinden lassen, sondern das zwischen PC und Drucker, Modem oder Tastatur, zwischen Handy und Organizer, zwischen Auto und Mautstelle... Das soll sich mit Bluetooth ändern – rasch und nachhaltig.

Abbildung 5.1:   »Digitale Juwelen« nennt das IBM-Forschungszentrum Almaden[1] die Ohrclips, die per Bluetooth Kontakt zum Handy halten sollen.

Bluetooth ist besonders ein Kind der Konvergenz, des Verschmelzungsprozesses von Telefonie und Datenverarbeitung. (Nominal kann ein einziges Bluetooth-Gerät gleichzeitig drei Sprach- und zwei Datenverbindungen bedienen.) Für Bluetooth bedeutet das:

- Sprache-Daten-Konvergenz (Integration von DECT)

- LAN-WAN-Konvergenz (Anschluss an WLAN/HiperLAN/2, UMTS)

- Wireless-Cordless-Konvergenz (Integration von IrDA, non-std. Funk)

Bluetooth soll in Form so genannter Pico-Zellen – lokal und drahtlos – all die netten Smart-Phones, Handys und Informations-Gadgets miteinander vernetzen, mit denen sich der moderne Mensch zu umgeben pflegt.

Bluetooth ist der breiten Öffentlichkeit erst seit kurzem bekannt. Die Anfänge des Standards schmoren jedoch bereits seit 1984 in den Töpfen der vornehmlich europäischen Hard- und Softwerker. Aber erst im April 2002 – also nach gut 18 Jahren – wurde Bluetooth auch in den USA als IEEE-Standard verabschiedet. Bedingt durch diese lange Reifezeit, aber auch durch die Lernkurve von bereits früher verabschiedeten Standards, ist auf diese Weise ein hochaktueller, moderner Funkstandard entstanden, sieht man einmal von den in Europa noch nicht zugelassenen bzw. (noch) nicht verfügbaren WLAN-Standards wie IEEE802.11a, IEEE802.11g, IEEE802.11h oder HiperLAN/2 ab.

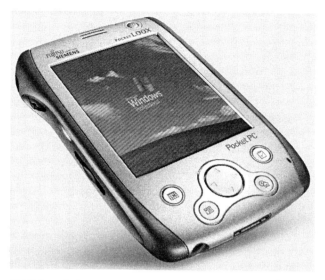

Abbildung 5.2:   Der PDA »Pocket LooX« von Fujitsu Siemens Computers setzt nicht nur auf modernste Prozessortechnologie (Intel XSCALE), sondern auf ein integriertes Bluetooth-Modul (CSR BlueCore2).

Aber was genau ist nun Bluetooth? Ein Blick in ein aktuelles Lexikon liefert die folgende Kurzcharakterisierung:

LEXIKALISCHE DEFINITION VON BLUETOOTH

[Bluetooth ist] ein weiterer, neuer Standard für die drahtlose Kommunikation zwischen mobilen und stationären Geräten. Diese Technik beschränkt sich auf kurze Reichweiten und soll alle Arten von Computern, Handys und Peripheriegeräten kabellos miteinander verbinden. Der Vorteil der neuen Technologie gegenüber anderen Schnurlossystemen wie Infrarot besteht darin, dass sie auf Funk basiert.

Die Funktechnologie gewährleistet größere Bewegungsfreiheit, weil die miteinander kommunizierenden Geräte nicht aufeinander ausgerichtet sein müssen, wie es etwa beim derzeitigen Infrarot-Standard IrDA der Fall ist. Das wiederum heißt, dass Bluetooth – anders als eine Infrarot-Verbindung – auch durch Wände senden kann.

Erste Bluetooth-Geräte waren schon Mitte 2000 auf den Markt gekommen. Dabei handelte es sich um ein ultraleichtes Headset (eine Freisprecheinrichtung) für die Ericsson-Handys T28s, T28 World und R320s.

Das Gerät wiegt lediglich 20 Gramm. Um damit ein Gespräch annehmen zu können, braucht das eingeschaltete Handy nur irgendwo im
Umkreis von rund zehn Metern zu liegen.

5.1 Bluetooth im Schnelldurchgang

5.1.1 Frequenzbereich

Bluetooth arbeitet – wie WLAN gemäss IEEE802.11, IEEE802.11b,
IEEE802.11g und HomeRF – im lizenzfreien 2,4-GHz-ISM-Band. In diesem
Band kann jeder Sender betreiben (fast) wie es ihm gefällt, was herstellerseitig
ausgefeilte Methoden zur Trennung von Nutzdaten anderer oder von Rauschen
(Elektrosmog) erfordert. Eine der Methoden liegt in der Aufteilung des Bandes in
einzelne Frequenzabschnitte:

* 2,400 bis 2,483,5 GHz, lizenzfreies **ISM**-Band

* 2,402 bis 2,480 GHz, 79 Kanäle für USA und Europa

* 2,454 bis 2,476 GHz, 23 Kanäle für Frankreich, Spanien und Japan

Je nach Standort auf dem Globus kann die Anzahl der Kanäle eingeschränkt sein.
So sind in Frankreich, Spanien und Japan wegen anderweitiger Nutzung des ISM-
Bands weniger Kanäle verfügbar. Es gibt einen eingeschränkten Modus bei Blue-
tooth, der dafür sorgt, dass beim Crossover-Betrieb von eingeschränkten und
nichteingeschränkten Bluetooth-Geräten eine auf beiden Systemen verfügbare
Frequency-Hopping-Variante verwendet wird.

5.1.2 Modulations- und Übertragungsmethode

Als Modulation wird **GFSK** (Gaussian Frequency Shift Keying) in Verbindung
mit **FHSS** verwendet. GFSK ist eine modifizierte Frequenzumtastung, bei der ein
Gauß'scher Filter eingesetzt wird. Dieses Modulationsverfahren reduziert durch
die schmalbandigere Ausfilterung den Anteil an Oberwellen und verringert das
Übersprechen. Es ähnelt dem in GSM-Netzen eingesetzten Modulationsverfahren
GMSK, das ebenfalls auf einer Umtastung des Trägers zwischen zwei Frequenzen aufsetzt.

Beim Frequency-Hopping, zu Deutsch Frequenz-Sprung-Verfahren, bleibt die
Frequenz des Trägersignals nicht konstant, sondern springt – bei Bluetooth – in
79 Schritten in Abständen von 1 MHz im ISM-Band (bei Ländern mit beschränk-
ter ISM-Band-Nutzung in 23 Schritten à 1 MHz). Die Frequenzwechsel erfolgen
rasche 1600-mal pro Sekunde.

Das Frequency-Hopping dient einerseits der Abhörsicherheit (gegen Lauscher
bzw. Eindringlinge ins Netz), andererseits weicht das System dadurch HF-Störun-
gen durch andere Strahler (Sender wie Garagentoröffner, Mikrowellenöfen, Funkdienste etc.) aus.

5.1.3 Steuerung und Koordination

Die Bluetooth-Elektronik besteht aus zwei Grundbaugruppen – dem Basisband- und Hochfrequenz-Controller und dem eigentlichen Sender (der oft schlicht Radio genannt wird). Der Basisband-Controller steuert die gesamte Kommunikation, die wie üblich aus einer Kombination von Circuit- und Packet-Switching-Techniken besteht. Er generiert also verschiedene Datenpakete, die er auf verschiedene Zeitschlitze verteilt.

Jedes Bluetooth-Gerät arbeitet wahlweise als Master oder als Slave: Master sind dadurch gekennzeichnet, dass sie den Kommunikationsaufbau initiieren. So entstehen Pico- und Scatter-Netze (siehe unten). Die Partner der Master sind zwangsläufig Slaves, wobei es zulässig ist, dass ein und dasselbe Gerät in einem Pico-Netz als Master und in einem anderen als Slave arbeitet, wobei die Zahl der Pico-Netze nicht auf zwei beschränkt ist.

5.1.4 Datenübertragung

Prinzipiell unterstützt das Bluetooth-Protokoll wahlweise einen synchronen Datenkanal sowie bis zu drei synchrone Sprachkanäle oder einen Kanal, der gleichzeitig asynchrone Daten und synchrone Sprachübertragung zulässt. Insgesamt ergibt sich eine Bruttodatenrate von 1 Mbit/s (geplant ist einer Erweiterung auf 2 Mbit/s oder sogar 12 Mbit/s in der nächsten Bluetooth-Generation). Bluetooth-Pakete können bis zu 2745 Byte Nutzlast transportieren; es sind jedoch sind auch »Leerfahrten« ohne Nutzlast möglich.

5.1.5 Netztopologie

Bluetooth unterstützt Point-to-Point- und Point-to-Multipoint-Verbindungen. Bluetooth-Geräte können wegen des zugrunde liegenden Zeitmultiplexverfahrens Mitglieder in mehreren Pico-Netzen sein. Durch diese Koppelung einzelner Pico-Netze entsteht ein so genanntes Scatternet. Die einzelnen Pico-Netze lassen sich durch unterschiedliche Hopping-Kanal-Folgen voneinander unterscheiden. Weiterhin muss sich der Slave in jedem Multiplex-Zeitschlitz neu auf den jeweils aktuellen Master synchronisieren.

5.1.6 Anwendungen

Die Industrie trachtet danach, praktisch alle Standardgeräte »Bluetooth«-fähig zu machen. Die neue Generation von PCs, Handys, Drucker soll nach dem Willen der BSIG (Bluetooth Special Interest Group) schon den Chipsatz »ab Werk« integriert haben. Um heutigen Geräten die Bluetooth-Technologie zu erschließen, haben manche Hersteller Zusatzkomponenten entwickelt, um die Migration auf die neue Technologie zu erleichtern.

5.1.7 Aussichten

In den aktuell verfügbaren Bluetooth-Ein-Chip-Lösungen wie dem *Blue Moon Single* und *Blue Moon Universal* von Infineon sind die Hochfrequenz- und Basisband-Controller in einem einzigen Chip integriert. Diese Integration macht den Weg frei für fallende Integrationskosten in den Endgeräten und für steigende Stückzahlen im Konsumerbereich – und damit zu sinkenden Preisen.

5.1.8 Einsatzmöglichkeiten

Mittelfristig werden wohl sämtliche Systeme, bei denen Drahtlosigkeit in irgendeiner Form einen Anwendungsvorteil verspricht, Bluetooth-kompatibel werden.

Das wird sowohl Systeme und Geräte betreffen, die heute noch gar nicht über eine Funkschnittstelle verfügen, als auch vorhandene drahtlose Systeme, die bislang auf andere, nicht standardisierte Übertragungsverfahren gesetzt haben.

So werden zum Beispiel Anwendungen, welche heute noch mit Infrarot-LED (z.B. Fernsehfernbedienung oder schnurlose Kopfhörer) arbeiten, in Zukunft wohl mit Bluetooth ausgerüstet werden.

Auch vorstellbar ist ein Kfz-Diebstahlschutz (Pkw meldet Alarm an Handy, Handy leitet den Alarm weiter).

Im neuen e-business-Einkaufsladen wird der Kunde per Handy über Sonderangebote informiert, kann Angebote in den einzelnen Räumen lokal abfragen und sich über den Warenkorb informieren lassen.

Wir werden Bluetooth-fähige Billing-Lösungen an Fahrkartenautomaten für den öffentlichen Nahverkehr genauso normal finden, wie die auf Bluetooth basierende Hauskommunikation, wo unser Handy als Info-Terminal nicht nur zum UMTS-Telefon taugt, sondern auch unsere Heizung, die Rollläden und unser Fernsehen programmieren bzw. abfragen kann.

Vielfältige Einsatzmöglichkeiten, der geringe Preis und die hohe Integrierbarkeit der Module sind die schlagenden Argumente für einen kurzfristigen Markterfolg.

5.1.9 Bluetooth in Zahlen und Fakten

Frequenzband	2,402-2,480 GHz ISM, 79 Channel[2]
Modulationsart und Übertragungsmethode	GFSK, FHSS
Anzahl der Kanäle	Jeder Kanal ist 1 MHz breit, es gibt 79 (23) nutzbare Bluetooth-Kanäle
Übertragungsrate	max. 1 Mbit/s
Größtes zusammenhängendes übertragbares Paket	339 Byte (ohne Header)[3]

Reichweite (Outdoor)	Klasse3: ca. 10-18m, Klasse2: ca. 25-35m, Klasse1: ca. 100-130m
Anzahl der Nodes pro Netz	max. 8 Nodes pro Pico-Netz, max. 10 Pico-Netze pro Scatter-Netz
Ausgangsleistung	Klasse3: 1mW (0dBm), Klasse2: 2,5mW (4dBm), Klasse1: 100mW (20 dBm).
Adressierung	48 Bit MAC-Adresse
Verschlüsselung	max. 128 Bit Key

5.2 Auf Blauzahns Spuren[4]

In grauer Vorzeit, sprich vor knapp 1000 Jahren, regierte im hohen Norden Europas König Harald II. Ihm gelang das Kunststück, Dänemark und Norwegen unter einer einheitlichen Führung zu vereinigen. Einer der Ehrennamen des besagten Blaublütigen war Bluetooth und zu seiner Würdigung benannte die schwedische Firma Ericsson ihre neue kabellose Übertragungstechnik nach ihm. Das Verfahren wurde bereits 1984 von zwei Mitarbeitern der Firma Ericsson entwickelt, aber erst 1998 gründete dieser Handy-Hersteller zusammen mit IBM, Intel, Nokia und Toshiba die Bluetooth-Initiative.

Mittlerweile hat sich dieser Interessenverband zur Bluetooth Special Interest Group B.S.I.G. zusammengeschlossen. Inzwischen beabsichtigen mehr als 2500 Unternehmen, die aus so unterschiedlichen Branchen wie der Telekommunikation, der Informationstechnik und dem Fahrzeugbau stammen, Bluetooth-kompatible Geräte zu entwickeln.

5.2.1 Bluetooth – warum?

IrDA, IEEE802.11-Protokolle, HiperLAN, HomeRF und WAP; es gibt bereits eine Reihe kabelloser Datenübertragungsformen, die schneller sind oder größere Strecken überbrücken können als Bluetooth. Keine davon ist allerdings so universell einsetzbar, leicht bedienbar und zugleich auch noch kostengünstig.

Bluetooth versteht sich als Schlüsselkomponente für Kommunikations- und Computertechnik. Bluetooth dient dem drahtlosen Austausch von Daten und Sprache in allen Bereichen der drahtlosen Kommunikation und des Nahbereichs und erspart dem Anwender somit lästigen Kabelsalat.

Die typischen Anwendungen sind zum einen der mobile Datentransfer zwischen Geräten wie **PDA**s, Notebooks, Digitalkameras und Handys oder auch die Verbindungsaufnahme zu Headsets verschiedener Empfangsgeräte. Aber es gibt auch noch eine Vielzahl weiterer Anwendungsgebiete, an die zu Anfang noch gar nicht gedacht wurde: beispielsweise Übertragungskanäle in der industriellen Messtechnik.

Bluetooth eröffnet mithilfe eines Gateway-Moduls den schnurlosen Zugang zum Internet und erlaubt die Koppelung vor allem bislang zueinander inkompatibel scheinender, mobiler und stationärer Geräte wie Handys, Organizer, PCs oder PDAs – kabellos per Funk.

Dabei brauchen die Geräte keinen Sichtkontakt zueinander haben. Die Funkzelle hat bei Bluetooth-Geräten der Leistungsklasse 2 eine maximale Reichweite von 35 Metern und durchdringt selbst Wände. Damit unterscheidet sich Bluetooth grundsätzlich von der derzeit gebräuchlichsten kabellosen Übertragungsform per Infrarot-Licht (IrDA).

5.2.2 Bluetooth – wozu?

Bluetooth soll zuvorderst das Kabelgewirr zwischen Maus, Tastatur, Drucker und Rechner obsolet machen. Die schnelle Installation von Mini-Netzwerken, beispielsweise zur Vorführung einer Powerpoint-Präsentation bei Geschäftskonferenzen, ist ebenso darstellbar wie der Austausch virtueller Visitenkarten (**vCards**

Haupteinsatzgebiet dürfte jedoch der Datentransfer zwischen mobilen und stationären Geräten, etwa zwischen Handy und PC, sein, etwa um E-Mails zu checken, kleinere Datenmengen zu überspielen oder Termine abzustimmen.

5.3 Bluetooth – der Standard

Im Gegensatz zu vielen anderen »Drahtlos«-Standards definiert die Bluetooth-Spezifikation sowohl den Link- als auch verschiedene Application-Layer. Diese **APIs** vereinfachen die Entwicklung von Produkten für die Übertragung von Daten, Sprache und speziellen Inhalten (applikationsgesteuert).

Dieser geschickte Schachzug, Link- und Applikationsschichten zusammen zu standardisieren, verspricht auch dann geringen Wildwuchs, wenn einige der Definitionen im Standard (noch) unvollständig sein sollten, denn er verhindert, dass lückenhafte Festlegungen durch firmeneigene, proprietäre Erweiterungen geschlossen werden – und damit die Standardisierung unterlaufen.

Die englischsprachigen Spezifikationsdokumente sind im Internet unter dem URL `http://www.bluetooth.org/specifications.htm` verfügbar.

5.3.1 Aufbau der Bluetooth-Spezifikation v1.1

Im Wesentlichen besteht die Bluetooth-Spezifikation aus zwei Hauptdokumenten:

* *Core – spez. Volume 1, v1.1, 22.02.2001 plus Addendum 02.07.2001*

   Das erste Hauptwerk der Bluetooth-Spezifikation enthält unter anderem die Kerninformationen über das Radio-System sowie die Spezifikationen für das Basisband, den Link-Layer, die Protokollschicht **L2CAP**, für Service-Discovery, **RFCOMM** und den Datenaustausch per Infrarot (IrDA).

Zu diesem Dokument gibt es bereits das ergänzende Korrektur-Dokument »Errata[5]«.

- *Profiles – spez. Volume 2, v1.1, 22.02.2001*

  Dieses zweite Hauptdokument enthält die so wichtigen Details der von Bluetooth unterstützten Applikationsprofile. Die Version 1.1 definiert nachfolgende Profile:

  – Generic Access, Service Discovery Application

  – Cordless Telephony, Intercom, Serial Port, Headset

  – Dial Up Networking, Fax, Local Area Networking

  – Generic Object Exchange, Object Push, File Transfer

  – Synchronisation

Zu den beiden Hauptdokumenten gibt es eine Reihe von Ergänzungen:

- *Bluetooth assigned Numbers*

  Sie entsprechen den Konstanten-Definitionen in Programmiersprachen, die je nach Bedarf in den unterschiedlichsten Klassen und Kategorien Zug um Zug vergeben werden, frei nach dem Motto: Wer zuerst kommt, mahlt zuerst. Daher gibt es auch kein fixes Dokument dieser ständig wachsenden Tabelle.

  Ein Beispiel aus dieser Tabelle zur Definition von Firmennamen: Hier sind numerische Konstanten als »ID« einer bestimmten Firma zugeordnet. So stehen die drei nachfolgenden Zahlen 8 bis 10 als »Company Identifiers« für die Firmen

  (8) – Motorola

  (9) – Infineon Technologies AG sowie

  (10) – Cambridge Silicon Radio (CSR).

Damit ist der »offizielle« Teil der Bluetooth-Dokumentation der Version 1.1 im Prinzip beendet. Da der ratifizierte Standard allerdings noch jung und daher recht agil ist, wächst er tagtäglich, weil die für Bluetooth so wichtigen Profil- und Protokollspezifikationen kontinuierlich ergänzt und erweitert werden.

So hat die BSIG noch im August 2002 den Standard für den Einsatz von ISDN über Bluetooth verabschiedet. Über das Bluetooth Common ISDN Profile (CIP) bekommen Bluetooth-Geräte nun – sofern implementiert – direkten Zugriff zu ISDN. Der neue CIP-Standard (v.0.95) definiert die Kommunikation zwischen ISDN-Clienten und ISDN Access Points. Er entspricht den ETSI-Normen 300838 und GSM 07.08. CIP basiert unmittelbar auf dem Basistransportprotokoll L2CAP, benötigt also selbst keine zusätzlichen Stack-Ebenen. CIP-enabelte Endgeräte können nicht nur sämtliche ISDN-Leistungsmerkmale im B- und D-Kanal anbieten, sondern auch noch als Netzwerk-Gateway agieren.

KANN- UND MUSS-PROFILE

Es ist wichtig zu wissen, dass die Bluetooth-Spezifikation Kann- und Muss-Profile vorgibt. Muss-Profile sind solche, die zwangsweise zum Bluetooth-Standard der Version 1.1 gehören. Was die Sache jedoch kompliziert macht: Sie müssen dennoch nicht in jedem Bluetooth-Gerät implementiert sein. Wenn ein Gerät eine Fähigkeit – etwa einen Fax-dienst – unterstützt, die eines der Muss-Profile abdeckt, dann ist dieses Profil verbindlich.

Alle anderen Profile sind optional, besonders solche, die erst nach der Festlegung des Bluetooth-Standards v1.1 geschaffen wurden. Diese kön-nen zwar von Bluetooth-Systemen der v1.1-Generation unterstützt wer-den, müssen es aber nicht.

Die Version 1.1 umfasst ausschließlich die Profile, die im zweiten Hauptdoku-ment genannt und spezifiziert sind. Alle anderen Profile sind Kann-Profile. Bis Drucklegung dieses Buches sind das die nachfolgend genannten Profildefini-tionen:

- *Bluetooth Additional Profile Specifications*

  Zurzeit finden sich hier die folgenden Erweiterungen:

  - Audio Video Control Transport Protocol (AVCTP) v0.95a

  - Audio Video Distribution Transport Protocol (AVDTP) v0.95b

  - Bluetooth Network Encapsulation Protocol (BNEP) v0.95a

  - Advanced Audio Distribution Profile (A2DP) v0.95b

  - Audio Video Remote Control Profile (AVRCP) v0.95b

  - Basic Imaging Profile (BIP) v0.95c

  - Basic Printing Profile (BPP) v0.95a

  - Extended Service Discovery Profile (ESDP) v0.95a

  - Generic Audio Video Distribution Profile (GAVDP) v0.95b

  - Hands Free Profile (HFP) v0.96

  - Hardcopy Cable Replacement Profile (HCRP) v0.95a

  - Personal Area Networking Profile (PAN) v0.95a

Und ganz neu:

  - Common ISDN Access Profile (CIP) v0.95

  - Human Interface Device Profile (HID) v0.95c

  - SIM Access Profile (SAP) v0.95c

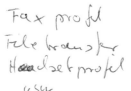

5.3.2 IEEE-Akkreditierung

Die IEEE hat am 21.03.2002 den Bluetooth-Standard, aufbauend auf dessen Version 1.1, als IEEE-Standard 802.15.1-2002 übernommen.[6] Daher steht in diesem Buch Bluetooth synonym zu IEEE802.15.1. Diese Zertifizierung bedeutet für Entwickler nicht nur ein gutes Stück Designsicherheit, sondern eröffnet vor allem dem Anwender ein Stück Hoffnung darauf, ausgereifte und zueinander kompatible Bluetooth-Produkte frei von Kinderkrankheiten erwerben zu können.

AUGEN AUF BEIM BLUETOOTH-KAUF

Ein wenig skeptisch darf man dieses Postulat der Kompatibilität allerdings schon betrachten, denn in der Praxis gibt es definitiv noch einige Kompatibilitätslöcher in Bluetooth-Produkten zu stopfen. Dies liegt vor allem daran, dass in den gängigen Geräten ältere Chipsätze eingebaut sind, die eben dem Standard v1.1 noch nicht entsprechen. Achten Sie beim Kauf von Bluetooth-Geräten also darauf, dass sie mindestens dem Bluetooth-Standard v1.1 entsprechen.

Negativbeispiel: Nokia-Handys

Das als Nokia Connectivity Pack vertriebene Paket erlaubt es, das Mobiltelefon Nokia 6210 als GSM-Modem zu betreiben, das kabellos mit einem bis zu zehn Meter entfernten Notebook kommunizieren kann, etwa für den Download von E-Mails, das Surfen im Internet und den Versand von Faxen. Es soll eine Datenübertragungsrate von bis zu 43,2 Kbit/s erreichen. Darüber hinaus soll es Termine und Kontaktinformationen zwischen dem Nokia 6210 und kompatiblen PC-Office-Programmen synchronisieren.

Das Nokia Connectivity Pack wird in Europa und Asien seit dem ersten Quartal 2001 angeboten. Es beinhaltet den auch separat vertriebenen, so genannten Connectivity-Akku für das Nokia 6210, eine Connectivity-Karte mit einem PC-Kartenadapter und Windows-Software. Damit das Nokia 6210 das Bluetooth-Modul im Connectivity-Akku nutzen kann, braucht es ein Software-Update seiner Firmware.

Den netten Werbeversprechen zum Trotz ist es den Autoren jedoch nicht gelungen, per Bluetooth ein solches Nokia 6210 mit Bluetooth-Connectivity-Kit plus aktueller Handy-Firmware mit dem von Haus aus Bluetooth-fähigen Mobiltelefon Nokia 6310 via Bluetooth zu koppeln. Die Verbindungsaufnahme zu einem mit Bluetooth ausgestatteten Notebook mit installierter Nokia-Software klappte hingegen von beiden Handys aus.

So erklärt auch Wilfried Blaesner, Business Development für Europa bei Philips Semiconductor, dass die Interoperabilität auch heute noch »ein gewisses Problem« darstellen würde. Zwar gäbe es keine Schwierigkeiten mehr bezüglich der Grundfunktionen, etwa der Kommunikation zwischen einem Handy und dazugehörigem Headset, die fast immer problemlos sei, wohl aber bei der PC-zu-PC-Koppelung.

5.4 Bluetooth – die Hardware

Um uns dem Thema Bluetooth weiter zu nähern, werfen wir zunächst einen Blick auf die zugrunde liegende Hardware, schon um zu verstehen, dass sie die Wiege für den Erfolg von Bluetooth zum weltweiten Massenstandard ist.

5.4.1 Warum Milchzähne länger halten

In diesem Jahr 2002 soll nach 18 Jahren Denkarbeit und dreijährigem Marketing-Tamtam Bluetooth nun endlich richtig boomen. Die Prognosen sind äußerst optimistisch. Das Marktforschungsunternehmen Micrologic Research geht davon aus, dass noch in diesem Jahr 45 Millionen Bluetooth-Chipsätze (also Basisband-Controller mit HF-Transceiver oder Single-Chip-Lösungen, die beide Komponenten enthalten) verkauft werden. Im letzten Jahr sollen weltweit bereits 5 Millionen dieser Chips respektive Chipsätze verkauft worden sein, eine Zahl, die hinsichtlich der Meldung von Infineon, insgesamt bis Juni 2002 über sieben Millionen Bluetooth-Chips an Entwickler und Hersteller ausgeliefert zu haben, kaum überrascht. Bis Ende 2005 prognostiziert das Marktforschungsunternehmen einen Absatz von weiteren 1,2 Mrd. Chipsätzen.

Auch die Halbleiterunternehmen gehen davon aus, dass dieses Jahr (2002) der Durchbruch erfolgen wird und dass viele neue Bluetooth-Produkte vorgestellt werden. »Der Durchbruch wird in diesem Jahr (2002) erfolgen. Ich erwarte für Mitte bis Ende dieses Jahres eine weitere Verbreitung von Endgeräten, die Bluetooth-fähig sind«, erklärt Ivar Johansson, Leiter Marketing Short Range Wireless der Infineon Technologies AG. Im Falle von Bluetooth sind seiner Meinung nach die Mobiltelefone die Markttreiber.

Dass der Markt so lange auf sich warten ließ, hatte vor allem technische Gründe: Die ersten Chips waren bereits Anfang 2000 verfügbar. Aber die damalige Spezifikation 1.0b deckte eben nicht alle Bereiche lückenlos ab. Diese Definitionslöcher führten zu unterschiedlichen Interpretationen bei den Herstellern, was dann zu Problemen bei der Interoperabilität von Produkten geführt hat. Das problemlose Miteinander der Bluetooth-Geräte ist aber das Killerkriterium für diese Technologie, will sie im Markt Bestand haben.

5.4.2 Die zweite Chipgeneration ist da

Die kleinsten und modernsten Single-Chipmodule liefern seit Oktober 2001 die Firmen Cambridge Silicon Radio (CSR) und Infineon.

Bei dem »BlueCore2« genannten Chip von CSR handelt es sich um eine 0,18-μm-Lösung, auf der die Integration von digitalem Logikdesign und analogem RF-Transceiver zu einem Chip mit den Außenmaßen 6 x 6 mm bereits vollzogen ist.

Nachdem CSR bereits mit dem Single-Chipvorgänger »BlueCore1«, der noch in 0,35-μm-Technologie gefertigt wurde, mehr als eine Million Stück absetzen konnte, erwartet man bei einem Device-Preis von 6,30 US-Dollar bei Abnahme von 1 Million Stück wesentlich vergrößerte Stückzahlen, zumal BlueCore2 (im Gegensatz zu BlueCore1) dank integrierten HF-Leistungsverstärkers leistungstechnisch die Klassen 3 und 2 auch ohne Zusatzbeschaltung erfüllt.

Abbildung 5.3: BlueCore2, 6 x 6 mm groß

Vergleichbar mit dem »BlueCore2« ist der Infineon BlueMoon Single-Chip mit einem Footprint von 7 x 7 mm. Er verarbeitet ebenfalls den aktuellen Bluetooth-Standard v1.1 und benötigt für die Klassen 2 und 3 keinen zusätzlichen (externen) HF-Verstärker. Basierend auf einem 0,25-µm-CMOS-Herstellungsprozess soll er 7,50 Euro bei Abnahme von 1Million Stück kosten.

Abbildung 5.4: Der BlueMoon Single von Infineon integriert Baseband- und RF-Controller zu einer preiswerten Ein-Chip-Lösung.

Dieser hat zwischenzeitlich einen weiterentwickelten Bruder avisiert bekommen. Der von Infineon als BlueMoon Universal benannte Bluetooth Single-Chipper vollzieht damit einen Shrink-Prozess von aktuell 0,25 µm auf 0,13 µm Strukturbreite. Durch diese Minimierung sind sowohl Reduktionen des Stromverbrauches als auch des Chip-Footprints zu erwarten. BlueMoon Universal soll rund 6 x 6 µm (Gleichstand mit CSR) messen, einen ARM7-Controller für die Verwaltung der höheren Bluetooth-Protokollschichten und Standardschnittstellen wie USB und UART bereits »on Board« enthalten. Die Programmierung erfolgt im embedded ROM oder integrierten Flashmemory, wobei der Preis »in hohen Stückzahlen« unter 4 Euro liegen soll. In Stückzahlen soll der Chip Anfang 2003 lieferbar sein.

Klasse	Sendeleistung	Outdoor Range[7]	Indoor Range[7]
1	1mW …100mW(20 dBm)	100-130 Meter	50-80 Meter
2	0,25mW … 2,5mW (4 dBm)	25-35 Meter	20-30 Meter
3	n/a … 1mW (0 dBm)	10-18 Meter	8-12 Meter

Tabelle 5.1: Tabelle 5.1: Leistungsklassenstandards von Bluetooth

Die angegebenen Werte basieren auf Messungen der Firma Red-m (www.red-m. com) und wurden uns freundlicherweise von Herrn Thomas Luszczynski zur Verfügung gestellt.

5.5 Bluetooth – die Software

Um Bluetooth in eine Vielzahl von Geräten wie PCs, Notebooks, Mobiltelefone, PDAs und Peripheriegeräte zu integrieren, ist natürlich zu klären, wie es um die Treiber- und Software-Unterstützung bestellt ist.

5.5.1 Bluetooth-Treiber in Microsoft CE.NET

PDA-Hersteller wie Hewlett-Packard, Fujitsu Siemens oder Compaq, die auf das Betriebssystem CE.NET v4.1 (Codename Talisker[8]), dem Nachfolger von Pocket PC 2002 (Codename Merlin), welches noch auf Windows CE 3.0 basiert, setzen, können sich über eine Treiberunterstützung aus Redmond freuen – wenngleich noch mit einigen Einschränkungen:

- CE.NET unterstützt derzeit nur einen einzigen Bluetooth-Controller.
- »L2CAP links over unreliable channels« wird nicht unterstützt.
- »Flush Time-out« wird von L2CAP nicht unterstützt.
- Die Software-Stacks oberhalb von L2CAP unterstützen keinen **QoS**.
- L2CAP beherrscht keine dynamische Rekonfiguration nach Verbindungsaufbau.

Talisker unterstützt neben der Bluetooth-Spezifikation seit Version Beta 1 auch den WLAN-Standard IEEE802.11. Talisker Beta 2 ermöglicht die konfigurationsfreie Einrichtung von Netzen nach dem IEEE802.11-Standard und vereinfacht das

Routing (Rufbereichswechsel) zwischen solchen Netzen. Zudem unterstützt die Beta-2-Version die Sicherheitsstandards IEEE802.1x und EAP (siehe Kapitel 7). Weitere Informationen zu Talisker sowie die so genannte Emulation Edition finden sich im Internet unter

`www.microsoft.com/windows/embedded/Taliskerpreview`

Darüber hinaus gibt es Hinweise auf Informationen, dass Microsoft bereits die Arbeit am Nachfolger von Talisker begonnen haben soll. Dieses neue PDA-Betriebssystem basiert auf der bekannten CE-Plattform, trägt die Bezeichnung »Gemini« als Codenamen und soll mit einer XML-Oberfläche ausgestattet sein. Dadurch wird es in der Optik sowie in vielen Funktionen ähnlich dem Windows XP-Nachfolger, der auch unter dem Codenamen »Longhorn« bekannt geworden ist.

Obgleich zur Treiberausstattung noch keine gesicherten Erkenntnisse vorliegen, kann man doch davon ausgehen, daß die Bluetooth-Treiberproblematik sich bei diesem Betriebssystem zum offiziellen Releasezeitpunkt »erledigt« haben dürfte, sprich dass Microsoft einen voll entwickelten Bluetooth-Treiber (in bekannter guter Qualität) gleich mit dem Betriebssystem passend dazuliefern wird.

5.5.2 Windows 98, ME, NT 4.0 und 2000

Einer Mitteilung der Unternehmenssite nach erteilt Microsoft seit dem 1. Juli um 12 Uhr keine Windows Hardware Quality Laboratories (WHQL)-Zertifikate mehr für neue Hardware oder Software, die die Betriebssysteme Windows 98 Second Edition (SE), Windows NT 4.0 Workstation und Windows NT 4.0 Server betreffen.

Zu den anderen MS-Betriebssystemen gibt es keine offiziellen Aussagen von Microsoft. Da aber Microsoft diese Versionen als veraltet (legacy) betrachtet, dürfte ein nachträgliches Engagement von Microsoft auch bei ME sowie 2000 bezüglich Bluetooth recht unwahrscheinlich sein.

Das haben bereits einige Computer- und Peripheriegerätehersteller wie IBM oder Nokia erkannt und eigene Bluetooth-Treiber herausgebracht. Die meisten von ihnen dürften auf einem Treiber-Kit der Firma Extended Systems basieren, die bereits zu einem sehr frühen Zeitpunkt, im März 2000, Bluetooth SDK-Pakete (für die Intel Pentium-Plattform) angeboten hat.

5.5.3 Windows XP

Eine Treiberunterstützung für das aktuelle Windows ist ebenfalls noch nicht verfügbar. Microsoft argumentiert hier mit der Nichtverfügbarkeit von ausreichend qualifizierten Hardware-Produkten, welche die Bluetooth-Spezifikation v1.1 beinhalten. »Microsofts Entwicklungszyklen haben extrem lange Vorlaufzeiten und sehr horizontale Marktanforderungen. Sie sind deshalb auf ein erhebliches Maß an bereits verfügbarer Hardware angewiesen, die getestet werden kann, wann immer sie eines der wichtigen Betriebssystem-Releases vorbereiten«, so wurde in einer offiziellen Stellungnahme zu dieser Thematik aus dem Hause Microsoft geantwortet.

Gerüchte, dass Microsoft den Bluetooth-Treiber für Windows XP mit dem für den 09. September 2002 angekündigten XP Service Pack 1 nachliefert, werden sich wahrscheinlich nicht erfüllen. So scheint man in Redmond schlichtweg nicht fertig geworden zu sein, denn in einer den Autoren vorliegenden SP1-Beta ist keine Bluetooth-Unterstützung enthalten. Aktuellen Informationen nach will Microsoft diese erst im September/Oktober 2002 per Internet-Download zur Verfügung stellen.

5.5.4 Bluetooth-Treiberarchitektur von Windows XP

Aufgrund der existierenden Beta-Treibervarianten ist die Struktur und Architektur des Windows XP-Bluetooth-Treibers der Version 1.1 einigermaßen bekannt. Er wird durch das nachfolgende Schaubild repräsentiert:

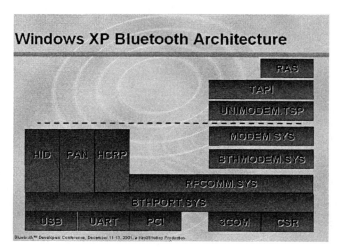

Abbildung 5.5: Microsofts Windows XP Bluetooth-Architektur – die mit BTH... bezeichneten Funktionsblöcke betreffen die Bluetooth-spezifischen Teile.

5.6 Bluetooth – der Integrationsprozess

Damit Bluetooth zu einer alltäglichen Technologie werden kann, bedarf es gewisser Voraussetzungen: Die Gerätehersteller benötigen meist die Unterstützung von Hardware- und Software-Anbietern wie Evaluation-Boards, Tooling-Support und Software-Development-Kits (SDKs), um Bluetooth-Applikationen sicher und im Zeitfenster des Marktes möglichst punktgenau entwickeln zu können.

Eine passende Basis wurde von den Silizium-Herstellern und Softwerkern in Form von Chipsätzen und Treiber-**SDK**s bereits seit längerem geschaffen. Auf der Basis fertiger »Bluetooth-Vorprodukte« können dann Endprodukte entwickelt werden.

So gibt es beispielsweise von Infineon seit September 2000 den BlueMoon I zu kaufen, einen Chipsatz, der aus einem integrierten Basisband-, Link-Manager- und Host-Controller-Interface-Chip sowie einem separaten HF-Transceiver besteht. Weiterhin gibt es eine Menge von Host-Stacks, die eine Umsetzung der Bluetooth-Protokolle auf der Anwendungsplattform übernehmen.

5.6.1 Bluetooth Design-In fertig – aber erst zum »TÜV«

Bevor ein Produkt das offizielle Bluetooth-Logo bekommt, muss es erst einen komplizierten und ziemlich kostenintensiven Qualifizierungs- und Zertifizierungsprozess durchlaufen. In diesem Prüflauf werden vor allem die Testberichte und Dokumentationen des jeweiligen Geräts von einer sehr wichtigen Person, dem so genannten »Bluetooth Qualification Body« (BQB) genau unter die Lupe genommen.

Derzeit (1H/2002) gibt es in Deutschland lediglich zehn Personen, die zu offiziellen BQBs ernannt wurden. Bewerbungen als BQB werden via Internet entgegengenommen. Eine der wichtigsten Voraussetzungen hierfür ist, dass Sie entweder die offizielle Unterstützung einer Firma erhalten, die bereits mit BSIG kooperiert, oder aber Sie werden selbst Mitglied in besagter Bluetooth-Initiative.

BSIG stellt außerdem erhebliche Anforderungen an die Berufserfahrung, die technischen Kenntnisse und das Bluetooth-Wissen des Bewerbers, der zudem auch noch Nachweise seiner organisatorischen Unabhängigkeit erbringen und eine Jahresgebühr bezahlen muss.

5.7 Bluetooth – der Markt

Wäre es nach den Wünschen der Hersteller gegangen, hätte es bereits im Sommer 2001 zum großen Bluetooth-Durchbruch kommen müssen. Aber daraus wurde nichts. Besonders peinlich: Auf der CeBIT 2001 (22. bis 28. März) entwickelte sich Bluetooth fast zum Showstopper für die Firma Lesswire. Sie hatte in Halle 13 mit mehr als 100 per Ethernet verknüpften Basisstationen das bis dato weltweit größte Bluetooth-Funknetz aufgebaut und vor der Messe ordentlich in Werbung investiert.

BLUETOOTH MIT RÜCKSCHLAGEFFEKT – DER CEBIT 2001 LOCAL-NAVIGATOR
Auszug aus der originalen Pressemitteilung:

[...] Mithilfe des neuen internationalen Übertragungsstandards Bluetooth bietet Lesswire dem Messebesucher mit seinem LocalNavigator die Möglichkeit, interessenspezifische Informationen über Aussteller sowie deren Produkte zu empfangen, und hilft dem Besucher die interessantesten Neuerungen auf dem direktesten Weg zu finden. Nie wieder Messestände anhand von kryptischen Kürzeln suchen!

130 Basisstationen installieren die Techniker der Lesswire AG und der Deutschen Messe AG Hannover in der Hallendecke der Halle 13, um so in jedem Winkel der 25.000 qm Ausstellungsfläche eine optimale Navigations- und Orientierungsbasis zu schaffen. Mit der Verwendung von Bluetooth-fähigen PDAs, die direkt mit den Lesswire-Applikationen kommunizieren, lassen sich so wesentlich effizientere Messerundgänge realisieren. Lesswire demonstriert den LocalNavigator auf der CeBit als Pilotprojekt und wird daher nur mit einem begrenzten Kontingent an Bluetooth-fähigen PDAs den neuen Dienst präsentieren können. [...]

Massive technische Probleme verhinderten allerdings den reibungslosen Betrieb der installierten Navigationssoftware. Mangels Standards verweigerten viele Bluetooth-Produkte verschiedener Abstammung die Zusammenarbeit, Mobiltelefone und sogar die Beleuchtung führten zu massiven Störungen der Verbindungsstabilität. Zu diesem desolaten Ergebnis hat nach Meinung von Herrn Luszczynski (Red-m) möglicherweise auch die durchschnittliche Entfernung von 15 Metern zwischen den an der Hallendecke montierten Antennen und den PDAs am Stand geführt – bereits zu weit für eine Sendeleistung von 1 mW.

Probleme bereitete auch die von den Hardware-Entwicklern erstmals in größeren Stückzahlen eingesetzten Bluetooth-Chips der Version 1.0 (Mitte 1999). Es zeigte sich, dass diese noch an vielen Bugs krankten. Als Folge davon wurde der verbesserte Standard mit der Bezeichnung 1.0b entwickelt. Seit Februar 2001 ist mit Version 1.1 erstmals ein Standard verfügbar, den sogar das IEEE »geadelt« hat – aber leider ist er nicht kompatibel zur Version 1.0b aus dem Dezember 1999. Die Folge: Mit unterschiedlichen Bluetooth-Standards ausgerüstete Geräte sind nicht in der Lage, miteinander zu kommunizieren.

Als das Problem erkannt war, einigten sich die großen Halbleiterhersteller darauf, keine Chipsätze mit dem Versionsstand v1.0b mehr auszuliefern. Kein Wunder also, dass sich viele potenzielle Hersteller Bluetooth-kompatibler Geräte zunächst einmal vornehm zurückhielten. Es gab lediglich eine Handvoll Bluetooth-aktivierter Geräte, vornehmlich Handys, Headsets, Drucker und PC-Karten.

Laut US-Marktforschungsstudien wird der Markt für Bluetooth-Geräte denn auch um ein rundes Drittel langsamer anwachsen als ursprünglich erwartet. Man rechnet nun mit rund 100 Millionen in diesem Jahr 2002 und ca. 955 Millionen Bluetooth-kompatibler Geräte für das Jahr 2005.

Dass diese Zahlen aufgrund der aktuell eher schwachen Weltkonjunktur nicht mehr erreicht werden, erscheint angesichts der jetzigen IT-Flaute jedoch mehr als wahrscheinlich. So rechnen die Marktforscher von Micrologic Research in einer aktuellen Marktstudie[9] (Stand Ende Juli 2002) für 2002 mit kaum mehr als 35

Mio. Bluetooth-Chipsets. Für 2006 werden die optimistischen Prognosen von einer Milliardenstückzahl aufrechterhalten – kein Wunder, denn bis dahin wird wohl noch eine Menge Wasser die Münchner Isar hinunterfließen.

5.7.1 Bluetooth kommt langsam, aber gewaltig

Das nach wie vor spärliche Angebot an Bluetooth-fähigen Geräten und die Probleme, die diese Geräte haben, miteinander zu kommunizieren, veranlasste verschiedene Branchenbeobachter schon zu Spekulationen darüber, dass diese Technologie bereits am Ende sein könnte, bevor sie überhaupt richtig in Erscheinung getreten ist.

Es ist ein Faktum, dass die Anbieter von WLAN-Produkten mit ihren Lösungen schneller aus den Startblöcken gekommen sind. Richtig ist auch, dass die Reseller ihre Regale nur zögerlich mit Bluetooth-Produkten gefüllt haben, weil dafür nur eine relativ kleine Nachfrage bestand.

Zusätzlich haben Hersteller von Bluetooth-Systemen die Entwicklungskomplexität vielfach unterschätzt, und so haben sich die Entwicklungszeiten gegenüber den prognostizierten Zeitplänen um bis zu zwei Jahre verlängert. Mittlerweile dämmert es auch den Marketingleuten, dass es sich bei Bluetooth noch immer um eine neue Technologie handelt, die thematisch nur schlecht mittels bekannter – retrospektiver – Forecasts zu definieren ist.

Lange Zeit ist auch bezüglich der Einsatzbereiche von drahtlosen Sprach- und Datenverbindungen über kurze Distanzen mit geringem Stromverbrauch über eine Überlappung von WLAN und Bluetooth diskutiert worden. Ein aktueller Report von Forrester Research[10] kommt aber zu dem Schluss, das sich beide Verfahren im Markt rivalitätsfrei etablieren werden. Lars Godell von Forrester Research ist sogar der Auffassung, dass es im Jahr 2006 allein in Europa rund 235 Millionen Bluetooth-Geräte geben wird, im Vergleich zu etwa 22 Millionen WLAN-Produkten.

Lars Godell führt weiter aus: »Bluetooth und WLAN haben unterschiedliche Anwendungsbereiche und werden unterschiedliche Rollen spielen, es gibt keinen Anlass, die zögerliche Einführung von Bluetooth zu dramatisieren. Die Hersteller mussten sicherstellen, dass die Technologie mit den auf dem Markt befindlichen Handys und der vorhandenen Hardware funktioniert. Es gab zudem Software-Interoperabilitätsprobleme, die die Markteinführung von Bluetooth-Produkten verzögert haben. Nicht zuletzt geht es auch darum, die Kosten der Chips genug nach unten zu drücken.«

Nick Hunn, Managing Director bei TDK Systems Europe, bringt einen weiteren Punkt in die Diskussion: »Bluetooth wurde ursprünglich nicht als Netzwerktechnologie konzipiert. Es wurde als Kabelersatz spezifiziert, über den sich zwischen verschiedenen Geräten eine Verbindung herstellen lässt.«

Diese Visionen decken sich mit den Impulsen, die Hersteller so genannter embedded Systems, aber auch von Computern, Druckern und Handys, seit Anfang 2002 spürbar in den Stückzahlen von Bluetooth-fähigen Systemen wahrnehmen: Bluetooth beginnt zu boomen.

5.7.2   Bluetooth-Lösungen drängen auf den Markt

Bei den Handyherstellern sind Bluetooth-fähige Telefone mittlerweile nichts Besonderes mehr. Die jüngst gegründete Mobiltelefon-Kombifirma Sony Ericsson hat ihr Mobiltelefon Ericsson T68 mit dem Headset HBH-20 auf dem Markt. Der Anbieter Motorola offeriert seit Anfang 2002 sein Bluetooth-fähiges Mobiltelefon Timeport 270 und Marktführer Nokia liefert mit dem Mobiltelefon 6310 erstmals ein »echtes« Bluetooth-Handy, bei dem die Funkeinheit nicht in den Akku integriert wurde.

Aber nicht nur auf dem Handybereich schreitet die Integration voran, sondern auch bei aktuellen Druckermodellen von Hewlett-Packard, bei einigen Thinkpad-Notebooks von IBM und auch bei PDAs wie den neuen iPaq-Handhelds finden wir den neuen Funkstandard in integrierter Form wieder.

Auch für die USB-Schnittstelle gibt es bereits eine Menge von Produkten. So listet das deutsche Computermagazin c´t in seiner Ausgabe 16 vom 29. Juli 2002 in einem Artikel bereits über sieben unterschiedliche Adapter auf.

5.7.3   Die kritische Masse ist erreicht

Aus der Sicht der Autoren ist nunmehr die kritische Masse von Bluetooth erreicht. Die hierzu wesentlichen »Komponenten« möchten wir noch einmal zusammenfassend herausstellen:

- Die Verabschiedung der dritten Bluetooth-Spezifikation v1.1 im März 2001 war eine der entscheidenden Voraussetzungen für Interoperabilität und Funktionsumfang zur Schaffung einer breiten Akzeptanzbasis beim Konsumenten für Bluetooth-fähige Endgeräte. Die Version 1.1 ist die erste Bluetooth-Version, welche die Entwicklung interoperabler Bluetooth-Geräte überhaupt ermöglicht. Gegenüber der Vorgängerversion v1.0b wurden die dringend notwendigen Verbesserungen im Linkmanager und im Baseband-Layer eingearbeitet.

- Die Übernahme des Bluetooth-Standards v1.1 als IEEE-Norm 802.15.1 im Jahr 2002 dokumentiert klar und deutlich den aktuellen »Reifegrad« des Entwicklungsstandes und setzt so ein klares Marktsignal.

- Aufgrund vorliegender – zumeist positiver Erfahrungen – ist der Appetit von Anwendern und Entwicklern auf »Mehr« bereits geweckt. So geistern bereits auf dem Wunschzettel zukünftiger Erweiterungen unter anderem Vorstellungen der folgenden Art herum:

  - Verbesserungen bei der Scatter-Net-Fähigkeit zu entwickeln

  - eine Performance-Steigerung um das Doppelte von derzeit 1 Mbit/s auf 2 Mbit/s bzw. sogar bis zu 12 Mbit/s, sollten sich die in Amsterdam auf dem diesjährigen Bluetooth-Treffen kommunizierten Vorstellungen der Entwickler durchsetzen lassen

- die Komplettierung von Anwendungsprofilen (für Audio, Video, Hands-Free-Anbindungen von Keyboards und Mäusen, ISDN, Imaging, PAN und Printing). Hierzu gehört vor allem das lang erwartete »Cordless Telephony Profile (CTP)«, auch als »Schnurlos-Telefonie-Verfahren« bekannt. Damit können dann endlich Anwender-träume eines überall funktionierenden Handys wahr werden, denn mit einer solchen Lösung könnte ein Bluetooth-fähiges Handy »outdoor« via GSM und »indoor« per Bluetooth-LAN Access Point als ISDN Telefon agieren, und sogar (passende Software vorausgesetzt) über eine Internet-Flatrate-Verbindung Netmeeting-kompatibel gebührenfrei telefonieren.

- weitere Mechanismen und zusätzliche Möglichkeiten, den Stromverbrauch noch mehr zu drosseln

- eine Verbesserung der Modulationseigenschaften und der Empfänger-Empfindlichkeiten; hierdurch ließen sich noch deutliche Reichweitenreserven mobilisieren

- Lösung des Master/Slave-Problems bei Pico-Netzen; diese brechen unter der aktuellen Bluetooth-Spezifikation komplett zusammen, sobald der Master das Netz verlässt

- Die Existenz von Single-Chip-Lösungen auf Silizium-Ebene schafft die Voraussetzungen für ein extrem platzsparendes Design und eine vom Platzbedarf her unproblematische Produktintegration in den Leistungsumfang eines vollständigen Gerätes.

- Die Verfügbarkeit von Microsoft Betriebssystemtreibern sowohl (in Kürze) für XP als auch (bereits verfügbar) für Windows CE.NET ist für eine unproblematische Nahtstellenintegration von nicht zu unterschätzender Bedeutung.

- Der angestrebte Preisindex von 5 USD für die Bluetooth-Integration durch den Produkthersteller kommt langsam in Reichweite, auch wenn heutige Integrationslösungen aktuell noch das Doppelte dieser Summe betragen.

- Die erste Welle an externen Bluetooth-Add-ons in Form von PC-Cards, **CF2**-Adaptern oder auch Schnittstellenkonvertern hat letztes Jahr den Markt erreicht und dort zu ersten Bluetooth-Erfahrungen geführt. Auch wenn diese Art der Bluetooth-Integration systeminterne Schnittstellen blockiert und von der Kosten-Nutzen-Relation jenseits von Gut und Böse ist, liegt die Bedeutung dieser Tatsache in seiner Signalwirkung für die weitere Marktentwicklung.

- 2001 wurden weltweit bereits mehr Bluetooth- als IEEE802.11-WLAN-Chips verkauft.

- Eine Vielzahl neuer Bluetooth-Produkte hat gerade ihren Markteintritt und konnte bereits auf der CeBIT 2002 bewundert werden: integrierte Bluetooth/WLAN/LAN- und Bluetooth/DSL-Access-Points zur Erweiterung der schon vorhandenen Kommunikationsinfrastrukturen.

- Die Entwicklung hocheffizienter SMD-Antennen vermindert zusätzlich die Platzbedürfnisse bei der Bluetooth-Integration. Bislang verhinderten externe Antennenkonstruktionen, die über sperrige HF-Stecker und Koaxkabel angeschlossen werden mussten, eine effektive »Integration« der Antennen. Eine mittels Microstrip-Leitung (50 Ohm Speisung) kontaktierte SMD-Antenne stellt eine direkt oberflächenmontierbare Lösung eines alten Problems dar. So bietet die Bluetooth-fähige Breitbandantenne von Phycomp mit den Abmessungen von 7,3 x 5,5 x 1,4 Millimetern und einem Gewicht von 0,16 Gramm nicht nur ein sehr kleines Format an, sondern bietet darüber hinaus sogar noch einen Antennengewinn von 1,2 dBi Richtungsgewinn. Der koreanische Hersteller AMOTECH verspricht für seine SMD-Keramikantennen bei Abmessungen von 8 x 8 x 3 Millimeter sogar 3 dBi Richtungsgewinne[11]. Dies ist übrigens die wesentliche Voraussetzung, warum wir zukünftig nur noch in Ausnahmefällen »externe Antennen« bei neu designten Bluetooth- respektive auch GSM-Geräten optisch identifizieren können.

BLUETOOTH ÜBERALL

Zukünftige Bluetooth-Systeme werden also zu fallenden Kosten bei verbesserter Performance auf den Gebieten Leistungsaufnahme und Platzbedarf in immer mehr Systeme integriert werden können. Es ist somit nur eine Frage der Zeit, wann die Bluetooth-Dichte so groß ist, dass es schwierig sein wird, überhaupt noch eine Bluetooth-freie Zone zu finden. Heute dagegen muss man schon noch wissen, wie man in die Reichweite eines Bluetooth-Hotspots kommt, um sich in ein Pico- respektive Scatter-Netz einklinken zu können.

5.7.4 Bluetooth im Endgerätemarkt

Trotz aller Schlagzeilen um die Microsoft-Entscheidung, Bluetooth im ersten Wurf von Windows XP nicht zu unterstützen, wird sich diese Technologie als Erstes auf den mobilen Markt auswirken.

Desktop-PCs stehen heute erst vereinzelt im Fokus von Bluetooth. Es sind Notebooks, PDAs und Mobiltelefone, denen die Aufmerksamkeit gilt. Auf der Telekommunikationsseite des Bluetooth-Marktes gibt es drahtlose Headsets mit eingebautem Bluetooth oder mit Bluetooth-Adaptern.

Weiterhin lockt die Chance, die mühsame Kabelwirtschaft endlich loszuwerden, viele Bereiche an, sich auf die neue Technologie einzulassen, hier sind es vor allem die (noch) zu hohen Einheitskosten, die einer globalen Marktdurchdringung entgegenstehen.

Langfristig wird die Vielseitigkeit von Bluetooth dafür sorgen, dass es sich auch in zahlreichen neuen Bereichen verbreiten kann. Weil der Datenaustausch über Bluetooth keinen visuellen oder harten Kontakt erfordert, kann zum Beispiel ein Mitarbeiter des Wartungsdienstes das Störungsprotokoll der Steuereinheit eines Aufzuges drahtlos von außen lesen, um erst dann zu entscheiden, ob die Elektronikeinheit tatsächlich geöffnet werden muss. Auch staub- oder wasserdichte Anschlüsse, wie sie beim Einsatz unter rauen klimatischen Bedingungen oder in Labors gebraucht werden, werden überflüssig, sobald die betreffenden Geräte mit einem Bluetooth-Radio ausgerüstet sind.

Bluetooth wird außerdem schon sehr bald in vielen nicht computerbezogenen Bereichen zum Einsatz kommen. Organizer werden zu kabellosen Geldbörsen, Raumüberwachungssysteme werden kabellos vernetzt, Messsysteme werden fortwährend per Funk Daten an verteilte Administrationszentren schicken und Türen werden sich öffnen, sobald sie die betreffende Person als autorisiert erkannt haben – alles über den Bluetooth-Chip im Mobiltelefon.

5.7.5 Telekommunikation trifft auf Informationstechnologie

Bluetooth ist ein weiterer Punkt, an dem die Welt der Telekommunikation mit der Informationstechnologie heftig zusammentrifft. Die Technologiekonvergenz beschleunigt sich mit dem Wachstum des gemeinsamen Zielmarktes und stellt auch die Märkte von Morgen vor neue Anforderungen.

Wenn Anwender die Kluft zwischen Sprache und Daten überbrücken, stößt TK auf IT. Dann wird es spannend, wie der Kunde sich auf den ausufernden Konvergenzreigen, der ja auch einen Konzentrationsprozess beinhaltet, einlassen wird.

5.7.6 Beispiele erfolgreicher Bluetooth-Integration

Das Modell Nokia 6310 bietet nicht nur Zugriff auf mobile GSM-Dienste wie WAP v1.2.1 oder auf GPRS, sondern bietet darüber als erweiterte Connectivity Bluetooth-Technologie. So weit der Anspruch. In der Praxis sieht es indes anders aus.

»Was aber liegt beim neuen Nokia im Argen? [...] Der neue Kurzstreckenfunk wird zwar beworben, ist aber in der Praxis kaum nutzbar. Das Bluetooth-Menü erlaubt nur die Suche nach Audio-Zubehör [...]. Andere blauzähnige Datengeräte können aktiv nicht gesucht oder gefunden werden. Das Notebook mit Bluetooth entdeckt ggf. das 6310, umgekehrt klappt die Anbahnung aber nicht [...]. Nach so langer Entwicklungszeit ist das wirklich peinlich«, schreibt die FAZ Nr. 48, 2002. Vielleicht hätten die Entwickler besser in ihre eigenen Bluetooth-Unterlagen hineingeschaut, um die Bluetooth-Versprechungen auch zu halten. Die sind unter *//www.nokia.com/phones/6310/pdf/N6310BTSpec.pdf* zumindest für das Nokia 6310 zu finden.

Darüber hinaus wird **HSCSD** (High Speed Circuit Switched Data) für Datenverbindungen unterstützt. Das (nicht im Akku!) integrierte Bluetooth-Modul entspricht dem Standard v1.1 und kann sowohl Daten- als auch Audio-Verbindungen mit kompatiblen Bluetooth-Geräten innerhalb einer Reichweite von 10 Metern herstellen.

Abbildung 5.6:   Nokia Modell 6310

Dabei kann die aktuelle Firmware leider nur zu bestimmten Headsets aktiv eine Verbindung aufbauen, alle anderen Bluetooth-Verbindungen (zu einem Notebook oder PC) müssen aktiv »von außen« aufgebaut werden, können also nicht durch das 6310 selbst initiiert werden. Hier bleibt zu hoffen, dass zukünftige Firmware-Versionen den einen oder anderen »Missstand« beseitigen werden oder lieber doch gleich zur verbesserten Variante Nokia 6310i[12] greifen.

Abbildung 5.7:   Headset Modell M1500 von Plantronics

Das »wireless« Plantronics Headset M1500 ermöglicht eine drahtlose Freisprech-kommunikation mit anderen Bluetooth-Produkten wie Handys und PDAs. Es wiegt lediglich 26 Gramm und ist dementsprechend angenehm zu tragen. Eine bequeme Ohrschlaufe bietet sicheren Halt und lässt sich ohne weiteres an jede Physiognomie anpassen.

Der Antworten-/Ende-Schalter an der Seite schaltet das Gerät ein und aus und beantwortet oder beendet Anrufe. Die Oberflächentextur wurde so gestaltet, dass der Schalter leicht zu finden ist. Das Gerät ist außerdem mit einer Betriebsanzeige versehen, sodass andere wahrnehmen können, wenn der Benutzer ein Gespräch führt. Ein zweiter Schalter regelt Lautstärke und die Nutzung der Mute-Funktion.

Eine weitere, faszinierende Bluetooth-Applikation bieten Edelgepäckspezialist Samsonite[13] und RFI Mobile Technologies AG[14] unter dem Gattungsbegriff »Intelligent Baggage« an: Der Schalenkoffer der »Samsonite-Serie 625 Hardlite«, dessen Markteinführung Samsonite vorsichtigerweise erst für Mitte 2003 plant, schützt sich selbst vor dem Verlorengehen durch eine virtuelle Handfessel, indem er per Bluetooth Kontakt zum Besitzer hält: Sobald die voreingestellte Entfernung der einmal gepaarten Verbindung überschritten wird, schlagen Handy respektive PDA Alarm. Mit den heutigen Handys geht das freilich noch nicht, denn dazu müssten sie programmierbar sein, z. B. mit JAVA,. Da haben die wesentlich leichter programmierbaren PDAs zweifelsohne Konkurrenzvorteile. Dann aber könnte der Koffer selbst als Webserver arbeiten, der sich gegenüber Zoll und Check-in-Schalter selbst deklariert.

Abbildung 5.8:   Koffer an Handy – halt mich fest! Samsonite und RFI planen die virtuelle Hundeleine zwischen Gepäck und Herrchen.

RFI selbst versteht sich in diesem Zusammenhang als Technologielieferant für das Design-In der Bluetooth-Komponenten. Unter der Marke »Anycom[15]« liefert RFI Bluetooth-Bridge-Produkte beispielsweise als Compact-Flash-2- oder PCM-CIA-Karten, wenngleich noch im veralteten Standard 1.0b.

5.8   Kombination von Bluetooth und WLAN

Werden Bluetooth und WLAN (IEEE802.11b) im gleichen Frequenzbereich (2,4 GHz) gemeinsam in engerer Umgebung betrieben, kommt es zu Interferenzen, die vornehmlich zu Lasten der Datenrate von IEEE802.11b gehen. Die dabei auftretenden Effekte ähneln denen, wenn man ein Kurzwellenradio auf eine Frequenz einstellt, die von zwei annähernd gleichstarken Sendern belegt ist: Es kommt zu akustisch deutlich wahrnehmbaren Überlagerungseffekten, da am Empfangsort dem Decoder unseres Kurzwellenradios keine eindeutige Zuordnung mehr möglich ist.

Natürlich lassen sich Frequenzbereich, Modulation und Art der übertragenen Information nicht so einfach vergleichen, trotzdem vermittelt das obige Beispiel die Störanfälligkeiten zwischen WLANs nach IEEE802.11b und Bluetooth einigermaßen plausibel.

Positioniert und betreibt man nun einen Bluetooth-**NIC** und einen WLAN-NIC in einer Distanz unter drei Metern Entfernung voneinander, so bricht bei ungeschütztem und unkoordiniertem Verkehr die Übertragungsrate von Bluetooth um ca. 30% ein, die des WLANs hingegen um bis zu 70%.

Lösungen zur Vermeidung hierzu liegen in einer Chip-Integrationslösung, bei der beide NICs gemeinsam so gesteuert und verwaltet werden, dass die beiden Verfahren sich gewissermaßen »programmiert« aus dem Weg gehen.

Recht frühzeitig erkannte dies bereits die Firma Mobilian[16] mit ihrem Chipsatz »TrueRadio«, der diese Steuerungsfähigkeit bereits auf der Comdex Spring 2001 vorführen konnte. Mobilian integriert Bluetooth- und WLAN-Elektronik auf einem Chip und stellt so die Kollisionsfreiheit sicher.

Einem anderen Ansatz folgt die US-Firma Bandspeed[17] mit einem adaptiven Frequenzsprungverfahren, das den Bestand und Weiterbetrieb existierender WLAN- und Bluetooth-Geräte sichern soll und vollständig zur Bluetooth-Spezifikation 1.1 kompatibel ist. AFH kommt ohne direkte Kommunikation zwischen dem WLAN- und dem Bluetooth-Subsystem aus: Der Bandspeed-AFH-Chipsatz »BlueMagic« steuert einen Bluetooth-Knoten so, dass die Geräte in der Pico-Zelle nur auf diejenigen (der 79) Frequenzen springen, auf denen gerade kein WLAN-Betrieb herrscht (genauer: in dem kein Spread-Spectrum-Bereich von einem WLAN-Gerät belegt ist). Dabei braucht in einer Pico-Zelle lediglich ein einziges Gerät ein AFH-Master zu sein. Die dabei eingesetzte Technik dürfte den Verfahren folgen, mit denen die national unterschiedlichen Bluetooth-Geräte dennoch untereinander kommunizieren.

Auch das IEEE und die BSIG haben sich dieses Themas angenommen und dafür auf Seiten des IEEE die Untergruppe »IEEE 802.15 WPAN™ Task Group 2 (TG2)[18] gegründet bzw. im Interessensverband die so genannte BSIG Coexistence Group eingesetzt, die beide an der Entflechtung der Interessenkonflikte zwischen WLAN und Bluetooth arbeiten.

5.8.1 Bluetooth und WLAN – ein Vergleich

Die Vorteile von Bluetooth liegen zum einen in der niedrigen Emissionsrate – die Sendeleistung beträgt in der Leistungskategorie 3 (ca. 10 Metern Reichweite) bei max. einem (1) Milliwatt –, zum anderen im niedrigen Energieverbrauch. Dadurch eignet sich Bluetooth besonders für die Kommunikation über kurze Entfernungen in mobilen Geräten, wobei außer der Sprachübertragung auch noch Daten- und Audiotransmissionen möglich sind.

Bluetooth ist eine sehr robuste Technik, die sich durch eine geringere Störempfindlichkeit (besonders im Hinblick auf die IEEE802.11-Standards) auszeichnet. Dies ist auch einer der Gründe, warum sich dieser Standard vor allem für mobile Anwendungen und embedded-Lösungen eignet.

Die Vorteile eines WLAN-Netzes liegen in der hohen Bandbreite, in den größeren Entfernungen und in einem in der Praxis gereiften Standard. Daher ist ein WLAN zur Befriedigung der Bedürfnisse nomadisierender Notebooks sicherlich (im Augenblick noch) vorteilhafter als Bluetooth.

Außer dem maximal möglichen Abstand und der erzielbaren Datenrate unterscheiden sich WLAN und Bluetooth vor allem in der zurzeit erreichbaren Integrationsdichte auf Siliziumebene, hier hat Bluetooth eindeutig die Nase mit den ersten Single-Chip-Implementierungen vorn, gegenüber der 4-Chip IEEE802.11b (PHY-Chip, Baseband/MAC-Chip, VCO-Chip, Power-Amplifier-Chip) PRISM-3-Chipsatz-Lösungen von Intersil oder anderen Anbietern.

Tendenziell zielt Bluetooth eher auf drahtlose Sprachapplikationen, während die IEEE802.11b-Linie eher für den drahtlosen Datentransport genutzt wird.

5.8.2 Bluetooth und WLAN – Punkt für Punkt

	Bluetooth IEEE802.15.1-2002	WLAN IEEE802.11b-1999
Reichweite	10 m (optional 100m)	100 m (optional 500m)
Flächenausleuchtung	314 m (optional 31416 m)	31416 m
Datenrate brutto	1 Mbit/s	11 Mbit/s
Datenrate brutto / Fläche	3,2 Kbit/s/m²	0,35 Kbit/s/m²
Datenrate netto	max. 75%	max. 65%
Anzahl aktiver Netzteilnehmer	8 aktiv	MAC-Adressen unbegrenzt
Anzahl Park Mode User	256 Park Mode Addr.	MAC-Adressen unbegrenzt

Tabelle 5.2: Vergleich von Bluetooth und WLAN – Quelle: lesswire AG[19]

	Bluetooth IEEE802.15.1-2002	WLAN IEEE802.11b-1999
Anzahl ungebundener Nodes	unbegrenzt Bluetooth Addr.	MAC-Adressen unbegrenzt
Kosten / Basisstation	ca. 250 Euro	ca. 500 Euro
Anzahl Basisstation / Fläche	100	1
Kosten / Fläche (31416 m²)	ca. 25000 Euro	ca. 500 Euro
Audio	3 Verbindungen à 64 Kbit/s	nicht spezifiziert
Datensicherheit Basisband	128 Bit Encryption	WEP
Überlappung von Netzen	= 26 (FHSS)	= 3 (DSSS)
Max. Datenrate bei Ül / Fläche	62 Kbit/s/m²	0.5 Kbit/s/m²
Stromaufnahme max.	30 mA (0.3 mA IDLE)	330 mA (9 mA IDLE)

Tabelle 5.2: Vergleich von Bluetooth und WLAN – Quelle: lesswire AG[19] (Forts.)

5.9 Bluetooth – jetzt wird's technisch

Die Bluetooth-Protokollarchitektur besteht aus dem Baseband-Modul und dem Host-Stack. Im Baseband-Modul befinden sich das Link-Manager-Protokoll als Schicht sowie die Baseband- und die Radiofrequenz-Unit als physikalische Sub-Einheiten.

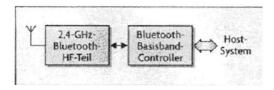

Abbildung 5.9: Der Basisband-Controller stellt das Interface zum Host dar

Abbildung 5.10: (PC, Handy, Drucker, Laptop oder Notebook).
Der Basisband-Controller enthält (wie nachfolgend in der Grafik gezeigt) einen Bluetooth Link Controller und den Bluetooth Link Manager.

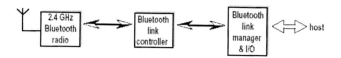

Abbildung 5.11: Bluetooth besteht aus drei Funktionsblöcken.

HINWEIS

Im Bluetooth-Chip bzw. Chipset befinden sich immer der HF-Teil (auch Radio-Frequency- oder RF-Modem oder schlicht Radio genannt) und der Basisband-Controller. Dieser verfügt meistens über einen leistungsfähigen 32-Bit-**DSP** oder einen CPU-Kern, da er die digitalen Modulationsarten erzeugen respektive demodulieren muss.

Auf der Host-Seite, also dem Handy, PC oder PDA, ist der jeweilige Hauptprozessor für die Abarbeitung des Bluetooth-Protokoll-Hosts und der Bluetooth-aktivierten Applikation selbst zuständig.

Daher ist die Implementierung des Bluetooth-Protokoll-Stacks eine mühsame und für jedes neue System immer wieder durchzuführende Entwicklungsaufgabe. Deswegen besitzt die Implementierung ein hohes Maß an Einfluss auf die Kompatibilität und Fehlerfreiheit der vom Anwender wahrzunehmenden Bluetooth-Eigenschaften.

Das Bluetooth-Protokoll selbst ist in verschiedene Schichten unterteilt. Die nachfolgende Darstellung verdeutlicht die Aufteilung der entsprechenden Bluetooth-Funktionalitäten entsprechend den Protokollschichten:

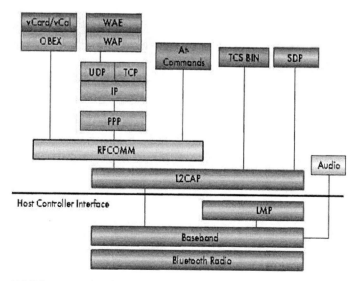

Abbildung 5.12: Bluetooth-Protokollarchtitektur

5.9.1 Der Bluetooth-Protokoll-Stack

Bluetooth basiert auf einem Protokoll, das die Abarbeitung der einzelnen States (Zustände) der Verbindung(en) übernimmt. Da Bluetooth neben Daten auch Sprache und TCP/IP übertragen soll, ist ein Protokoll-Stack erforderlich.

Die Architekturebenen »Bluetooth Radio« und »Baseband« haben in etwa die Bedeutung von PHY- und MAC-Ebenen im IEEE-Protokollstapel.

Wie man am Bild der Bluetooth-Protokollarchitektur erkennen kann, enthält der restliche Stack zwei Arten von Protokollen. Zum einen die Bluetooth-spezifischen wie LMP (Link Manager Protocol) und L2CAP (Logical Link and Control Adaption Protocol), und zum anderen die nichtspezifischen wie OBEX (Object Exchange Protocol) und UDP (User Datagram Protocol).

Das Hauptaugenmerk lag bei der Entwicklung der Protokolle darauf, existierende Protokolle für höhere Layer zu verwenden und das »Rad nicht neu zu erfinden«. Diese Wiederverwendung bereits existierender Protokolle hilft vor allen Dingen Applikationen, die Bluetooth-Technologie effizient einzubinden. Der Integrationsaufwand wird damit verkleinert.

Da die Spezifikation von Bluetooth offen und allen zugänglich ist, steht es allen Entwicklern frei, sie zu verwenden.

Der Bluetooth-Protokoll-Stack kann in vier Ebenen (Layer) gegliedert werden. Die einzelnen Protokolle lassen sich folgendermaßen zuordnen:

Bluetooth Layer	Protokoll im Stack
Bluetooth-Kernproto-kolle	Baseband, LMP, L2CAP, SDP
Cable Replacement Protocol	RFCOMM
Telefony Control Protocols	TCS Binary, AT-Commands
Aufgesetzte Protokolle	PPP, UDP/TCP/IP, OBEX [vCard, vCal], WAP [IrMC, WAE]

Tabelle 5.3: Protokolle und Layer im Bluetooth-Protokoll-Stack

Zusätzlich zu den obigen Protokollen existiert noch ein Host Controller Interface (HCI). Dieses Interface entspricht einem Kommando-Interface für den Baseband-Controller, Link-Manager und zu den Hardware-Status- und Kontrollregistern. Darauf soll hier aber nicht weiter eingegangen werden. Nähere Infos zu diesem Thema finden sich in der Spezifikation von Bluetooth.

Der andere Rest der Protokolle wird nur verwendet, wenn die Notwendigkeit gegeben ist. Dadurch sehen Bluetooth-Stacks immer unterschiedlich aus, je nach den Bedürfnissen der Applikation werden die nicht benötigten Protokolle einfach weggelassen.

Wie erwähnt, folgt die Bluetooth-Technologie einem offenen Konzept. Somit ist es Entwicklern möglich, eigene Zusatzprotokolle zu entwerfen (wie etwa HTTP, oder FTP). Diese müssten dann oben auf den Stack aufgesetzt werden.

Das *Basisband Protokoll* ist für das Timing, die Struktur der Pakete und Frames sowie die Steuerung der einzelnen Links zuständig. Das Basisband-Protokoll unterstützt Circuit und Packet-Switching. Der Verbindungsaufbau wird vom *Link Manager* übernommen. Dieser erkennt und kommuniziert mit anderen Geräten im Empfangsbereich über das *Link Layer-Protokoll* und verwaltet die einzelnen States. Das Link Manager-Protokoll dient darüber hinaus auch dem Aufbau und der Verwaltung der Bluetooth-Netze. Der Link Manager löst auch Konflikte zwischen den Slaves (Fair Relationship) auf und verwaltet die Power Management States. In diesem Layer werden auch Adressanfragen bzw. Konflikte, die Art der Datenübertragung (Daten, Audio usw.) ermittelt bzw. festgelegt und die Datenübertragung durchgeführt. Die Verwaltung der einzelnen Devices ist über einen 16-Charakter-Identifier möglich.

Der *Logical Link Control Layer* (LLC) ist für das Device Discovery (Erkennung der im Empfangsbereich vorhandenen Geräte) und das Packet-Reassembly bei zerlegtem Paket zuständig.

RFCOMM ist das logische Äquivalent einer V.24-Schnittstelle gemäß ETSI GSM 7.10. Damit können Daten zwischen drahtlosen Modems, Telefonen usw. übertragen werden, als würde eine serielle Kabelverbindung vorhanden sein.

Der *TCP/IP*-Layer ist für die Übertragung von IP-Paketen über Bluetooth zuständig. *Audio*-Daten werden an den anderen Layern vorbei direkt an das Basisband Protokoll übergeben. Als Anwendungen werden von Bluetooth Object Exchange (OBEX) und vCard/vCalender unterstützt.

Bluetooth unterstützt One-Way-, Two-Way- oder keine Authentication.

5.9.2   Die Bluetooth-Kernprotokolle

Die Bluetooth-Kernprotokolle umfassen alle exklusiven Bluetooth-spezifischen Protokolle, die von der **BSIG** entwickelt wurden. RFCOMM und TCS wurden auch von dieser BSIG entwickelt, basieren aber auf ETSI TS 07.10 und der ITU-T-Recommendation Q.931. Wie der Name es schon vermuten lässt, sind diese Protokolle (und Bluetooth Radio) die wichtigsten. Sie sind in allen Bluetooth-Geräten integriert.

Baseband

- erzeugt eine physikalische Funkverbindung zwischen Bluetooth-Einheiten

- setzt die Pakete zusammen und synchronisiert sie

- unterstützt synchrone (SCO) und asynchrone (ACL) Übertragungen

- ACL ist nur für Daten, SCO für Daten und/oder Audio

- ACL bzw. SCO-Pakete sind CRC-gesichert

- ACL bzw. SCO-Pakete können verschlüsselt werden

- *Audio*:

    Audiodaten können zwischen mehreren Geräten übertragen werden. Dabei werden die Daten direkt und nicht erst durch den L2CAP Layer geroutet. Audiotransfers sind im Allgemeinen recht einfach realisierbar.

Link Manager Protocol (LMP)

- baut die Verbindung auf

- realisiert Sicherheit (Authentisierung, Verschlüsselung, Key-Generierung)

- setzt die Paketgrößen

- kontrolliert den Powermode (Sleepmode, Normal, ...)

- oft ein Teil des L2CAP (d.h. mit integriert)

Logical Link Control and Adaptation Protocol (L2CAP)

- Möglichkeit für aufsetzbare Protokolle,

- ermöglicht verbindungsorientierte und verbindungslose (loopback) Verbindungen für höhere Protokollschichten,

- ermöglicht Multiplexing

- verhindert, dass höhere Protokollschichten Pakete über 64 Kbyte Größe verschicken

- hier ist nur ACL erlaubt, kein SCO!

- bildet und assembliert Pakete von bis zu 64 Kbyte

Service Discovery Protocol (SDP)

- Basis aller Verhaltensmodelle

- liefert Device-Informationen, Verbindungsinformationen und mehr

- Verbindungen zu mehreren Geräten können aufgebaut werden

5.9.3 Das Bluetooth Cable Replacement Protocol

RFCOMM

- Serial Line Emulation Protocol, basiert auf ETSI 07.10-Spezifikation

- emuliert das RS-232-Protokoll

- damit breitere Unterstützung für höhere Protokollschichten wie OBEX

- bis zu 60 simultane Verbindungen zwischen zwei Bluetooth-Modulen

5.9.4   Telephony Control Protocol

Telephony Control Service – Binary
- Bit-orientiertes Protokoll

- enthält Rufkontrolle, Verbindungsaufbau, Sprachübertragung sowie Daten-übertragung

Telephony Control – AT Commands
- AT-Befehle für Handys und Modems, zur Steuerung

- auch möglich für eine Art FAX-Übertragung

- sind abgeleitet von einem bestehenden Standard

5.9.5   Aufgesetzte Protokolle

PPP
- Point-to-Point-Protokoll

- setzt auf RFCOMM auf

- ist gedacht für die Tunnelung von IP-Paketen (wie bei Modems)

TCP/UDP/IP
- Internetprotokolle

- ermöglicht Einbindung von Bluetooth-Geräten in LANs oder WANs

- am weitesten verbreitetes Protokoll überhaupt

- oft in Verbindung mit PPP

OBEX Protocol
- Object Exchange Protocol

- von IrDA für einfachen Objektaustausch entwickelt

- gleiche Basicfunktionen wie HTTP (aber abgespeckt)

- Client-Server-Modell, unabhängig von Transport-Art und -API

- ermöglicht Objekte und Verzeichnisse mit anderen Objekten darin, Verzeich-nislistings sind möglich

- vorerst setzt OBEX auf RFCOMM auf, geplant ist aber TCP/IP als spätere Grundlage

Content Formats: vCard und vCalendar

- vCard und vCalendar sind offene Spezifikationen vom Internet Mail Consortium

- definieren nicht den Transportmechanismus, sondern das Format, welches übertragen wird

- andere über OBEX laufende Formate sind vMessage und vNote

- vMessage und vNote sind offene Spezifikationen und in der IrMC-Spezifikation definiert

- IrMC definert auch eine Art Log-File-Format

Wireless Application Protocol (WAP)

- entwickelt für verschiedene kabellose WANs

- Ziel ist, Internet und Telefonie auf verschiedene kabellose Terminals (Handys) zu bringen

- Datenaustausch zwischen PC und WAP-Clients

- versteckte Funktionen möglich (Remote Control, ...)

- Erweiterungen: WML, WML Script als universales Software-Kit

- weitere unterstützte Formate: WTA event, WBMP, vCard, vCal

- alle Erweiterungen und Subformate zusammen sind das WAP Application Environment (WAE)

5.9.6 Protokollhochstapelei

Wie die einzelnen Protokolle aufzurollen sind, soll einmal am Beispiel von WAP gezeigt werden. In der Bluetooth-Protokollarchitektur finden wir »in luftiger Höhe«, also als High-Level-Protokoll, unser Layer mit dem Namen WAP, das seinerseits auf den UDP-Stack aufsetzt.

Um nun gewissermaßen in die WAP-Ebene hineinzuzoomen, brauchen wir eine detaillierte Darstellung:

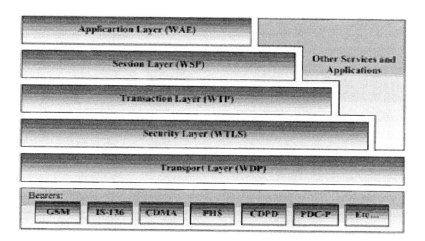

Abbildung 5.13: WAP Protokoll-Stack

5.9.7 Ein ganz privates Bluetooth-Protokoll

Im obigen Beispiel handelte es sich um ein recht bekanntes Protokoll aus der Handy-Ecke. Wie man hier unschwer erkennen kann, gibt es also nicht nur WAP@GSM (lies: WAPoverGSM), sondern auch WAP@Bluetooth (lies: WAP over Bluetooth), zumindest in der Definition.

Um aber das Prinzip der Protokoll-Bastelei einmal an einem fiktiven (ganz sicher so nicht existierenden) Fall darzustellen, wollen wir uns als Beispiel die Erstellung eines eigenen File Transfer-Programms überlegen:

1. Wir benötigen die Bluetooth-Hardware, also auf jeden Fall das Baseband.

2. Weil wir »faul« sind, setzen wir auf bereits bestehende Übertragungsprotokolle für »normalen« Datentransfer (im Gegensatz zu Audio- oder Video-Daten). Wir brauchen also L2CAP.

3. Da OBEX und RFCOMM bereits auf einfache Art und Weise die Möglichkeit des asynchronen Objektaustausches beinhalten, integrieren wir sie auch.

4. SDP nimmt uns die Arbeit ab, Informationen über unser Bluetooth-Gerät oder die möglichen Service-Verbindungen mit anderen Bluetoothlern auszutauschen. Auch diese Schicht übernehmen wir in unseren Selbstbau-Stack.

Damit sind wir mit unserem Stack fertig. Unsere File Transfer-Applikation greift jetzt nur noch auf die APIs der im Stack-Diagramm eine Ebene tiefer liegenden Protokollschichten zu, um einfach und elegant die Arbeit zu erledigen.

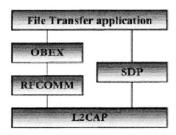

Abbildung 5.14: Bluetooth-Selbstbau-Stack

5.10 Bluetooth – jetzt funkt es

Bluetooth verwendet Frequenzen des 2,4-GHz-ISM-Bandes. Die ISM-Bandgren-zen liegen bei [2400 Mhz – 2483,5 MHz]. ISM steht für Industrial Scientific Medical und bedeutet, dass Bluetooth sich dieses Band mit Geräten, die aufgrund ihrer Konstruktion oder Arbeitsweise HF-Energie im GHz-Bereich erzeugen müssen, teilen muss. Daher tummeln sich hier auch drahtlose lokale Netzwerke (IEEE802.11b), Mikrowellenöfen, Baby-Überwachungsgeräte und funkbetrie-bene Garagentore.

Bei Bluetooth spricht man von einer »Rude Radio Technology«, da sie zwar sel-ber sehr robust gegen Störungen ist, aber andere Funksysteme in diesem Fre-quenzband empfindlich stören kann. In gewisser Weise ist dies für Bluetooth vorteilhaft, bedeutet es doch, dass bereits in der Entwurfsphase Mechanismen und Maßnahmen entwickelt und getroffen wurden, um Bluetooth auch in HF-ver-seuchten Gebieten zu einem stabilen Systemverhalten zu verhelfen.

Die Datenübertragung erfolgt auf der Basis des vom Institute of Electrical and Electronics Engineers (IEEE) festgelegten 802.11-Standards im 2,4-GHz-Band, das in den meisten Ländern Europas, in den USA und in Japan lizenzfrei ist. Der Arbeitsfrequenzbereich für Bluetooth beginnt bei 2,402 GHz und endet bei 2,480 GHz. Zu beachten ist aber, dass beispielsweise in Frankreich ein kleines Stück des Bereiches ausgenommen ist, sodass Bluetooth in Frankreich nur im Bereich von [2454 MHz – 2476 MHz] arbeiten darf.

NATIONALE BLUETOOTH-VARIANTEN
Zwar besteht Hoffnung, dass es mittelfristig auch zur EU oder sogar welt-weiten Harmonisierung verwendeter Frequenzbänder kommt, bis dahin aber ist die historische Absurdität nationaler Überregulierung ein zu beachtendes Faktum.

Für den Anwender ist dieses Wissen wichtig, denn die z.B. in Frankreich zugelassenen Bluetooth-Geräte arbeiten nur in einem eingeschränkten Frequenzbereich, was sich im praktischen Betrieb dadurch kennzeich-nen dürfte, dass sich die Störungen des ISM-Bandes sehr viel schneller bemerkbar machen würden. Aufgrund der »knappen Frequenzen« wird es besonders dann problematisch, wenn Scatter-Netze mit vielen Bluetooth-Geräten auf kleinem Raum betrieben werden sollen.

Die so in ihrem Funkbereich beschnittenen Bluetooth-Geräte sind in der Lage, mit Bluetooth-Systemen aus dem Euro-Raum und den USA zusammenzuarbeiten, indem sie eine Hopping-Sequenz von Frequenzkanälen aushandeln, die beiden Bluetooth-NICs erlaubt ist.

Der solchermaßen uneingeschränkte Bluetooth-Betriebsmodus umfasst 79 Kanäle und gilt in den USA und Europa (mit Ausnahmen). Beschränkt auf 23 Kanäle hingegen ist der Betrieb von Bluetooth-Systemen in Japan, Frankreich und Spanien.

5.10.1 Hopping Bluetooth

Um potenziellen Datenstaus und Störquellen auszuweichen und Sicherheitsaspekte zu berücksichtigen, wurde für die Bluetooth-Kommunikation als **FD/TDM**

Als Modulationsverfahren wird ein binäres FM-Verfahren (**GFSK**) benutzt. Die **Symbolrate**

Das erste innerhalb des Pico-Netzes aktivierte Gerät steuert das Frequenz-Hopping mit 1600 Hops je Sekunde, wobei sämtliche Geräte eines Pico-Netzes auf die Hopping-Frequenz synchronisiert werden. Dies funktioniert auf Distanzen von 10 Zentimetern bis maximal 10 Metern. Zwar kann die maximale Reichweite theoretisch dank eines mit FEC (Forward Error Correction) und 100 mW Ausgangsleistung bestückten Leistungsverstärkers auch auf 100 Meter erweitert werden. Aus Stromersparnisgründen begnügen sich die meisten Bluetooth-Geräte jedoch mit der 10-Meter-Variante der niedrigsten Leistungsklasse 3.

Informationen werden in Form von Paketen auf dem Übertragungskanal ausgetauscht. Dabei wird jedes Paket auf einer anderen Hopping-Frequenz übertragen. In der Regel wird pro Paket genau ein Zeit-/Frequenz-Slot benötigt, bei entsprechender Paketgröße kann dieses auf bis zu fünf Slots aufgeteilt werden, wobei dann aber die Frequenz bis zur vollständigen Übertragung nicht mehr verändert wird.

5.10.2 Bluetooth bitte melden – die Kontaktaufnahme

Bluetooth verbindet mobile und stationäre Geräte zu individuellen Pico-Netzen zur Übertragung von Daten und Sprache per Funk.

Grundlage aller Bluetooth-Anwendungen sind die bereits aus der Basis-Spezifikation v1.1 bekannten Profile, die über Herstellergrenzen hinweg definieren, wie sich die Geräte untereinander erkennen. Sie bilden die logischen Konnektoren, über die sich Bluetooth-Geräte über den Funkkanal zusammenkoppeln.

Sobald ein Bluetooth-Gerät in Betrieb (Power-On) genommen wird, identifiziert es sich mit seiner Bluetooth-Umgebung innerhalb von zwei Sekunden über eine individuelle und unverwechselbare 48 Bit lange Seriennummer.

Die Kommunikation zwischen den Geräten erfolgt über das so genannte Service Discovery Protocol (SDP). Jedes Gerät besitzt dabei seine eigene Registry, welche die allgemeinen Informationen zum Gerätetyp und spezielle Angaben zu seinen Features enthält. Dadurch sind Bluetooth-Systeme prinzipiell in der Lage, durch gegenseitige »Befragung« (Inquiry) das aktuelle Serviceangebot mit den eigenen Fähigkeiten zu vergleichen, um dann ggf. eine Verbindung (Kopplung, Bonding) herzustellen.

Wenn etwa ein PDA und ein Mobiltelefon miteinander Kontakt aufnehmen, dann geben sie ihre jeweiligen Fähigkeiten preis. Da die Profile einem »Ranking« unterliegen, wird auf diese Weise sichergestellt, dass die individuellen Fähigkeiten der Geräte optimal genutzt werden oder es sogar zu Mehrfachbindungen verschiedener Dienste kommt (die später zeitgleich synchron oder asynchron genutzt werden können).

Der Zugriff aufs Firmennetzwerk gelingt beispielsweise mit dem LAN Access Profile. Über einen als Bridge fungierenden und mit einem Netzwerkanschluss (LAP, LAN Access Point) ausgestatteten Rechner können Bluetooth-Geräte so auf das LAN zugreifen.

5.10.3 Bluetooth beim Datenaustausch

Bluetooth erlaubt nicht nur eine Datenübertragung pro Bluetooth-Einheit (Chip), sondern mehrere parallel ausgeführte Datenübertragungen, und zwar sowohl synchrone (verbindungsorientierte) als auch asynchrone (verbindungslose) Übertragungen. Die synchronen Übertragungen (Synchronous Connection Oriented **SCO**) werden normalerweise für Stimmübertragungen benutzt, während die asynchronen Verbindungen (Asynchronous Connectionless ACL) für Datentransfers eingesetzt werden.

Beide Varianten arbeiten übrigens mit einem Zeitmultiplexverfahren im Vollduplex-Betrieb. Zwei oder mehr Informationskanäle können so praktisch zeitgleich über die gleiche physikalische Verbindung, aber jeweils auf unterschiedlichen Hopp-Frequenzen laufen – sofern die Bandbreite nicht überbucht wird!

Jedem Kanal werden dabei eigene Zeitschlitze (Slots) zugeteilt, wobei ein SCO-Paket 1 Slot und ein ACL-Paket maximal 5 Slots belegen darf. Aus den beschriebenen Übertragungsdaten ergeben sich beispielsweise nachfolgende Link-Kombinationen, die max. Bandbreite von Bluetooth passend aufzuteilen:

Nr.	Üb.-Modus	Beispiel-applikation	Max For-ward Rate	Max Reverse Rate	Charakter des logischen Links
1	1 x SCO	Sprachüber-tragung	64 kbps	64 kbps	sym. & verbindungs-orientiert
2	2 x SCO	Sprachüber-tragung	128 kbps	128 kbps	sym. & verbindungs-orientiert
3	3 x SCO	Sprachüber-tragung	192 kbps	192 kbps	sym. & verbindungs-orientiert
4	1 x ACL	LAN-PAN-Kopplung	433,9 kbps	433,9 kbps	sym. & verbindungslos
5	1 x ACL	Surfen im Internet	723,2 kbps	57,6 kbps	asym. & verbindungslos
6	1 x ACL	Asymetric Data	57,6 kbps	723,2 kbps	asym. & verbindungslos
7	1 x SCO, 1 x ACL	Voice & Data	64 kbps + 57,6 kbps	64 kbps + 390,4 kbps	sym./asym. & mit/ohne Verb.

Tabelle 5.4: Ein paar signifikante Maximalraten bei Bluetooth-Übertragungen. Bei der Konstruktion bzw. dem Überprüfen der Tabellenwerte sei an dieser Stelle Dipl.-Ing. Matthias Mahlig, Software Development der Firma Lesswire, herzlich gedankt.

Aufgrund diverser Pakettypen und deren Zusammenstellungen gibt es tatsächlich aber noch mehr Kombinationen, der interessierte Leser findet die notwendigen Daten zum Selberrechnen in der Bluetooth CORE-Spezifikation V1.1 Part B, Abschnitt 4.6 in der Tabelle 4.10 (ACL-Pakete) und in der Tabelle 4.11 (SCO-Pakete).

SCO (Synchronous Connection Oriented Link)

Stellt eine symetrische Punkt-to-Punkt-verbindungsoriente logische Zuordnung zwischen einem Master und einem Slave dar.

ACL (Asynchronous Connectionless Link)

Stellt eine asynchrone Punkt-zu-Multipunkt-verbindungslose Zuordnung zwischen einem Master und einem oder mehreren Slaves dar.

5.10.4 Bluetooth – der Stromverbrauch

Einer der wichtigsten Punkte betrifft den Stromverbrauch, denn jedes kabellose Gerät muss natürlich über eine autarke Energiequelle, sprich Batterie oder Akku, verfügen. Um den Stromverbrauch auf das unbedingt notwendige Minimum zu beschränken, existieren vier Betriebsmodi, die allesamt parallel in einem Pico-Netz aktiv sein können und einen jeweils unterschiedlichen Energiebedarf haben. Die nicht immer angegebene Versorgungsspannung bei den genannten Verbrauchsströmen beträgt 3,3V, dies ist für die Leistungsermittelung von Interesse.

Sniff-Modus

Der Normalzustand für das Bluetooth-Interface ist der Sniff-Modus. Dort hört es in periodischen Abständen von etwa 1,28 Sekunden (programmierbar) jeweils 32 verschiedene Frequenzkanäle nach eventuellen Netznachrichten ab. Bevor sie eine Verbindung im Netz aufbauen, befinden sich Bluetooth-Geräte nach dem Power-On grundsätzlich im Sniff-Modus. Die Stromaufnahme beträgt ca. 300 μA.

Master-Modus

Will ein Gerät eine Verbindung zu anderen Geräten herstellen, so wird es zum »Busmaster«. Der Master sendet an die »Slaves« eine Inquiry-Nachricht und – falls er das Gerät noch nicht kennt – eine zusätzliche Page-Nachricht. Über diese Nachrichten werden u. a. die Adresse und der Hop-Algorithmus abgefragt.

Danach sendet der Master auf 16 Frequenzen eine Nachricht, welche die Datenübertragung initialisiert. Im Durchschnitt dauert eine solche Verbindungsaufnahme 0,64 Sekunden. Der Verbindungsmaster bestimmt dabei, welche Verbindungsarten auf den angeschlossenen Geräten jeweils aktiv sind und wie schnell ein Interface kommunizieren kann. Die Stromaufnahme steigt auf ca. 3...30 mA.

Hold-Modus

Im Hold-Modus ist das Gerät theoretisch verbindungsbereit, braucht aber nicht soviel Strom wie im Sniff-Modus: Das Gerät bleibt in das Pico-Netz integriert, aber es findet keine Datenübertragung statt. Bei Bedarf startet die Datenübertragung verzögerungsfrei. Der Hold-Modus kann vom Master für den Slave angeordnet werden. Andererseits kann der Slave den Master auffordern, ihn in diesen Modus zu schalten. Die Stromaufnahme liegt bei ca. 60 μA.

Park-Modus

Ein vorübergehend nicht benötigtes Gerät lässt sich im Netz »parken«. Dazu wird das Gerät mit den anderen Bluetoothlern synchronisiert, es wechselt auch zusammen mit den aktiven Geräten die Frequenzen (Hopping), nimmt jedoch nicht am Datenverkehr teil. Hierbei verliert das Gerät seine MAC-Adresse (Media Access Control) im Netz, kann den Netzverkehr also nur mehr mitverfolgen und synchronisiert sich nur in größeren Abständen. Die Stromaufnahme beträgt ca. 30 μA.

5.10.5 Master an Slave: Start der Kommunikation

Prinzipiell kann jedes Gerät in einem Pico-Netz das Netz initialisieren. Dieses Gerät ist dann automatisch auch der Master, der die Slaves kontrolliert. Der eigentliche Verbindungsaufbau erfolgt, sobald die Bluetooth-Adresse des Slave bekannt ist, beispielsweise durch eine Page-Nachricht. Ansonsten sendet der

Master eine Inquiry-Nachricht (Rundruf), gefolgt von einer Page-Anforderung bei unbekannter Adresse der Slaves.

So können mehrere Bluetooth-Module ein Pico-Netz aufbauen. Dies ist der Zusammenschluss von bis zu acht Bluetooth-Modulen. Diese Ad-hoc-Netze werden dynamisch bereits ab zwei Geräten gebildet. So versucht jedes Bluetooth-Modul, seine Brüder und Schwestern in der näheren Umgebung ausfindig zu machen. Es wird dazu in regelmäßigen Zeitabständen ein Verbindungsaufbau zu möglichen anderen Modulen initiiert.

Kommt es zu einer erfolgreichen Antwort, baut sich ein neues Pico-Netz (mit zwei Teilnehmern) auf bzw. wird das neue Modul in das (bereits) bestehende Pico-Netz aufgenommen.

Bluetooth-Pico-Netze

Pico-Netze sind Master-/Slave-Netze. Der erste Teilnehmer wird automatisch zum Master. Er ist ab diesem Zeitpunkt für die Steuerung der Stromsparfunktionalität, für das Hopping-Raster und den Zusammenschluss einzelner Pico-Netze zu einem Scatter-Netz verantwortlich. Zwei bis zu acht Bluetooth Nodes sowie eine nicht limitierte Anzahl von »park-stated« Nodes formen ein Pico-Netz, das von einem Bluetooth Master gesteuert wird.

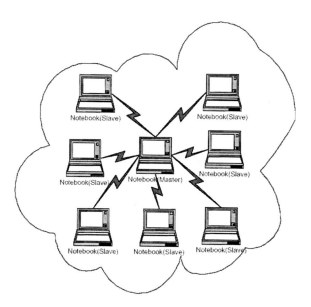

Abbildung 5.15: Dieses Pico-Netz hat seine max. Anzahl von Teilnehmern bereits erreicht. Weitere Teilnehmer können in dieses Pico-Netz nicht mehr aufgenommen werden, ohne eine Rekonfiguration in mind. 2 (miteinander verbundene) Pico-Netze zu einem Scatter-Netz vornehmen zu müssen.

In der aktuellen Bluetooth-Version v1.1 ist die Entferung des Masters aus einem bestehenden Pico-Netz nicht möglich, ohne das es dabei zum undefinierten Zusammenbruch des bestehenden Pico-Netzes kommt. Dieses Problem steht bereits auf der »Watch-Liste« und wird voraussichtlich in der nächsten Bluetooth-Version behoben werden.

Bluetooth-Scatter-Netze

Scatter-Netze sind die nächsthöhere Ordnungshirarchie, die mehrere Pico-Netze zu einem großen Netzverbund zusammenführt. Es ist möglich, dass einzelne Slave-Module mittels Zeit-Multiplex-Verfahrens mehreren Pico-Netzen angehören. Ein Scatter-Netz erreicht mit zehn Pico-Netzen seine maximale Ausdehnung.

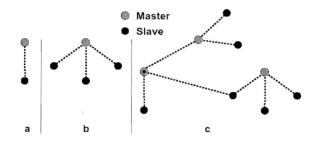

Abbildung 5.16: Systematischer Aufbau eines Scatter-Netzes: Im Abschnitt (a) bilden zwei Bluetooth-Geräte zunächst ein Pico-Netz, welches in Abschnitt (b) weiter auf 4 Teilnehmer ausgebaut wird. In Abschnitt (c) haben wir nun ein Scatter-Netz, bestehend aus drei Pico-Netzen, vor uns. Ein Scatter-Netz kann bis zu 10 Pico-Netze vereinigen.

5.11   Bluetooth als Zugangsnetz zu UMTS[19]

Bislang haben wir Bluetooth als Technologie für die Ersatzvornahme von Verbindungskabeln oder als lokalen Peer-to-Peer-Standard für eine Kleinzellenorganisation einzelner Notebook- oder auch Peripherie-Systeme kennen gelernt.

Einen weiteren, interessanten Verwendungsbedarf hat das Computer Science Department der Universität von Kalifornien ausgemacht: die Verknüpfung von UMTS mit Bluetooth.

Dort untersucht man unter anderem das Verhalten hybrider IT-Strukturen, bestehend aus Bluetooth-Kleinstzellen (Scatter-Netze), die über so genannte Hybrid-Units, die als Konzentratoren agieren und meistens als WLAN-Architektur-Zellen ausgebildet werden, jeweils mit einer UMTS-Basis-Station verbunden sind. In einem solchen Szenarium fungiert Bluetooth als Bestandteil einer Zugangsnetz-Infrastruktur sowohl für semimobile als auch für mobile Anwendungsbereiche.

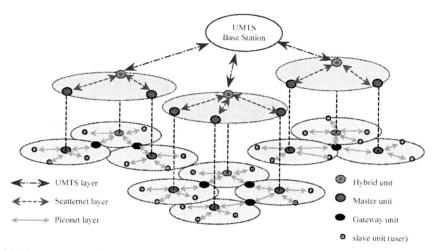

Abbildung 5.17: Bluetooth als Zugangsnetz via WLAN hin zu UMTS

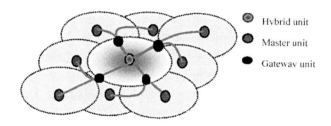

Abbildung 5.18: Topologiebeispiel für ein 3x3 Bluetooth-Scatter-Netz

Innerhalb dieses Ansatzes lässt sich zeigen, dass eine Bluetooth mit WLAN-Konstellation mit UMTS nicht nur möglich, sondern auch den funktechnischen Begebenheiten vor allem in umbauten Räumlichkeiten sehr entgegenkommt. Es wurden unterschiedliche Topologien untersucht, wobei die »Fairness« eines solchen Layer-Zugangsnetzes gegenüber seinen Benutzern im Punkt von Ressourcenzuteilung gewahrt wurde, solange sich die Benutzer eines solchen Systems homogen verteilen über alle Zellen aufteilen, sich also nicht alle in einer Sektion aufhalten.

Als Ergebnis weist die zitierte Untersuchung darauf hin, dass dieser Ansatz sogar extrem kostengünstig sei, ohne dass die Limitierungen von Bluetooth den Nutzer betreffen. So sollen sich gewissermaßen die guten Eigenschaften wie Roaming, ausreichende Signalpegel sowie die effiziente Verwendung von Bandbreite auch in eng umbauten Räumlichkeiten von Bluetooth zusammen mit den Weitverkehrseigenschaften von UMTS »verstärken«, bei gleichzeitiger Unterdrückung unerwünschter Begleiterscheinungen (Fading, Zustopfeffekte bei nicht großsignalfesten Empfängern), frei nach dem Motto: »Von allem nur das Beste.«

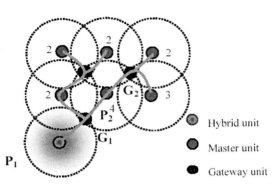

Abbildung 5.19: Teil eines Scatter-Netzes mit einer Anzahl von Usern im Pico-Netz

5.12 Bluetooth – mit Sicherheit

Bluetooth garantiert die Sicherheit auf der Bitübertragungsebene. Authentifizierungs- und Verschlüsselungsmechanismen sind in jedem Bluetooth-Gerät identisch implementiert.

Auf der Ebene des Link-Layers werden vier unterschiedliche Sicherungssystematiken unterstützt:

* *Eindeutige 48-Bit-Adresse pro Bluetooth-Node*

  Alle Bluetooth-Geräte haben eine eigene 48-Bit-Adresse. Es können also über 281 Billionen verschiedene Geräte auseinander gehalten werden.

* *Ein PrivateUserKey für die Datenverschlüsselung*

  Die Verschlüsselung der übertragenen Daten dient der Sicherung des drahtlosen Datenverkehrs im jeweiligen Pico-Netz. Sie erfolgt – je nach Benutzereinstellung – mit Schlüssellängen von 8 bis 128 Bit.

* *Ein PrivateUserKey für die Authentifizierung*

  Für die Identifizierung der Geräte bei Kontaktaufnahme wird auf der Hardware-Ebene ein Beglaubigungsprotokoll aktiviert.

  Die Authentifizierung mit einem 128-Bit-Schlüssel zwischen Bluetooth-Geräten erfolgt vom Anwender gesteuert uni- oder bidirektional – oder auch überhaupt nicht, je nach Wunsch. Dieses Verfahren beruht auf einem ChallengeResponse-Algorithmus, bei dem sich die Geräte mittels eines geheimen Passworts gegenseitig erkennen. Diese Informationen lassen sich speichern und automatisieren.

So ist es zum Beispiel möglich, das eigene Handy vom eigenen Notebook ohne Beschränkung nutzen zu lassen, dem Kollegen die Nutzung jedoch zu untersagen.

Insgesamt gibt es drei Optionen, die man einer Bluetooth-Gerätekoppelung vorschreiben kann:

- Alle zukünftigen Koppelungen sind verboten.

- Nur einander bekannte Systeme (identischer Private User Key) dürfen koppeln. In diesem Fall sind die Partner einander bereits bekannt und jeweils in einer Bluetooth-internen Liste von beglaubigten Geräten (trusted devices) hinterlegt.

- Alle koppelbereiten Systeme dürfen angekoppelt werden, es findet keine PIN- oder PassKey-Überprüfung mehr statt.

- *Ein Zufallszahlengenerator*

  Für die kryptografisch abgesicherte Schlüsselverteilung benötigt und besitzt unser Bluetooth-System einen guten Zufallszahlengenerator.

5.12.1 Einzelne Sicherheitsmaßnahmen

Bluetooth-Systeme bieten dem Anwender häufig die folgenden Optionen an:

- *Bluetooth-Sender/Empfänger ein/aus*

  Die einfachste Art, auf Nummer Sicher zu gehen. Dabei wird auch noch massiv Strom gespart. Die meisten Handyhersteller haben diesen Punkt realisiert.

- *Erkennungsmodus ein/aus*

  Auch als passiver Discovery Mode bekannt. Unser Bluetooth-System wird von sich aus keinerlei Kommunikationsversuch mehr unternehmen, es läuft gewissermaßen »getarnt« herum, ohne sich selbst irgendwo anzumelden. Auf gezielte Anfragen hin wird sich unser Gerät allerdings zu erkennen geben.

- *Suchmodus ein/aus*

  Der Suchmodus steuert das aktive Gesellschaftsverhalten unseres Bluetooth-Gerätes. Eingeschaltet sucht es in bestimmten Zeitabständen nach immer neuen Kommunikationspartnern. Auf diese Weise sendet es ähnlich einem Radargerät kontinuierlich Impulse aus, um seine eigene Existenz anzuzeigen und potenzielle Partner zum Antworten aufzufordern.

- *Authentifizierung ein/aus*

  Durch (erfolgreiche) Authentifizierung beweist ein Gerät der Gegenstelle seine Identität. Bluetooth-Systeme verwendet zur Authentifizierung des Kommunikationspartners ein Challenge-ResponseVerfahren. Dabei beweist der

Antragsteller (Claimant) dem Prüfer (Verifier), dass er im Besitz eines geheimen Schlüssels ist, der nur diesen beiden Geräten bekannt ist.

Während der Authentifizierung stellt ein Bluetooth-Gerät fest, mit welchem Gegenüber es kommuniziert. Dabei verwenden die Geräte einen nur einmal gültigen Schlüssel für den Verbindungsaufbau (Initialization Key, 128 Bit). Damit wird aus einem unbekannten (Unknown Device) zunächst ein »unsicheres« Gerät (Untrusted Device).

Der als Shared Secret dienende Verbindungsschlüssel wird nicht übertragen. Stattdessen berechnet der Antragsteller mithilfe des Crypto-Algorithmus E1 (the authentication function) aus seiner Geräteadresse, einer Zufallszahl und dem Verbindungsschlüssel einen Wert. Diesen überträgt er gemeinsam mit der Zufallszahl an den Verifier, der dieselben Berechnungen durchführt. Kommt er zum gleichen Ergebnis, war die Authentifizierung erfolgreich. Schlägt die Authentifizierung fehl, so kann sie erst nach einer voreingestellten Wartezeit wiederholt werden.

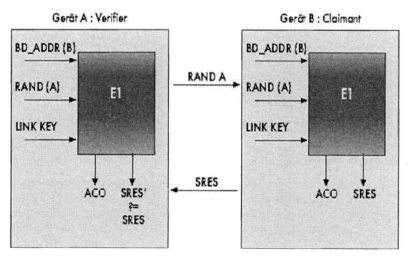

Abbildung 5.20: Die Authentifizierung erfolgt über ein ChallengeResponse-Verfahren.

• *Autorisierung ein/aus*

Eine sich der Authentifizierung anschließende Autorisierung legt fest, welchen angebotenen Dienst das Partnergerät tatsächlich nutzen darf. Während bestimmte Anwendungen diese Erlaubnis automatisch erteilen, kann bei anderen eine Bestätigung des Benutzers erforderlich sein, zum Beispiel beim Zugriff auf Kalenderdaten oder gespeicherte E-Mails.

Autorisierte Geräte sieht das System als vertrauenswürdig an (Trusted). Den nachfolgenden Datenverkehr schützen die Bluetooth-Geräte mit einem separaten, aus dem Link Key abgeleiteten Schlüssel (Encryption Key), der je nach lokaler Gesetzeslage aus 8 bis 128 Bit besteht. Während der Link Key auch semipermanent sein kann, also mehrere Verbindungen überdauert, was den Verbindungsaufbau abkürzt, generieren Bluetooth-Geräte automatisch bei jeder Verschlüsselungsaktivierung einen neuen Encryption Key.

- *Encryption ein/aus*

  Hier kann zu Testzwecken die Verschlüsselung auf der Luftschnittstelle abgeschaltet werden. Da die (interne) Verschlüsselung vollständig durch den Bluetooth-Chip (Hardware) übernommen wird, sind durch die Abschaltung der Encryption für die Host-CPU keinerlei Performanceverbesserungen zu erwarten.

- *Pairing*

  Es bleibt natürlich das Problem, dass der Verbindungsschlüssel einmal ausgetauscht werden muss. Dies geschieht in der so genannten Initialisierungsphase. Dieses erste »Kennenlernen« zweier Geräte – auch Pairing genannt – läuft wie folgt ab: Beide Seiten erzeugen einen Initialisierungsschlüssel, in den die jeweilige Geräteadresse, eine Zufallszahl und die PIN des Geräts eingehen. Die PIN ist bei einfacheren Geräten in der Regel im EEPROM fest eingestellt oder gar unveränderlich eingebrannt; bei anspruchsvolleren Geräten legt sie die Applikation bzw. der Benutzer fest. Ein Pairing ist allerdings nur dann zulässig, wenn mindestens eines der beiden Geräte eine einstellbare PIN besitzt.

  Über diesen Initialisierungsschlüssel erfolgt die erstmalige Authentifizierung. Anschließend schützt er die Übertragung der vertraulichen Sicherheitsparameter – darunter vor allem den Verbindungsschlüssel für spätere Verbindungen. Dazu wird der zu übertragende Parameter mit dem Initialisierungsschlüssel XOR-verknüpft. Nach erfolgreicher Übertragung verwerfen die Geräte den Initialisierungsschlüssel. Praktisch fungiert der Initialisierungsschlüssel als vorläufiger Verbindungsschlüssel.

  Das Pairing erlaubt diverse, im Wesentlichen von den Geräteeigenschaften abhängige Varianten und Verkürzungen.

5.12.2 Bluetooth-Sicherheitsprofile[20]

Bluetooth fasst diese Einzelmaßnahmen im »Generic Access Profile« in Form von drei Sicherheitsmodi zusammen, bzw. das GAP unterstützt nur diese drei:

- Im »Security Mode 1 [non-secure]« initiiert kein Gerät von sich aus irgendwelche Sicherheitsfunktionen, reagiert aber auf Authentifizierungsanforderungen anderer Bluetooth-Geräte. Das ist die Minimallösung unter Bluetooth und ignoriert somit jedwede Form der Sicherheit.

- Der »Security Mode 2 [service level enforced security]« enthält Datensicherheitsfeatures auf der Dienste-Schicht. Das heißt, die höhergelegenen Übertragungsprotokolle oder die Anwendungen selbst führen Authentifizierung und Verschlüsselung durch, nachdem bereits ein Übertragungskanal aufgebaut wurde. Diese Variante erlaubt maximale Flexibilität bei hohem Implementierungsaufwand.

- Der »Security Mode 3 [link level enforced security]« realisiert eine gesicherte Verbindung, was schon bei deren Aufbau zum Tragen kommt. Die Sicherheitsfunktionen sind in der Verbindungsschicht (Link Level) realisiert und zum Großteil bereits in der Firmware der jeweiligen Bluetooth-Hardware-Module implementiert. Dies ist von der Architektur vergleichbar zu Wired Equivalent Privacy (WEP) bei Funk-LANs.

Eine gute Einschätzung mit theoretischem Hintergrund über die Bluetooth Sicherheit findet sich im Internet unter `www.niksula.cs.hut.fi/~jiitv/bluesec.html`. In diesem Artikel mit dem Titel »Bluetooth Security« finden wir folgende zusammenfassende Einschätzung:

Dort wird Bluethooth für sicherheitsempfindliche Netzwerkfunktionen als noch unzureichend beurteilt.

BLUETOOTH UND HOCHSICHERHEITSAPPLIKATIONEN
Diese vier Sicherheitsmechanismen kombiniert mit der (leider nur in Leistungsklasse drei implementierungstechnisch für den Hersteller verpflichtend einzubauenden) adaptiven Reichweitenbegrenzung auf die Abmessungen der Pico-Zelle tragen klar zur Sicherheit bei, da so eine Manipulation des Datenstroms nur aus unmittelbarer Nähe möglich ist.

Nach heutigen Erkenntnissen kann man daher Bluetooth nur als minimal sicher einstufen. Das kann man durchaus als »Sicherheitsfreigabe« für kleine Ad-hoc-Netze, wie sie bei Meetings entstehen, oder für die Verbindung eines PDAs mit dem Handy verstehen.

Darüber hinaus sollte man seine Sicherheit jedoch nicht den Bluetooth-Entwicklern überlassen. Konkret ist die »System-Level-Security« von Bluetooth unzureichend für den Betrieb größerer Netze und Verbindungen, über die wertvolle und/oder sensitive Daten transferiert werden (sollen).

Anwendern mit hohem Sicherheitsbedürfnis ist auf jeden Fall dringend zu empfehlen, nicht nur auf Bluetooth-abgestimmte Netzwerkprotokolle zu setzen, sondern darüber hinaus zusätzliche Verschlüsselungsverfahren wie SSL, VPN, IPSEC u.a. in Betracht zu ziehen.

Die Bluetooth-Sicherheitsfunktionen bieten eine auf Hardware basierende Übertragungssicherung durch Verschlüsselung gegenüber dem Konkurrenten IrDA, der nur eine Verschlüsselung auf Softwareebene erlaubt.

5.13 Bluetooth – quo vadis

Bluetooth-Module, die neben der Steuerung und Verschlüsselung auch die komplette Sende- und Empfangstechnik beinhalten, haben inzwischen nur noch die Größe einer Zwei-Euro-Münze.

In Serie produziert, kostet solch ein Modul heute etwa 15 Euro. In Zukunft wird der Preis wohl bis unter fünf Euro sinken, wenn sich Bluetooth – wie von Experten einhellig prognostiziert – schon in naher Zukunft als alltägliche und in Milliarden Stückzahlen verwendete Technik durchsetzt.

Nach den Vorstellungen von der Bluetooth SIG (Bluetooth Special Interest Group) soll Bluetooth zunächst andere schnurlose Techniken im Nahbereich ergänzen, um sie dann mittelfristig zu ersetzen (Embrace and Replace-Strategie).

Ein Kandidat für diese Wachablösung ist sicherlich IrDA, denn eine Datenverbindung über ein per IrDA am Notebook angeschlossenes Handy benötigt eine Sichtverbindung auf kurze Entfernung. Bluetooth hat da die Nase vorn, weil das Handy halt in der Tasche verbleiben kann.

Beim vor allem im Heimbereich für die Telefonie etablierten **DECT** dürfte eine Ablösung (vorerst) hingegen schwerer fallen: Die DECT-Reichweite liegt bei maximal 300 Metern, zudem erlaubt auch DECT die Übertragung von Daten. Mittelfristig wäre es allerdings vorstellbar, den 1,9-GHz-Bereich von DECT dem Bluetooth-Verfahren zuzuschlagen.

Das ist aber vorerst nur Zukunftsmusik, denn bislang kämpft Bluetooth noch mit einigen Problemen. Insbesondere kann es derzeit aufgrund der Nutzung desselben Frequenzbereichs drahtlose, lokale Netzwerke (WLANs) empfindlich stören. Nachbesserungen der bisherigen Standardisierungsvereinbarungen scheinen damit unumgänglich zu sein. Ein Ausweg aus diesem Dilemma wäre die langfristige Verlagerung der WLAN in den 5-GHz-Bereich, wobei unser WPAN-Bluetooth im 2,4-GHz-Bereich auf WLAN-Fähigkeiten von bis zu 11 Mbit/s aufgewertet werden könnte.

5.13.1 Bluetooth – was bringt die Zukunft

Einen Ausweg aus diesem Dilemma stellte Dr. Helmut Stein, Chief Technical Officer von Nokia Home Communications, auf der Internationalen Funkausstellung (IFA) in Berlin 2001 in Aussicht. Seiner Ansicht nach werde 802.11-WLAN spätestens 2003 in das 5-GHz-Frequenzband ausweichen und das 2,4-GHz-ISM-Band für Bluetooth räumen.

Dann wäre auch Platz für die bereits angedachten Medium- und Highspeed-Varianten von Bluetooth, die Silicon Wave[21] für die kommenden beiden Jahre postuliert. Silicon Wave bezieht sich im Whitepaper «Bluetooth and 802.11 Compared[22]« auf die Aussage der BSIG, die mit dem Radio-2-Committee bereits im Jahr 2000 über eine 2- und eine 11-Mbit/s-Variante von Bluetooth verhandelt hatte.

5.13.2 Bluetooth – die nächsten Levels

Bluetooth ist aktuell in der Version 1.1 etabliert und verfügbar. Als Bruttodatenrate steht dabei einer Verbindung insgesamt 1Mbps inklusive des durch die Forward Error Correction (FEC) verursachten Overheads zur Verfügung.

Aktuell in Arbeit bei der BSIG befindet sich der Bluetooth-Standard in der Version 1.2. Er wird aktuelle Designprobleme des aktuellen Standards beseitigen und die Bruttodatenrate auf zwei bis drei Mbps erweitern. Mit der Verfügbarkeit des neuen Standards wird nicht vor 2003 gerechnet.

Als so genannter »High-Rate-Mode« werden gerade die Eckpunkte des zukünftigen Bluetooth-Standards mit der Versionsnummer 2.0 definiert. Bisher bekannt geworden sind die folgenden Entwicklungsziele:

- Bruttoübertragungsdatenraten von 4, 8 und 12 Mbps

- Verwendung fester – non-hopping – schmalbandiger 4 MHzbreiter Kanäle

- Verwendung des »Distributed Media Access Control Protocols«

- Verbesserung der Antwortzeiten im Vergleich zu den 1.x-Versionen

- Integration von QoS

- Integration von Multicast- und Broadcast-Unterstützung

- Autoscan vor der Frequenzfestlegung, um einen »freien Kanal« zu finden

- Verwendung einer 8-Bit-Symboldatenrate durch 8-Level-PSK-Modulation

Diese Bluetooth-Variante soll sich ergänzend zu den bestehenden 1.x-Versionen etablieren. Mit einer endgültigen Verabschiedung wird nicht vor dem Jahr 2004 gerechnet.

5.13.3 Bluetooth – auch schon geknackt?

Die Sicherheitsbedenken konnten nicht völlig ausgeräumt werden, denn schließlich erlaubt Bluetooth ohne Bestätigung des jeweiligen Benutzers den Zugriff auf seine Geräte. Darüber hinaus könnte hier aufgrund der nahen Verwandtschaft des Bluetooth-Encryption-Standards zum WEP-Verfahren im IEEE802.11-Standard noch einiges Überraschungspotenzial ins Haus stehen.

Darüber hinaus soll an dieser Stelle noch einmal auf die bereits angesprochenen möglichen Erweiterungen des Standards hingewiesen werden, die vielleicht auch bezüglich der Systemsicherheit mit Verbesserungen aufwarten werden.

1 www.research.ibm.com
2 uneingeschränkte USA- und Europa-Version
3 Größe je nach Übertragungsprotokoll (Audio, Video, Daten ...) unterschiedlich
4 Toralf Wiesner: Dem Blauzahn auf den Fersen. In: Embedded Engineering, Februar 2001, Seiten 30 bis 33
5 http://www.bluetooth.org/docs/
   Addendum_V11_Core_Part_I2_2Jul01.pdf
6 http://standards.ieee.org/announcements/802151app.html
7 Die Maximalangaben gelten für Bluetooth-Systeme mit Empfangsverstärker.
8 http://www.microsoft.com/Windows/embedded/community/experto/
   sept2001/cmuench.asp
9 www.mosmicro.com
10 bekanntes Marktforschungsunternehmen, www.forrester.com
11 www.mrc-comp.com/bluetooth%20antenna.pdf
12 Welches leider den gleichen Bluetooth-Einschränkungen wie das 6310 unterliegt.
13 www.samsonite.com/hardlite/flash/site.html
14 www.rfi.de
15 www.anycom.com
16 www.mobilian.com/TrueRadio_frame.htm
17 www.bandspeed.com/press/Bandspeed-OINAPR.pdf
18 http://ieee802.org/15/pub/TG2.html
19 M. Gerla/ Y. Lee/ R. Kapoor/ T. Kwon/ A. Zanella: UMTS-TDD: A Solution for Internetworking Bluetooth Piconets in Indoor Environments.File UMTSBluetoothInternetworking.pdf
20 Michael Schmidt: Sicherheitskonzepte in Bluetooth – Verschlüsselung und Authentifizierung. In: c't 20 (2001). S. 230ff
21 http://www.siliconwave.com
22 http://www.siliconwave.com/pdf/73_0005_R00A_Bluetooth_802_11.pdf

Kapitel 6

HomeRF / SWAP

Unter keinem guten Stern steht die Markteinführung einer per se sinnvollen Alternative zu WLAN à la IEEE802.11: Gegen die rasche Marktpenetration von IEEE802.11-Produkten konnte die proprietäre und keineswegs standardisierte oder gar der Öffentlichkeit zugängliche WLAN-Spezifikation **HomeRF** (Home Radio Frequency)[1] bis dato kaum punkten.

HomeRF vereint in sich die Vorzüge eines drahtlosen Datennetzwerks à la WLAN IEEE802.11 mit denen der drahtlosen Telefonie à la **DECT** (Digital Enhanced Cordless Telecommunication). Im März 1998 gegründet, entwickelte sich dieser Standard »für den smarten Haushalt« (Zitat: Siemens) jedoch selbst in den USA – Sitz des Hauptprotagonisten Hewlett-Packard – zum Rohrkrepierer. Und hinter der an sich technisch gelungenen Lösung stehen außer der Deutschen Telekom (als Vertrieb), Siemens (siehe Kapitel 6.4) in Europa und Proxim[2] mit den Produkten Symphony HRF (HomeRF Standard 1.2) und Symphony HomeRF (HomeRF Standard 2.0) in den USA keine Hersteller mehr.

Da Hingegen sollten, wie das Online-Magazin tecchannel[3] berichtet, laut einer Erhebung von PC Data (4Q2000), im Jahr 2000, noch unglaubliche »95 Prozent aller privaten Wireless-Netze auf dem HomeRF-Standard« basieren[4]. Von den ehedem etwa 100 Firmen, darunter Intel mit der AnyPoint-Produktlinie[5], die einst diesem Standard wohlgesonnen waren, sind laut Computermagazin c't[6], Ausgabe 16/2002, nur noch fünf Anbieter übrig geblieben. Intel hatte sich im März 2001 zugunsten von IEEE802.11b von HomeRF verabschiedet. Laut Proxim sind aber bei großen US-Carriern wie AT&T Voice/Data-Gateways nach HomeRF 2.0 in der Erprobung.

Dennoch zeigt sich die Dachorganisation www.homerf.org zuversichtlich, im Unterhaltungselektronikmarkt punkten zu können. Zum Januar 2002 änderte der Interessensverband seine Ausrichtung in eine so genannte Non-Profit-Organisation und stellte im März 2002 die Version 2.0 des HomeRF-Standards und im Mai 2002 Pläne zur Version 2.1 vor. Sogar eine Version 3.0 ist bereits in Arbeit. Im Juli 2002 wurde die HomeRF European WG[7] (Working Group) ins Leben gerufen. Und schließlich ist man sich sicher, ab September 2002 nun HomeRF-2.0-Produkte auch liefern zu können, wenngleich nicht in Europa, denn dort erwartet man die Zertifizierung von Produkten frühestens zum Dezember 2002.

Die Zuversicht rührt daher, dass die gängige WLAN-Technologie gemäß IEEE802.11 den wahren Bedürfnissen der multimedialen Vernetzung in Haushalten nur bedingt gerecht wird, etwa was die drahtlose Vernetzung von Telefonen, Stereoanlagen und Fernsehern anbelangt.

Da in den USA Studien von Park Associates, der Cahners In-Stat Group und der Yankee Group – allesamt US-amerikanische Marktforschungsunternehmen – zufolge im Jahr 2004 bereits ein Viertel der Haushalte vernetzt sein werden, von denen 70 Prozent eine drahtlose Vernetzung bevorzugen, und da in den USA zehnmal mehr schnurlose Telefone als Wireless LANs gekauft werden, erwartet die Industrie bis 2005 einen Umsatz von vier Milliarden US-Dollar für HomeRF.[8]

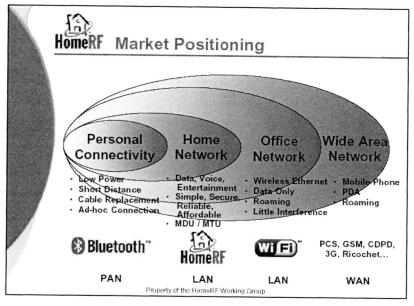

Abbildung 6.1: Zwischen Bluetooth – nur schneller – und IEEE802.11-WLAN – nur multimedialer – positionieren die HomeRF-Protagonisten ihre Produkte. (Bild: HomeRF Working Group)

HomeRF wird als die schnurlose Netzwerklösung für den »smarten« Haushalt apostrophiert, denn der Standard enthält Elemente sowohl aus WLAN-802.11 als auch aus DECT, den vornehmlich in Europa beliebten Standard für die drahtlose In-Haus-Telefonie. **HomeRF** ist dafür ausgelegt, gleichzeitig von mehreren PCs, Notebooks oder Webpads aus dem Internet zu nutzen. Die maximale Reichweite zwischen Basisstation und PC respektive Notebook liegt bei 30 Metern in Gebäuden. Über nur einen Breitbandanschluss – DSL oder Kabel – können alle Familienmitglieder gleichzeitig mit PCs, Notebooks oder anderen webfähigen Geräten auf das Internet zugreifen.

Die grundsätzliche HomeRF-Idee ist gut: Die Anforderungen an die drahtlose Vernetzung privater Haushalte geht ja deutlich über die reine Datenvernetzung hinaus. Telefonie und andere Echtzeitdienste wie die Übermittlung von Musik oder Video erfordern eine Übertragungstechnologie, die inhärent, also bereits auf der Bitübertragungsschicht, einen Quality of Service (QoS) bietet, also ein definiertes Zeitverhalten, wie es bereits Grundbestandteil der Funknetztechnologien Bluetooth oder HiperLAN/x ist. QoS ist auf der IEEE802.x-Seite aber frühestens im Frühjahr 2003 mit der Etablierung von IEEE802.11e zu erwarten.

Insofern hätte HomeRF einen Vorteil gegenüber den bereits etablierten IEEE802.11b-Geräten, wären die jeweiligen Anbieter in der Lage (gewesen), auch entsprechend rasch Produkte in der Preiskategorie dieser WLAN-Geräte bereitzustellen. Bei Preisen um 270 Euro für einen Connection Point und 170 Euro für einen PCMCIA- oder einen USB-Adapter ist es indes fraglich, ob sich HomeRF-Produkte tatsächlich im Markt durchsetzen können.

6.1   Funktionsweise

HomeRF definiert im OSI-ISO-Schichtenmodell lediglich die unteren beiden Ebenen – den Physical Layer (Leitungsebene) und den Link Layer (Verbindungsebene). Darauf setzen drei Protokolle zur dienstspezifischen Datenübertragung auf (siehe Abbildung 6.2):

- **TCP/IP** als Transportprotokoll für asynchronen Datenverkehr (Ethernet)

- **UDP** als Transportprotokoll für Streaming Content – die seit Real Networks, Microsoft Windows-Media und Apple Quicktime übliche Methode zur ungesicherten Übertragung von Ton- und Videoinhalten via Internet

- **DECT** als immer noch gängiges Transportprotokoll für die räumlich beschränkte drahtlose Übertragung von Sprache (Telefonie)

Das Zusammenspiel der drei Übertragungspfade regelt HomeRF indes nicht – das bleibt übergeordneten Applikationen vorbehalten.

HomeRF kombiniert, wie gesagt, Technologien der beiden Standards IEEE802.11 und DECT. HomeRF funkt – wie auch IEEE802.11, IEEE802.11b und Bluetooth – im lizenzfreien 2,4-GHz-ISM-Band. Dort arbeitet HomeRF im Frequenzsprungverfahren auf 75 Kanälen mit einer Bandbreite von je 1 MHz, in denen jeweils 1,6 Mbit/s übertragen werden können. Die höheren Datenraten erreichen neuere HomeRF-Versionen durch die Bündelung von Kanälen.

Um die Echtzeitanforderungen für die Sprachübertragung sicherzustellen, vergibt HomeRF an die Teilnehmer Zeitschlitze, in denen statt Daten bis zu acht Telefonate in ISDN-Qualität, also mit je 64 Kbit/s, gleichzeitig übertragen werden. Dies wird durch ein **SWAP-CA**-Protokoll (Shared Wireless Access Protocol – Cordless Access) erreicht. Für die Datensicherheit auf der Funkstrecke setzt HomeRF von vorneherein auf 128-Bit-Verschlüsselung.

Im Datenverkehr soll das System Datenraten von bis zu 10 Mbit/s erreichen und damit Entfernungen bis zu 30 Metern in Gebäuden überbrücken. Tests der Computerzeitschrift c't am Siemens Gigaset H49xx[9] (siehe Abbildung 6.3) haben indes reale Datentransferraten von maximal knapp 2,9 Mbit/s ergeben[10].

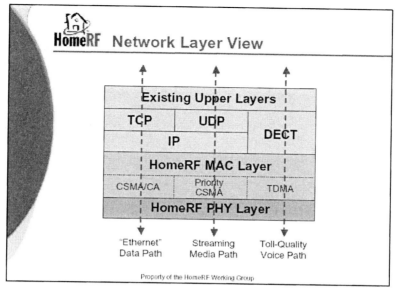

Abbildung 6.2: HomeRF definiert im OSI-ISO-Schichtenmodell lediglich die beiden untersten Netzwerkschichten, den Physical Layer und den MAC Layer. Eine Integration von Sprachdiensten wie Voice-over-IP ist im Standard nicht vorgesehen. Sie wird also nur dann stattfinden, wenn sich Hersteller finden, die die vorhandenen oberen Schichten (Existing Upper Layers) entsprechend funktional ausgestalten. (Quelle: HomeRF Working Group)

6.1.1 HomeRF und IEEE802.11b im Vergleich

	HomeRF	IEEE802.11b
Geschwindigkeit	10 Mbit/s	11 Mbit/s
Modulationsverfahren	FH[11]	DSSS[12]
Hohe Sicherheit	Ja	Nein
Sprachunterstützung	Ja	Nein
Erweiterte Telefoniemerkmale	Ja	Nein
Niedrige Energieaufnahme	Ja	Nein

Tabelle 6.1: Im Vergleich zu IEEE802.11b steht die theoretische Form von HomeRF gar nicht so schlecht da.[13]

6.2   HomeRF Version 2.0

In der Version 2.0 bleibt es beim in IEEE802.11 definierten Kanalzugriff via Frequenzsprungverfahren, das Datenraten bis 10 Mbit/s unterstützt und Fall-Back-
Optionen auf 5, 1,6 und 0,8 Mbit/s bietet. Auch bei der Telefonieunterstützung
bleibt alles beim Alten: Das Modulationsverfahren ist DECT, das bis zu acht
gleichzeitige Verbindungen unterstützt. Im Bereich der Vernetzung von Unterhaltungselektronik soll HomeRF 2.0 acht gleichzeitige Streaming-Media-Sessions
mit priorisierter Datenübertragung und Quality of Service ermöglichen, und der
Frequency-Hopping-Mechanismus soll in Verbindung mit einem aktiven Mechanismus zur Interferenzvermeidung für ein Minimum an Interferenzen mit anderen
WLAN-Technologien wie Bluetooth oder IEEE802.11 sorgen. Für die breitban-
dige Vernetzung von Video ist vorgesorgt – die HomeRF-Datenraten sollen bis
2003 auf 25 Mbit/s und mehr ansteigen.

6.3   HomeRF Version 2.1

Inzwischen hat die HomeRFWorkingGroup neue Pläne für eine Erweiterung des
Standards vorgelegt: So sollen die Produkte aus Version 2.1 künftig andere drahtlose Standards, darunter IEEE802.11 ergänzen (engl.: complement[14]). So verkün-
det der Vizepräsident des Bereiches Forschung der Park Associates, Kurt Sherf:

> »*Die geplanten Erweiterungen machen HomeRF noch weitaus attraktiver
> für Carrier[15], Privathaushalte sowie kleine und mittelständische Unter-
> nehmen. Unsere Untersuchungen belegen, dass die genannten Gruppen
> Sprachdienste als absolutes Muss ihrer integrierten Service-Bundles
> betrachten.*«

HomeRF 2.0 unterstützt bereits acht Sprachverbindungen. Wie bei DECT können
an einer Basisstation acht Handapparate eingebucht werden, von denen vier
gleichzeitig für Telefonie (Vollduplex) zu betreiben sind. In der Version 2.1 soll
die Zahl der aktiven Handapparate steigen, ebenso deren Reichweite und Sprach-
qualität. Hinzu kommen soll das so genante Voice-Roaming, was nichts anderes
ist als die längst aus dem DECT- und GSM-Standard bekannte Übergabe von
Gesprächen von Basisstation zu Basisstation.

Die Übertragungsrate soll sich laut Wayne Caswell, Chairman der HomeRF Com-
munications-Gruppe bei Siemens ICM von 10 auf 20 Mbit/s verdoppeln, die
Übertragungsqualität respektive Übertragungssicherheit durch das aus dem Bluetooth-Standard (siehe Kapitel 5) längst bekannte adaptive Frequenzsprungverfahren verbessern.

Schließlich drängt nun auch HomeRF Version 2.1 in das 5-GHz-Band, und die
vorprogrammierten Konflikte zu IEEE802.11a sollen durch eine Übernahme- und
Erweiterungsstrategie ausgeräumt werden.

Nach Meinung der Autoren kommt dieser Versuch, HomeRF und IEEE802.11a unter einen Hut zu bringen, einem armseligen Versuch nahe, es HiperLAN/2 gleichzutun (siehe Kapitel 4). Ob das gesamte Vorhaben glücken kann, darf in Frage gestellt werden, zumal sich die HomeRFWorkingGroup noch nicht einmal an international vereinbarte Normen hält, wie die Angabe von Entfernungen in metrischen Größen, die inzwischen auch in den USA verbindlich sind. Das Nichteinhalten solcher Vorschriften hatte ja bereits bei der Internationalen Raumstation ISS zu mangelnder Passgenauigkeit geführt.

Daher wäre es wohl für alle besser, wenn Standards wie HomeRF aus ihrem aktuellen Nischendasein gleich auf die Mülldeponie der IT-Geschichte kompostiert würden, statt sie krampfhaft zu immer komplexeren Flickenteppichen zusammenzustückeln: Führende Firmen aus der Computerindustrie wie Intel und Hewlett-Packard haben sich längst von dieser Technologie verabschiedet, und die Großen der Unterhaltungselektronik wie Sony und Panasonic setzen bei der Dienstintegration von Daten, Musik/Video und Sprache weiterhin lieber auf HiperLAN/2.

6.4 Es gibt sie doch – Produkte für HomeRF

Abbildung 6.3: HomeRF ist hierzulande nur noch bei Siemens – einem der größten Anbieter von DECT-Telefonen – ein Thema. Für den privaten Anwender ist die Daten- und Sprachfunkanlage, bestehend aus dem Connection Point Gigaset H4900data, der PCMCIA-Karte Gigaset H498data und/oder dem USB-Adapter Gigaset H497data durchaus eine Alternative – so lange die Kompatibilität zu WLAN- oder HiperLAN-Geräten nicht erforderlich ist.

Siemens bietet in Anlehnung an die Gigaset-Telefonserie mit dem Gigaset H4900data einen *Connection Point* an, der einen WAN-Zugang via xDSL- oder Kabelmodem bereitstellt. Integriert ist ein Router, der die gängigen WLAN-Zugangstypen via statischer IP-Adresse, dynamischer IP-Adresse (via **DHCP** seitens des **ISP**), **PPoE** sowie NAT (Network Adress Translation), also das Umsetzen interner auf externe Internetadressen, unterstützt. Für die Mobilteile bietet Siemens wahlweise den PCMCIA-Adapter Gigaset H498data oder den USB-Adapter Gigaset H497data an.

Die HomeRF-Terminologie nennt einen Access Point *Connection Point* – schließlich steht fast immer der gemeinsame Internetzugang im Vordergrund. Das betrifft jedoch derzeit offenbar nur den Datenverkehr. Was die Telefonie anbelangt, ist das System noch weit von der Integration à la Voice over IP entfernt. Redakteur Ernst Ahlers im zitierten c`t-Artikel:

> *»Richtig sinnvoll würde die oben genannte Integration von Drahtlostelefonie und Funknetzwerk freilich erst, wenn es beispielsweise eine Übergangsmöglichkeit zu Voice-over-IP gäbe, damit man über eine bestehende Flatrate-DSL-Verbindung telefonieren oder über den PC per Soundkarte hinaussprechen könnte.«*

1   http://www.homerf.org
2   http://www.proxim.de
3   http://www.tecchannel.de
4   http://www.tecchannel.de/hardware/750/12.html
5   http://www.intel.com/anypoint
6   Verlag Heinz Heise, c't 16/2002, S. 57, Ernst Ahlers, WLAN-Alternative
7   http://europe.homerf.org/
8   http://www.homerf.org/data/learningcenter/ces2002_overview_0102.pdf
9   http://www.siemens.com/
    index.jsp?sdc_rh=null&sdc_flags=null&sdc_sectionid=0&sdc_secnavid
    =0&sdc_3dnvlstid=&sdc_countryid=0&sdc_mpid=0&sdc_unitid=4&sdc
    _conttype=2&sdc_contentid=1003127&sdc_langid=0&sdc_m4r=
10 Verlag Heinz Heise, c't 16/2002, S. 57, Ernst Ahlers, WLAN-Alternative
11 Frequency Hopping
12 Direct Sequence Spread Spectrum
13 http://www.homerf.org/data/tech/consumerwhitepaper.pdf
14 http://www.homerf.org/data/press/homerf/post_connect_0602.pdf
15 übliche Bezeichnung für Telefongesellschaften

Kapitel 7

Sicherheitsbetrachtungen

Soviel vorweg: Wer schon die Sicherheit seines herkömmlichen Kabel-LAN nicht im Griff hat, wird auch ein drahtloses LAN nicht kontrollieren können. Wireless LANs erleichtern (Eindringlingen respektive Lauschern) lediglich den Zugriff auf den Datenfluss, weil jeder Access Point (AP) zunächst einmal mit allen Stationen kommuniziert, die in seinem Sende-/Empfangsbereich liegen – also auch in einem vor dem Gebäude oder außerhalb des Firmengeländes geparkten oder gar vorbeifahrenden Kraftfahrzeug. Das ist so, als würde der Systemadministrator vom Patch-Panel eine Leitung mit Außensteckdose frei zugänglich vor die Firma führen, beschildert mit »Bitte Netzwerkkabel hier einstecken«…

Um dennoch einen fairen Kompromiss zwischen Komfort- und Sicherheitsaspekten zu erzielen, führt kein Weg an einer Analyse der Netzwerkstruktur vorbei – sei es für ein bereits bestehendes und um WLAN zu erweiterndes Netzwerk oder für ein neu zu errichtendes, gleichgültig ob mit oder WLAN-Komponenten.

Die Top-down-Vorgehensweise unter dem Aspekt der Sicherheit von IT-Systemen beginnt mit der Festlegung von Sicherheitszielen innerhalb des gefassten Geltungsszenarios, denn ohne eine formale Definition, welche Sicherheitsziele überhaupt angesteuert respektive erreicht werden sollen, wäre unser Vorgehen eine ziellose Reise ins Nirgendwo anstelle einer geplanten Reise nebst Vorbereitungen.

Beschreiben Sie also in einem ersten Schritt die zu beurteilende Systemumgebung und grenzen Sie sie gegen fremde Kompetenzbereiche ab. Es ist erforderlich, die einzubeziehenden betrieblichen Funktionen und Anwendungen sowie die Rahmenbedingungen, Systemgrenzen und Schnittstellen klar und detailliert aufzuzeigen.

BEISPIEL FÜR EIN IT-SYSTEM

- *Hardware*: strukturierte Verkabelung, 4 Router, 8 Switches, **USV**-Anlagen (unterbrechungsfreie Stromversorgung), 1 Business-Server namens »EGO« und ein Backup-System

- *Software*: Netzwerkbetriebssystem wie Novell Netware oder Microsoft Backoffice XP mit .NET-Enterprise Server (sprich: Punkt-Net), einem E-Mail-System, einer Backup-Software und einer betrieblichen e-Business-Applikation

- *Personen*: SMS-Störungsmelder meldet an Chief Technology Officer (CTO) Hans Meise, Systemadministrator Gisela Bungen und Geschäftsführer (GF) Prof. Dr. Max Adler

- *Brandmelder*: im IT-Raum (Aushang) sowie im Papierlager. Prüfprotokoll der letzten Testauslösung online unter www.bestfirm.de/internal/prüfung.txt

- *Immobilien*: Sicherung gegen Vandalismus und Einbruch durch Bewegungsmelder, Laser-gestützte Perimeter-Schutzsysteme und Web-Cams mit Echtzeitsignalisierung bzw. VoD-Integration (Video on Demand) ins Firmennetz

- *Notfallfibel*: Dokumentation der ersten Maßnahmen, online verfügbar sowie als Papierausdruck beim IT-Personal, in der Präsenz-Haus-
  bibliothek, bei Frau Schneider (Vorstandssekretärin) und zusätzlich
  bei Herrn Ullrich (Hausmeister) verfügbar

Auch in WLAN-Architekturen umfasst die Sicherheit von IT-Systemen mehr als
nur den Schutz vor unbefugten Zugriffen. Um in einem ersten Schritt zunächst
das Gesamtanliegen »IT-Sicherheit« korrekt zu formulieren, sind zunächst sämtliche Sicherheitsaspekte, die in irgendeiner Form für die Systemsicherheit unseres
Beispiel-Systems von Bedeutung sind, zu benennen (siehe Kapitel 7.1).

Um den Besonderheiten drahtlos kommunizierender Netze im Vergleich zu herkömmlichen, kabelgebundenen Netzen gerecht zu werden, stellen wir in einem
weiteren Schritt die inhärenten Systemeigenschaften von Kabelnetzen bezüglich
der IT-Sicherheit dar.

Auf der Grundlage der bereits beschriebenen Sicherheitsaspekte von Kabel-LANs
gehen wir dann auf die Besonderheiten von WLAN-Architekturen ein und
beschreiben möglichst detailliert das zusätzliche Gefährdungspotenzial, das sich
aus »Drahtlosigkeit« der Datenübertragungsmechanismen ergibt.

7.1   Sicherheit als Sachzielobjekt

Die eigentliche Risikoanalyse beginnt mit der Identifizierung aller sicherheitsrelevanten Objekte. Dies sind in diesem Zusammenhang all jene Elemente, von
denen die Erreichung der vorstehend definierten Sicherheitsziele abhängen kann.
Dazu zählen neben der IT-Einrichtung auch Stromversorgung, Zugangskontroll-
systeme, Überwachungssysteme oder Verfügbarkeitsstrategien. Als mögliche
Sicherheitsziele regelmäßig adressieren wir hier folgende Aspekte:

- Maximale Zuverlässigkeit und Verbindlichkeit

  Alle Transaktionen des IT-Systems müssen nachvollziehbar und nachweisbar
  sein. Dies gilt in besonderem Maße für e-Commerce-Anwendungen. Die technische Zuverlässigkeit wird in der Regel als **MTBF**

- Integrität und Vertraulichkeit

  Aus der Forderung nach Integrität und Vertraulichkeit ergeben sich hohe
  Sicherheitsanforderungen an die Datenbanken mit unternehmenskritischen
  Inhalten, sowie an alle geschäftspartizipierenden Programme und Prozesse.
  Wenn auch nur Teile dieser Daten Dritten bekannt werden, kann das den Ruin
  der wirtschaftlichen Einheit bedeuten.

- Verfügbarkeit

  Ein Verlust der Verfügbarkeit des LAN oder eines zentralen Programmsys-
  tems führt zu erheblichen Verzögerungen der abhängigen betrieblichen Funktionen. Ein Ausfall kann – wenn überhaupt – nur für eine extrem kurze

Zeitspanne toleriert werden. Die Ausfallzeit wird üblicherweise in Stunden-verhältnissen oder Prozentangaben (Betriebszeit/Ausfallzeit oder Up-Time/Down-Time) angegeben.

7.1.1 Risikoanalyse der Bedrohungssituation

Zur Erstellung einer solchen Risikoanalyse sind so genannte Objektgruppen zu bilden, aus denen dann die jeweilige Bedrohungssituation hervorgeht und aus denen auch eine Desaster-Planung erwachsen muss. Objektgruppen werden aus den folgenden Bereichen identifiziert:

- Hardware und Software (diverse Fehlfunktionen, maligner Code)

- Personen (allgemeine Gefahrenquelle für Sabotage, Hacking)

- Dokumentation (fehlerhafte Systemhandbücher)

- Infrastruktur und Immobilien (wie Feuer, Stromausfall)

- sonstige Umwelteinflüsse (wie Hochwasser, Vulkanausbruch oder Meteoriteneinschlag)

Sobald alle wichtigen, sicherheitsrelevanten Objektgruppen bestimmt sind, können die aus ihnen resultierenden Gefahrenpotenziale ermittelt werden. Dabei sind bereits installierte Sicherungsmaßnahmen zu berücksichtigen. Mensch und Technik bilden hierbei die eigentlichen, im inneren Einflussbereich liegenden Gefahrenquellen, Natur und sonstige Umwelteinflüsse eher die im äußeren Einflussbereich liegenden Gefahrenpotenziale.

BEISPIELE FÜR POTENZIELLE GEFAHRENQUELLEN
Ein Feuer kann von Menschen bewusst gelegt werden (Brandstiftung, Sabotage) oder aufgrund von technischem Versagen (Selbstentzündung) entstehen. Ein Diebstahl von Hardware und/oder Software wird meistens durch Personen aus dem Unternehmen, selten durch unternehmensfremde Individuen verursacht. Zur Gefahrenquelle »Natur« zählen Naturkatastrophen wie Erdbeben, Wassereinbruch, Sturmschäden und vieles mehr. Unerwartete Änderungen in der Rechtsprechung oder ein Auslaufen von Produktlinien (keine Second Source vorhanden) gehören zur Gefahrenquelle »sonstige Umwelteinflüsse«.

Kommt es zu einer Gefahrenwirkung auf ein Objekt, so sprechen wir von einem **gefährdenden Ergebnis**[1]. Der Eintritt eines solchen Ereignisses führt in der Regel zu direkten oder indirekten Schäden am IT-Equipment oder im organisatorisch- betrieblichen Bereich.

Die Bewertung der gefährlichen Ereignisse dient dazu, die tatsächlich relevanten gefährdenden Ereignisse von den weniger wichtigen zu unterscheiden. Dazu müssen die direkten und indirekten Schäden und die Wahrscheinlichkeiten für den Eintritt der gefährdenden Ereignisse bzw. hinsichtlich der Schäden ermittelt werden. Während der direkte Schaden meist relativ einfach quantifiziert werden kann, müssen indirekte Schäden häufig geschätzt werden.

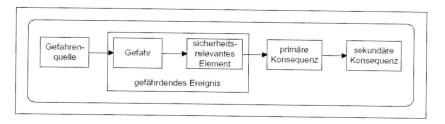

Abbildung 7.1: Risikobewertung: Kausalmodell der Sicherheit der Informationsverarbeitung.[2]

Nichtmonetäre Konsequenzen, wie Imageschäden oder Marktanteilsverluste sind, nicht zuletzt aufgrund ihrer Langzeitwirkungen, besonders schwer zu erfassen.

Einen Ausweg aus diesem Dilemma bieten Szenarien,

- welche die Konsequenzen verschiedener Schäden vollständig simulieren

- oder ordinale Bewertungen in den Schadenskategorien »extrem«, »groß«, »mittel«, »gering« und »unbedeutend« vergeben (quantifizieren).

7.1.2 Sicherungsmaßnahmen

Für sämtliche nicht zu akzeptierende Risiken müssen jetzt mögliche Sicherungsmaßnahmen identifiziert und hinsichtlich Wirksamkeit, Interdependenzen und Aufwendungen (also Kosten!) für Installation und Betrieb beschrieben werden.

Dabei sind Maßnahmen aus den Bereichen Strategie und Management, Organisation, Personal und Technik (Anwendung bzw. Evaluierung und Einsatz von Sicherheitsprodukten) zu betrachten. Da einzelne Maßnahmen einerseits häufig nur einen Teil des Risikos reduzieren, andererseits aber gegenüber mehreren Gefahren wirken, ist es wichtig, ein abgestimmtes und konsistentes Maßnahmenbündel zu ermitteln.

Sicherungsmaßnahmen können entweder an der Gefahr bzw. Gefahrenquelle oder am gefährdenden Ereignis direkt ansetzen bzw. die negativen Konsequenzen eines Schadens reduzieren. Die Identifizierung vorzunehmender Tätigkeiten und die Entscheidung über konkrete Maßnahmenbündel sind ein schwieriger und komplexer Vorgang, der am besten in einem Team unter der Leitung des IT-Sicherheitsverantwortlichen durchgeführt wird.

Als Ergebnis dieses Auswahlprozesses wird für jedes identifizierte Risiko die adäquate Art der Risikobewältigung festgelegt. Dabei stehen die folgenden Alternativen zur Wahl:

Risikoakzeptanz

Das Risiko wird vom Unternehmen selbst getragen, da entweder keine adäquaten Sicherungsmaßnahmen vorhanden sind oder diese im Verhältnis zum Aufwand einen zu geringen Nutzen versprechen.

Risikovermeidung und Risikoverminderung

Geeignete Sicherungsmaßnahmen reduzieren das Risiko auf ein annehmbares Niveau oder helfen es ganz zu vermeiden. Vermeidung kann im Extremfall auch bedeuten, auf den Einsatz bestimmter Systemkomponenten bzw. ganzer Programme aufgrund des zu hohen Risikos zu verzichten.

Risikoabwälzung

Das Risiko wird auf Dritte, das sind in der Regel Versicherungen, abgewälzt.

7.1.3 Sicherheitsprojekte

Häufig werden Kombinationen der Risikobewältigungsstrategien gewählt, um der betrieblichen Situation gerecht zu werden. Zur Realisierung der beschlossenen Maßnahmenbündel werden Sicherheitsprojekte definiert und hinsichtlich Dringlichkeit und verfügbarer Ressourcen (Personal, Betriebsmittel, Kapital) priorisiert.

Die Durchführung der Projekte erfolgt in der Regel durch die so genannten Fachabteilungen bzw. Spezialisten, während der Sicherheitsverantwortliche Beratungs- und Controllingaufgaben wahrnimmt.

7.1.4 Koppelung durch Überprüfung und Anpassung

Ein Sicherheitskonzept nur einmalig zu erstellen, ist nur in sehr wenigen Fällen sinnvoll. Die Praxis erfordert vielmehr eine regelmäßige Überarbeitung und Kontrolle des Sicherheitskonzepts. Denn jede neu in Betrieb genommene Hardware- und Softwarekomponente erzeugt regelmäßig weitere IT-Gefahrenpotenziale. Aber selbst funktionale Erweiterungen bestehender Systemkomponenten (so genannte Feature-Updates) erweitern ebenso regelmäßig das Bedrohungspotenzial, da entweder das eine oder andere neue »Feature« ein zusätzliches Loch in das bestehende Sicherheitssystem reißt oder bestehende Funktionalitäten so erweitert, dass fortan sicherheitskritische Operationen an einer Stelle möglich werden, die vorher keinen Grund zur Beanstandung ergeben hatten.

Darüber hinaus sind zu den regelmäßig durchzuführenden Revisionen in besonderen Situationen Sicherheitsfragen und -aspekte intensiver zu untersuchen, etwa bei der Entwicklung neuer Applikationen oder wenn neue Gefahren plötzlich relevant werden (Computer-Viren, Wurm-Attacken).

7.1.5 Organisation, Personal und Technik

Die in Kapitel 7.1 bereits identifizierten Sachzielobjekte bilden die Ursprungsvektoren einer Sicherheitsmatrix[3], die sich tief in die Bereiche der Firmenorganisation, des Personalwesens und der angewandten Technik einprägt. Aus diesem Grund seien diese Basisvektoren noch einmal rekapituliert:

SACHZIELOBJEKTE ALS BASISVEKTOREN

IT-Sicherheit ist das Ergebnis geeigneter Maßnahmen, um Informationen, deren Verarbeitung sowie sämtliche an diesem Prozess beteiligten Hardware- und Softwarekomponenten informationsverarbeitender Systeme vor dem Verlust von Integrität, Verbindlichkeit, Verfügbarkeit und Vertraulichkeit zu bewahren.

Integrität bedeutet in diesem Zusammenhang, dass jedes sicherheitsrelevante Element vollständig, unverfälscht und korrekt ist, also beispielsweise eine Order alle Einzelpositionen mit korrekten Mengen- und Preisangaben enthält.

Verbindlichkeit bezieht sich auf die Einhaltung gesetzlicher und vertraglicher Bedingungen, insbesondere auf die gerichtsverwertbare Nachweisbarkeit elektronisch abgewickelter Vorgänge sowie auf die Originalität elektronisch gespeicherter und reproduzierter Dokumente. Accounting-Funktionen, also die eindeutige Zuordnung und Abrechnung der Ressourcennutzung, erfüllen dabei eine wesentliche Voraussetzung.

Verfügbarkeit ist gegeben, wenn alle für die Arbeit erforderlichen Elemente in der erforderlichen Quantität und Qualität zur Verfügung stehen.

Vertraulichkeit bezieht sich auf das Informationsverhalten der Nutzer sowie die Informationsinhalte in den Informationsprozessen.

Über die Erreichung dieser Sachziele hinaus sind ferner deren Formalziele (Rahmenbedingungen) zu beachten. Hierzu zählen insbesondere gesellschaftliche Anforderungen sowie die Wirtschaftlichkeit der IT-Sicherheit.

7.1.6 Anforderungen an eine Organisation

Organisationsmaßnahmen korrekt zu erfüllen, erfordert immer eine personelle Infrastruktur. Dies bedeutet, dass in ausreichender Zahl qualifizierte Mitarbeiter für diese Aufgabe zur Verfügung stehen müssen. Für einen IT-Betrieb müssen folgende Funktionen realisiert werden:

- IT Sicherheitsbeauftragter

- Datenschutzbeauftragter

- Systemadministrator

- IT-Revision

- Benutzerservice

Ob die einzelnen Funktionen eigene Stellen erfordern oder neben anderen Ausgaben erledigt werden können, hängt natürlich von der Größe des zu betreuenden Netzes und der Komplexität des Unternehmens ab. So können in kleineren Netzen die Zuständigkeiten für IT-Sicherheit und IT-Administration durchaus in einer Hand liegen. Diese Tätigkeit sollte organigrammtechnisch innerhalb der Geschäftsführung aufgehängt sein.

Was die Haftungsfragen (Kompetenzen und Verantwortlichkeiten) anbetrifft, müssen diese vorab eindeutig den einzeln zu benennenden Personen zugewiesen sein. Andernfalls haftet der Geschäftsführer, beispielsweise beim Vorfinden nicht-lizenzierter Software im Betrieb. So ist die IT-Revision eine separate Position mit einem Verantwortungsbereich ähnlich zu dem IT- Sicherheitsbeauftragten. Der separate Benutzerservice stellt in erster Linie einen hausinternen Dienst (Helpdesk) für die eigenen Mitarbeiter dar und trägt keinerlei Führungsverantwortung.

7.1.7 Anforderungen an das Personal

Neben der reinen Verfügbarkeit des Personals für die Erfüllung IT-relevanter Sicherheitsaufgaben hinaus muss dieser Personenkreis den folgenden Anforderungen gewachsen sein:

Bewusstsein
Das kontinuierliche Bewusstsein über die Bedeutung der IT-Belange, die Bandbreite der eigenen Verantwortung und die Möglichkeiten, selbst ein entscheidender Faktor im Gesamtprozess der IT-Sicherheit zu sein, muss allen Mitarbeitern – auch dem Top-Management – vermittelt werden.

Kompetenz
Kompetenz im Bereich der IT-Sicherheit muss allen IT-Mitarbeitern vermittelt werden. Dazu ist eine aufgabenorientierte Aus- und Weiterbildung dieses Personenkreises unabdingbar für eine fundierte IT-Sicherheitsstrategie erforderlich.

Maßnahmen-Akzeptanz
Breite Akzeptanz aller verfügten IT-Sicherheitsmaßnahmen ist eine der entscheidenden Voraussetzungen für ihren Erfolg. Basis der Akzeptanz bedeutet einerseits Einsicht in die Notwendigkeit bewusstseinsbildender Maßnahmen, andererseits ihre benutzerfreundliche Ausgestaltung. Unzureichende oder gar schikanöse Gängelung bei der Verfügung von IT-Sicherheitsrichtlinien (beispielsweise im Umgang mit Passwörtern und deren Änderungsfrequenzen) sind kontraproduktiv und führen die besten organisatorisch-technischen Lösungen ad absurdum.

7.1.8 Anforderungen an die Technik

Technische Maßnahmen bilden vor allem bei hoher Produktqualität eine wichtige Basis der IT-Sicherheit. Allerdings ist dringend zu beachten, dass Technik ohne Einbettung in ein organisatorisches Konzept und ohne flankierende personelle Maßnahmen *keine ausreichende IT-Sicherheit* schafft.

Erst ein Zusammenwirken der drei Faktoren erzeugt die gewünschte Gesamtfunktionalität. Schutzfunktionen der meisten technischen Produkte stehen und fallen mit ihrem richtigen Einsatz. Der Zugriffsschutz etwa mithilfe einer SmartCard-ID suggeriert zwar einen hohen Schutzwert. Doch den hebelt eine unter der Tastatur liegende Passepartout-Karte komplett aus.

IT-Sicherheit soll die Integrität, Verbindlichkeit, Verfügbarkeit und Vertraulichkeit von Informationen und informationsverarbeitenden Systemen gewährleisten – also bestimmte schädliche Ereignisse verhindern. Voraussetzung hierfür ist, dass nur befugte Personen bestimmte Handlungen ausüben können und dies auch kontrolliert und technisch erzwungen wird.

7.1.9 Technische relevante Funktionen der IT-Sicherheit

Um die nur kurz angesprochenen technischen Voraussetzungen einmal zu nennen, werden die Wichtigsten von ihnen für einen umfassenden IT-Schutz punktuell aufgeführt:

- *Identifikation:* Die eindeutige Identifikation des Systembenutzers ist eine grundlegende, sicherheitsrelevante Funktion. Sie bildet die Grundlage für zahlreiche nachgeordnete Sicherheitsmechanismen wie Protokollierung und Rechtenprofilverwaltung. Durch die Eingabe einer eindeutigen Benutzerkennung wird sichergestellt, dass Benutzeridentitäten unverwechselbar sind. Die Realisierung kann im einfachsten Fall durch ein Passwort, besser aber durch den Besitz eines Objektes wie einer Chipkarte nachgewiesen werden, jedoch auch die Erkennung von personenspezifischen Merkmalen aus der Biometrie[4] wie dem Fingerabdruck werden zunehmend beliebter.

- *Authentisierung:* Die behauptete Identität muss möglichst zweifelsfrei nachgewiesen werden. Dies kann durch Wissen (Passwort) und oder Besitz (ID-Karte, biometrisches Merkmal) realisiert werden. Identifikation und Authentisierung können in manchen Fällen nicht eindeutig differenziert werden, da einige Systeme keine Benutzerkennungen vorsehen und der Zugriff ausschließlich durch ein Passwort gesichert ist. Für eine sichere nachgeschaltete Rechteverwaltung und Rechteprüfung sowie für eine revisionsfähige Protokollierung ist die Auftrennung von Identifikation und Authentisierung zwingend notwendig.

- *Passwortverfahren:* Die Authentisierung mittels Passwort ist die am häufigsten eingesetzte Methode zur Sicherung des Systemzugangs. Es beinhaltet aber immer einen Zielkonflikt bezüglich der sicheren Auswahl eines Passwortes einerseits und der benutzerfreundlichen Struktur andererseits.

  - Ein sicheres Passwort mit hohen qualitativen und quantitativen Ansprüchen beinhaltet gemischte Zeichenformate, also Buchstaben, Zahlen und Sonderzeichen in Folge ohne erkennbare Logik mit einer möglichst großen Länge von 10 Zeichen oder mehr. Die Benutzerfreundlichkeit eines so konstruierten Passwortes ist aber ziemlich gering und verleitet darüber hinaus viele Benutzer dazu, sich ein solches Passwort nicht mehr zu merken, sondern »irgendwo« zu notieren.

– Ein gutes Managementsystem sollte diese »Trägheitsmomente« seiner Benutzer kennen und versuchen, durch geeignete Maßnahmen (Passwortgeneratoren, Stoppwortlisten, Einsatz von Lexika) eine Degradierung der Passwortsicherheit zu vermeiden.

– Wichtig ist ferner die Art und Weise, wie ein IT-System Passwörter speichert. Nicht akzeptabel ist die *unverschlüsselte* oder nur *verschleierte Ablage* im Systemspeicher. Eine asymmetrische Verschlüsselung durch einen PublicKey-Algorithmus wäre eine der zu bevorzugten Lösungen, wobei sich eine Verknüpfung mit der Systemzeit anbietet, damit auch identische Passwörter keinesfalls zu immer gleichen **Krypt-Äquivalenten**

– Auch das beste Passwort hat seine Sicherungsfunktion verloren, wenn es durch Ausspähung oder durch Verrat seine Vertraulichkeit verliert.

• *Rechteverwaltung:* Die Aktionsmöglichkeiten in der Rechteverwaltung der Benutzer müssen sich begrenzen lassen (etwa kein Zugriff auf Dateien des Managements, Passwortänderungen nur für den eigenen Account). Je differenzierter das möglich ist, umso feiner lassen sich die Benutzerprofile mit den Sicherheitsanforderungen in Übereinstimmung bringen. Die Sicherheitsarchitektur der eingesetzten revisionsfesten IT-Software muss die Delegation von Rechten an hierarchisch strukturierte anonyme Rechteprofile unterstützen (so genannte Rollen-IDs).

• *Rechteprüfung:* Vor jeder relevanten Aktion muss überprüft werden, ob diese überhaupt gemäß der vergebenen Profil-Rechte zulässig sind. Die Administration von Rechten bildet mittlerweile den Kern heutiger Benutzerverwaltungen moderner Betriebssysteme. Die Gestaltung dieser Funktionen bestimmt die Granularität und Qualität vergebener Profilrechte. Dabei sind die Möglichkeiten, Rechte an Gruppenrollen zu binden, sowie die Rechtevererbung auf untergeordnete Hierarchiestrukturen von erheblicher Bedeutung. Ein erweiterter Export und Import von Distributionsfunktionen der Profile hilft, den Aufwand des Systemadministrators entscheidend zu verringern.

Moderne Betriebssysteme bieten mit ihren integrierten Funktionen heute einen ausreichenden Grundschutz, der zur Realisation dieser als Minimalvoraussetzung anzusehenden IT-Schutzfunktionen Verwendung finden sollte.

7.1.10 Maßnahmen zur Ergänzung der IT-Sicherheit

Darüber hinaus stellt sich in vielen Anwendungsumgebungen die Frage nach sinnvollen Erweiterungen und Ergänzungen dieser Grundfunktionalität. Nachfolgend werden diese exemplarisch genannt:

- *Protokollierung:* Eine der wichtigsten »ex post«-Sicherungsmechanismen ist die Protokollierung, die jedoch auch einen präventiven Schutz übernehmen kann, wenn der Benutzer über die umfassenden Protokollierung in Kenntnis gesetzt wurde und sich somit bewusst ist, dass sein Fehlverhalten aufgedeckt werden kann.

  - Eine umfassende Protokollierung von Benutzeraktionen führt zu umfangreichen Protokolldateien, die viel Speicherplatz im IT-System belegen und kaum angemessen ad hoc ausgewertet werden können, zumal es der Praxis entspricht, diese Protokolldaten zunächst über einen definierten Zeitraum hinweg zu sammeln.

  - Eine konkrete Auswertung der Protokolldaten findet somit in der Regel retrospektiv statt, um bestimmte Ereignisse zu verifizieren oder im organisatorischen Umfeld vorliegende Erkenntnisse neu zu bewerten (sehr beliebt: Auswertung von Telefonkosten). Daher bieten komfortable Systeme die Einspeisung der Protokollinformationen in standardisierte Datenbanken an, die dann mit gängigen Auswertungswerkzeugen die Analyse der so erfassten Daten erleichtern.

  - Darüber hinaus kann die Protokollierung für die Geschäftsführung ein wirksames Instrument für die Kontrolle von Administratortätigkeiten sein, sofern sie revisionsfähig implementiert und gegen Manipulationen wirkungsvoll geschützt ist.

  - Grundsätzlich sollte sich die Geschäftsführung bei der Protokollierung immer vor Augen halten, dass regelmäßig Rechte von Mitarbeitern berührt sind, was grundsätzlich andere Kontrollinstanzen wie etwa den Betriebsrat in diese Thematik involviert. Darüber hinaus handelt es sich bei Protokolldaten häufig um personenbezogene Daten, die durch diverse Vorschriften und Gesetze geschützt respektive schützenswert sind.

- *Wiederaufbereitung:* Bereits benutzte Datenträger müssen vor ihrer erneuten Verwendung so formatiert respektive so gelöscht werden, dass ein unbefugter Zugriff auf die ehemals darauf gespeicherten Daten unmöglich ist[5].

- *Verschlüsselung:* Diese IT-Sicherheitsmaßnahme ist der bedeutendste Mechanismus zum Schutz der Vertraulichkeit sowie der Integrität von Informationen und informationsverarbeitenden Prozessen überhaupt.

  - Die beiden wesentlichsten – nicht systemspezifischen – Anforderungen an Verschlüsselungsalgorithmen lauten: offen gelegte und nicht triviale Funktionalität sowie gute Performance in der Implementierung als Software.

  - Es gibt zwei Sorten von Krypto-Algorithmen: solche mit symmetrischen und solche mit asymmetrischen Schlüsseln. Die meisten der eingesetzten Krypto-Systeme sind »Pick of the Best«-Hybridverfahren, die beide Algorithmenverfahren geschickt miteinander kombinieren. Die Kombination begrenzt den Aufwand für die Schlüsselverwaltung.

- Favorit für die symmetrische Verschlüsselung ist das im Dezember 2001 weltweit als offizieller Nachfolger des **DES** (Data Encryption Standard) Systems eingeführte **AES** (Advanced Encryption Standard) Verfahren.

- Als PublicKey-Algorithmus hat sich das nach seinen Entwicklern Rivest, Shamir und Adleman genannte, asymmetrische RSA-Verfahren durchsetzen können.

- Verschlüsselungssysteme erweitern den Schutz von Vertraulichkeit und Integrität innerhalb der gesamten IT-Umgebung. Es wird zwischen der verschlüsselten Speicherung und der temporären Verschlüsselung zur Übertragung von Informationen unterschieden.

- *Veränderungsschutz:* Um die eingesetzten Softwareprodukte vor einer unerwünschten Veränderung durch Computer-Viren oder andere digitale Schädlinge zu bewahren, kommen häufig Schutzprodukte gegen Software-Anomalien zum Einsatz:

  - *Computer-Viren.* Anti-Virus-Software zählt zur Klasse der reaktiven Maßnahmen (erst kommt der Virus, dann erst kann die Maßnahme greifen). Umfassende Prüfroutinen müssen die spezifischen Eigenschaften von Bootsektoren, Hyperlinks, Makroviren sowie Directory-Manipulatoren und RAM-Codes untersuchen und erkennen. Aber nicht nur ausführbare Binärdateien sind suspekt, sondern auch Makroviren aus interpretiertem Text. So gilt es, JavaScript- oder VisualBasic-Code zu überprüfen. Das trifft ferner für komprimierte Archivdaten oder sonstige Code- respektive Script-Container zu.

  - *Trojanische Pferde* stellen eine sehr subtile Art des Angriffes auf die Vertraulichkeit, Integrität und ggf. auch auf die Verfügbarkeit eines IT-Systems dar. Sie täuschen die ordnungsgemäße Funktionsweise der Programme vor, um unbemerkt und ungehindert die implementierten Schadensroutinen zu aktivieren.

  - Mit so genannten *Root-Kits* verstecken die Angreifer verräterische Meldungen des Betriebssystems sowie von Analyse-Programmen vor der Anzeige auf dem Display – mittlerweile sogar durch direkte Manipulation des Arbeitsspeichers. (Der unbefugte Zugang zu IT-Systemen hinterlässt üblicherweise Spuren. Einträ‚ge in Log-Dateien, verdächtige Prozesse oder LAN-Verbindungen lassen dann die Alarmglocken schrillen. Doch mit installiertem Root-Kit fehlen genau diese Anzeichen eines Einbruches. Leider gehören diese Tools heute zur Standardausrüstung eines modernen Hackers.)

- *Terminalsperrung (Blockierung von Tastatur und Bildschirm):* Als Schutzmaßnahme bei einem auch nur kurzzeitigen Verlassen des IT-Arbeitsplatzes muss verhindert werden, dass sich unbefugte Dritte am unbeaufsichtigten Computersystem zu schaffen machen.

- *Integritätssicherung:* Zur Abwehr oder Erkennung von Manipulationsversuchen oder technischen Fehlfunktionen müssen Maßnahmen zur Integritätserzeugung und -prüfung gegen aktive Datenverfälschung vorgesehen werden. Da gilt es auf der einen Seite, durch geeignete Maßnahmen sicherzustellen, dass die Daten aus dem Massenspeicher gegenüber Veränderungen besonders gut abgesichert werden. Dies kann durch den Einsatz von RAID-5-Verbänden realisiert werden. Auch die Übertragung der Daten über das unternehmensweite Netzwerk bedarf einer Absicherung durch zusätzliche Maßnahmen. Das wird in der heute verfügbaren Technologie auf unterster Netzwerkebene (Sicherungsebene) durch Check-Summen-Bildung wie Cyclical Redundancy Check (CRC) und Fehlerkorrektur wie Forward Error Correction (**FEC**) bereits in der Netzwerk-Interface-Karte (NIC) realisiert.

Die zentrale Administration all dieser Maßnahmen ist Voraussetzung für die erfolgreiche organisatorische Integration der erwähnten Maßnahmen im täglichen Umgang mit der IT-Sicherheit – also Chefsache.

7.2 Erfolgsfaktoren für die IT-Sicherheit

Aus den bereits untersuchten Maßnahmen für unsere Sicherheitsbetrachtungen lassen sich zusammenfassend folgende Erfolgsfaktoren für die IT-Sicherheit herauskristallisieren:

- *IT-Sicherheit muss Chefsache sein.* Das Delegieren von »Macht« durch das Top-Management ist eine wesentliche Basis für den Erfolg. Dazu ist es erforderlich, dem IT-Manager wirklich die Mittel in die Hand zu geben, um Maßnahmen um- und durchsetzen und Widerstände gegen Sicherheitsmaßnahmen überwinden zu können.

- *IT-Sicherheit muss strategisch gewollt und definiert sein.* Diese Erkenntnis zieht eine ganze Reihe weiterer Erkenntnisse nach sich: So muss ein ausreichendes finanzielles und zeitliches Budget für die IT-Abteilung zur Durchsetzung der definierten personellen, organisatorischen und technischen Zielvorstellungen bereitgestellt werden.

- *Sensibilisierung des Managements und der IT-Benutzer.* Durch zielgruppenspezifische, an Aufgaben und Kenntnissen der Betroffenen orientierte Darstellung der IT-Sicherheitsbelange müssen Sicherheitsbewusstsein und Motivation erzeugt und erhalten werden.

IT-Sicherheit muss organisatorisch verankert sein. Hier haben wir wieder unsere Maßnahmenbündelung gemäß der Erkenntnis, dass vereinzelte Aktionen nur ungenügend unser Bedürfnis nach effizienter IT-Sicherheit befriedigen können.

- *Kompetenz und Kapazität der IT-Verantwortlichen* sind nicht nur eine feste Voraussetzung dieser Tätigkeit, sondern bilden die Basis der Tätigkeit als IT-Administrator, IT-Revisor oder IT-Chef im Unternehmen. Die Besetzung mit »Verlegenheitskandidaten« konterkariert nicht nur das Umfeld aller getroffenen Maßnahmen, es schwächt das Unternehmen auch in unzulässiger Weise in seiner Widerstandskraft gegenüber den diversen Bedrohungssituationen.

- *Akzeptanz für IT-Sicherheitsmaßnahmen* schaffen und aufrechterhalten ist von existenzieller Bedeutung für die IT-Sicherheit. IT-Sicherheitsmaßnahmen müssen die Erfordernisse, das technisch und organisatorisch Machbare mit den Benutzerbedürfnissen in Einklang bringen, sonst droht ein stiller Boykott bei den Anwendern.

- *Methodisches und werkzeuggestütztes Vorgehen* führt zu besseren Ergebnissen, verringertem Arbeitsaufwand, Wiederverwendbarkeit der Ergebnisse, verbesserten Plausibilitätskontrollen und erweiterten Auswertungsmöglichkeiten (Tools einsetzen).

- *Die Kosten-Nutzen-Relation der IT-Sicherheit* muss zu rechtfertigenbar sein. Hierzu gehören realistische Worst-Case-Szenarien, die alle Kosten – einschließlich der Nichtverfügbarkeitskosten – saldieren. Die Kosten können bis hin zum Kollaps des gesamten Unternehmens reichen, die aus Haftungsansprüchen aus Vertragsverletzungen herrühren. Beispiel: Kreditgewerbe.

- *Vorhandene Sicherheitsfunktionen* sinnvoll und erschöpfend nutzen. Nur zu oft werden die Möglichkeiten und Optionen in den vorliegenden eigenständigen IT-Sicherheitsprodukten und Betriebssystemen kaum oder nicht sinnvoll genutzt. Dies ist nicht nur eine Verschwendung von Ressourcen, sondern oft blinder Aktionismus, da aus betrieblicher Sicht jede – auch nur teilweise genutzte – Sicherheitsfunktion bezahlt werden muss und somit einen falschen Sicherheitseindruck vermittelt.

- *Strategie: Organisation vor Technik als oberste Maxime*, um gemäß dem skizzierten Top-Down-Ansatz den Überblick über die IT-Sicherungsmaßnahmen nicht zu verlieren und notwendige Maßnahmen sinnvoll in eine bereits bestehende IT-Umgebung einzupflegen.

- *Schnittstellen in vernetzten Systemen* nicht leichtfertig aufs Spiel setzen. Etablierte Standards sind proprietären Systemen immer vorzuziehen. Nur standardisierte Systeme gewährleisten ein Maximum an Interoperabilität zwischen den Produkten verschiedener Hersteller und ein Überleben in heterogenen IT-Umgebungen.

7.3 Bewertung der genannten IT-Sicherung

Selbst bei optimaler Nutzung der vom Betriebssystem bereitgestellten Schutzmechanismen sowie aller zusätzlichen IT-Sicherungssysteme (Hardware und Software) bleiben im Netzwerk noch immer einige Sicherheitslücken offen.

Diese zu identifizieren und ihnen durch passend sinnvolle organisatorisch-personelle Maßnahmen zu begegnen, zählt zu den wesentlichen Aufgaben der Systemadministration.

Sie alle im Detail aufzuzeigen, würde jedoch den Rahmen dieses Buches sprengen. Zu ihnen zählen unter anderem:

- Autorisierung und Inventarisierung von Hardware und Software (mit Release- und Versionsständen) einschließlich Eigentumsnachweis (Abgrenzung zur Raubkopie)

- Klassifizierung der betrieblich veranlassten und notwendigen Applikationen[6], Anwendungen[7] und Informationen[8] unter IT-Sicherheitsaspekten; Dokumentation aller relevanten Informationen

- Benennen von Systemverantwortlichen, Einrichten von Freigabeprotokollen mit Datum und Unterschrift, kurzum die Etablierung eines nachvollziehbaren und rechtsverbindlichen Entscheidungsforums für die gesamte IT-Abteilung und -Verarbeitung

- regelmäßige Revision der vorhandenen Benutzerprofile, zugeordneten Rechte und vorgenommenen Funktionstrennungen

- regelmäßige Revision des IT-Organigramms mit der Aufteilung von Administratortätigkeiten bis hin zum Print-Queue-Operator sowie Stellvertreterregelungen

- Errichtung und Betrieb eines Benutzerservices

- Regeln der Revisionsverantwortlichkeiten respektive des Controllings; Erstellung verbindlicher Richtlinien

- Festlegen von Beschaffungsverfahren, Evaluierungsszenarien und Freigaben

- Schulungen, Schaffung von Incentives (Anreizen) für überdurchschnittlich engagierte Mitarbeiter, klare Regelungen von Vertraglichkeiten, Verpflichtungserklärungen und Betriebsvereinbarungen, klare Zugangsregelungen für sicherheitskritische Räumlichkeiten, Realisierung und Einhalten von Hausstandards, Klärung der Backup-Fragen und der damit verbundenen Archivierungssystematik

7.4 Maßnahmen für den Datenschutz im LAN

LANs können heute sowohl aus »Kabeln« bestehen als auch mit »drahtlosen« Medien – vulgo Äther – realisiert sein. Beide Vorgehensweisen haben ihre Berechtigung und es ist zu bemerken, dass die Anzahl der WLAN-Installationen grundsätzlich zunimmt (auch wenn der Zusammenbruch des WEP-Sicherheitssystems dieser Wachstumskurve eine kräftige Delle verpasst hat), da eine mittlerweile fast narrensichere Technik auch dem Laien eine erfolgreiche Installation ermöglicht.

Darüber hinaus haben sich Preisverfall und das **Wi-Fi**-Gütezeichen im IEEE802.11b-Standard als herstellerübergreifendes Qualitätssiegel für Interoperabilität sowie der lizenz- und gebührenfreie Betrieb sehr positiv auf die fast schon explosionsartige Etablierung dieser Netzwerktechnik ausgewirkt[9].

Beim Datenschutz gibt es drei wesentliche Risikofaktoren, die unbedingt ernst zu nehmen sind:

- ein nichtautorisierter Zugriff auf Daten

- die Löschung oder Zerstörung von Daten

- die Blockierung der Daten durch Zugriffsüberflutung (Denial of Service)

Zu den Sicherheitsrisiken zählen Datendiebstahl, Industriespionage, Betrug und Systemblockaden.

7.5   LANs und WLANs im Sicherheitsvergleich

Die nachfolgende Gegenüberstellung zeigt die wesentlichen Unterschiede, die sich aus der Verwendung der unterschiedlichen Medien zum Informationstransport ergeben:

- *Elektrisch:* In leitungsgeführten Netzen wird die elektromagnetische Feldenergie innerhalb des Dielektrikums transportiert.

- *Optisch:* In leitungsgeführten Netzen wird die elektromagnetische Feldenergie an der Grenzfläche von Faser und Mantel transportiert.

- *Drahtlos:* Die elektromagnetische Welle wird üblicherweise omnidirektional (beim Einsatz von Antennen ohne Richtcharakteristik) in den Raum gesendet und kann innerhalb der Senderreichweite mit jedem zum Sender kompatiblen Empfänger (etwa durch eine WLAN-PC-Card mit Notebook) empfangen werden.

Durch die Kabelführung verbleibt die Welle innerhalb des elektrischen Kabels respektive des optischen Übertragungsmediums. In diesen Fällen tritt die Welle nur an den gewünschten Ein- und Auskoppelpunkten in das Kabel ein respektive aus dem Medium aus, eine »Dispersion im Raum« findet nicht statt.

Damit sich ein Angreifer Zugriff auf die transportierten Daten verschaffen kann, muss er zunächst auf das Übertragungsmedium zugreifen können. In den ersten beiden leitungsgeführten Varianten in obigem Beispiel bedeutet dies den Zugriff auf das physische Kabelmedium, welcher durch erprobte Maßnahmen beliebig erschwert werden kann.

SCHUTZ VON LAN-KABELN GEGEN FREMDZUGRIFF
Ein verkabeltes LAN bietet bei der Informationsübertragung bezüglich des Mediumzugriffes klare Vorteile gegenüber dem drahtlosen Datenaustausch im WLAN, der sich zusehend als Sicherheitsproblem darstellt. Diese – sich nur im Kabelmedium ergebenden – Vorteile einer einfachen IT-Sicherung sollen die folgenden vier Punkte noch einmal herausstellen:

- *Armierungsmaßnahmen*: Eine vom Militär oft verwendete bauliche Maßnahme betrifft die Verwendung von Stahl- und Betonmaterialien. Dadurch wird der Kabelschacht extrem stark gegen äußeren Zugriff geschützt, indem der notwendige physische Zugriff auf das Medium durch mechanische Versiegelung unmöglich gemacht wird.

- *Überdruckbegasung*: Das Kabelmedium wird in einem druckdichten Außenkabel oder Kabelschacht verlegt. Nach der Verlegung wird in den gasdichten Zwischenraum ein inertes Schutzgas (meist Stickstoff) gefüllt, sodass dieses unter dauerhaftem Überdruck steht. Wird nun die Systemhülle (etwa durch ein Anzapfen des Mediums) verletzt, kommt es zu einem Druckabfall auf der Leitung. Diese Druckabweichung vom Normwert kann sicher erkannt und zur Auslösung geeigneter Gegenmaßnahmen verwendet werden.

- *Dämpfungsüberwachung*: Nachdem die Kabel den jeweiligen Vorschriften und ihren Eigenschaften entsprechend korrekt verlegt worden sind, werden üblicherweise die entscheidenden Kabelparameter vor einer Abnahme messtechnisch erfasst und auf Konformität überprüft. Einige dieser Eigenschaften betreffen die Signaldämpfung, also den Betrag, um den das eingespeiste Nutzsignal am Messpunkt abgenommen hat. Eine kontinuierliche Überwachung dieses Messwertes respektive seine Abweichung vom Sollwert liefert ebenfalls ein Kriterium, ob es möglicherweise zu einer unerwünschten »Anzapfung« gekommen ist.

- *Quantenkommunikation:* Ein internationales Physikerteam stellte in dem Wissenschaftsmagazin »Nature«[10] ein neues Modell der Quantenkommunikation vor: Juan Ignacio Cirac, Lu-Ming Duan und Peter Zoller von der Universität Innsbruck sowie Mikhail Lukin von der Harvard University in Cambridge, Massachusetts konnten mit atomaren Ensembles und linearer Optik die Quantenkommunikation über eine lange Strecke entscheidend verbessern. Da bei allen Verfahren der Quantenkommunikation jeweils genau ein einzelnes Photon den Träger der Information darstellt, wird beim Abhören genau diese Information wieder vernichtet. Somit ist diese Form der Kommunikation »in sich selbst« (inhärent) sicher, was ein Abhören per se verhindert. Erste kommerziell verfügbare Kommunikationsgeräte werden dem Markt bereits angeboten.

7.5.1 Die Konsequenzen für die Netzwerk-Sicherheit

Fassen wir die Konsequenzen aus den vorausgehenden Abschnitten zusammen:

- Local Area Networks können prinzipiell durch physikalische Medien wie Kupferkabel, Lichtwellenleiter, darunter POF (Plastic Optical Fibre), GOF (Glass Optical Fibre) oder als drahtlose Netze in Funk-, Infrarot-Technik oder optischen Laserstrecken in der Atmosphäre realisiert werden.

- Beiden Gestaltungsvarianten ist prinzipiell die Notwendigkeit eines effizienten Zugriffsschutzes gemeinsam, um einerseits den unerwünschten Zugriff zu verhindern (Abhörsicherheit) und andererseits aber die gezielte Verfälschung von Daten unmöglich zu machen.

- Naturgemäß steht vor dem (illegalen) Zugriff auf die Daten im LAN der Zugriff auf das Übertragungsmedium. Und genau hier unterscheiden sich Kabelgestützte Netze von WLAN-Systemen: Nach heutiger Gesetzeslage ist unberechtigtes Abhören und Dekodieren der WLAN-Daten nicht strafbar (zumindest solange der Betreiber den Netzverkehr nicht verschlüsselt, dann allerdings ist das »Durchbrechen« sprich das Knacken der Verschlüsselung möglicherweise ein Straftatbestand).

Vom Standpunkt der Sicherheit aus »generiert« der praktische Betrieb eines WLAN gegenüber seinem kabelgestützten Artverwandten beim Systemadministrator zusätzlichen Aufwand bei der Definition und Einrichtung der IT-Sicherheit.

7.6 Besonderheiten drahtloser Netze

Für die Kabel-LANs haben wir die unterschiedlichen Gestaltungsmöglichkeiten für die Sicherheitsmaßnahmen, deren Ziel es ist, Fremdzugriffe zu erkennen und ggf. abzublocken, bereits besprochen.

Ein unerwünschter Medienzugriff ist hingegen bei WLANs aufgrund ihrer »Shared-Media-Eigenschaften« prinzipiell nicht zu verhindern. Um einen ausreichenden Zugriffsschutz auch im Wireless LAN zu erzielen, sind daher andere, zusätzliche Verfahren zu realisieren.

Drahtlose Netze stellen aufgrund der weitgehend unkontrollierbaren Ausbreitung (Verfügbarkeit der Daten) elektromagnetischer Wellen gegenüber kabelgebundenen LANs ein zusätzliches Risiko für die IT-Sicherheit dar: Die Wellenausbreitung lässt sich NICHT auf die gewünschten Teilnehmer limitieren, sondern ist innerhalb ihrer Funkreichweite prinzipiell beliebig abhörbar.

Welche Lösungen die IT-Industrie für diesen Fall realisiert hat, wie das Ganze funktioniert und wie sicher es ist, diskutieren wir im nächsten Absatz.

7.7 Der Standard IEEE802.11 WEP

WEP steht abkürzend für *Wired Equivalent Privacy*. WEP ist ein herstellerübergreifender Sicherheitsmechanismus zur Absicherung der über die Funkstrecke übertragenen Daten durch Verschlüsselung. WEP und seine kryptografischen Funktionsbausteine sind von der IEEE ratifiziert und stellen einen festen Bestandteil des IEEE802.11-Standards dar. Die herstellerübergreifende Standardisierung ist eine zwingend notwendige Voraussetzung für eine sinnvolle Kommunikation von Produkten unterschiedlicher Hersteller.

Sehr zum Leidwesen vieler Anwender hat sich WEP nicht als ausreichend stabil, robust und sicher gegenüber Angriffen erwiesen. Daher haben die namhaften Hersteller eigene Systeme entwickelt – und damit die Herstellerunabhängigkeit zwangsläufig als Tribut preisgegeben.

SICHERHEIT WLAN IEEE802.11 BASISSICHERHEITSMECHANISMEN
WEP (Wired Equivalent Privacy) – *Abhörsicherheit*

WEP stellt ein Verfahren zur Verschlüsselung der im Funk übertragenen Datenpakete dar. Je nach verwendeter Schlüssellänge (WEP-Key) spricht man von WEP 64 oder WEP 128. Dies entspricht Schlüssellängen von 64 bzw. 128 Bit, wobei jeweils 24 Bit den so genannten Initialisierungsvektor darstellen (eine von der Hardware von Datenpaket zu Datenpaket veränderte zufällige Zahl) und der Rest (40 bzw. 104 Bit) vom Anwender definiert wird.

SSID (Service Set Identifier oder »NetworkName«) – *Zugangskontrolle*

Ursprünglich diente die **SSID** der logischen Strukturierung von Funknetzen. Da sich nur ein Client mit passender SSID an einem Access Point anmelden kann, wird die SSID oft auch unter dem Aspekt der Zugangskontrolle gesehen (wenn im Access Point die Funktion »**Broadcast SSID**« abgeschaltet ist). SSIDs können entweder **BSSID**s oder **ESSID**s (siehe Kapitel 1) sein. Die Aussendung von SSID-Broadcasts kann als zusätzliche Sicherheitsmaßnahme bei den meisten Access Points unterdrückt werden.

BSSID (Basic SSID) – *Zugangskontrolle*

Bezeichnet im Paketdatenstrom diejenigen Datenfelder, die eine Station im Umfeld eines Basic Service Sets (BSS) identifizieren. Als Topologie gibt es in diesem Szenario immer (genau) einen vereinzelten Access Point, es liegt also »Infrastruktur« vor. Da es hier nur einen Access Point gibt, wird in der Regel als BSSID die MAC-Adresse des Access Point verwendet.

ESSID (Extended SSID) – *Zugangskontrolle*

Bezeichnet im Paketdatenstrom diejenigen Datenfelder, die eine Station im Umfeld eines Extended Service Sets (ESS) identifizieren. Als Topologie gibt es in diesem Szenario immer mindestens zwei Access Points, auch hier liegt »Infrastruktur« vor. In diesem Umfeld kann darüber hinaus Roaming möglich werden, wenn die Access Points über eine geeignete Verbindungsinfrastruktur verfügen. Access Points werden über den ESSID-Identifier referenziert, der in der Regel aus einer Zeichenfolge (String) besteht.

ACL (Access Control List) – *Zugangskontrolle*

In der Konfiguration der Access Points können die MAC-Adressen (Media Access Control) der für eine Anmeldung freigegebenen Clients in eine Filterliste eingegeben werden. Ein Client mit einer MAC-Adresse, die nicht in dieser Liste eingetragen ist, wird beim Versuch, sich einzubuchen, abgewiesen.

Darüber hinaus sollten die Access Points möglichst so eingerichtet werden, dass nur wenig Signalenergie außerhalb der »auszuleuchtenden« Flächen abgestrahlt wird, sofern dies bautechnisch und antennentechnisch möglich ist.

Außerdem sollten nicht verwendete oder redundante Protokolle von den LAN-Segmenten, die mit den Access Points verbunden sind, entfernt werden.

Wesentlich für die Verabschiedung des ursprünglichen WEP-Standards waren

- der Wunsch, einen herstellerübergreifenden, verbindlichen Standard zu schaffen, um einerseits zwischen Produkten verschiedener Hersteller einen problemlosen Datenaustausch zu gewährleistenund andererseits dem Wildwuchs in den Punkten Authentifizierung und Verschlüsselung normativ zu begegnen,

- die Einsicht, dass viele kryptografische Verfahren rechenintensiv sind und es daher auch im Zeitalter hochgetakteter Prozessoren Sinn macht, diese Aufgabe in die WLAN-Hardware (also in die Station und den Access Point) zu verlagern. Dass dabei der Nachteil entsteht, die wesentliche Funktionalität dadurch »fest verdrahtet« zu haben, wurde in Kauf genommen.

7.7.1 Der WEP-GAU oder zwölf schlimme Monate

Bis zum 20. August 2001 war die WLAN-Sicherheit der IEEE802.11-Netze noch in Ordnung, doch dann kam das »Aus« für WEP: An diesem Datum gab es eine maßgebende Veröffentlichung[11], der dann innerhalb weniger Tage die ersten praktischen Knack-Programme folgten.

Doch ganz so überraschend kam diese Hiobsbotschaft bezüglich der IT-Sicherheit von WLANs nicht. Denn einerseits gab es bereits vorher fachinternes »Gewittergrollen« über die Angriffsmöglichkeiten von WEP, andererseits war zu diesem Zeitpunkt der in WEP verwendete RC4-**Stromverschlüsselungsalgorithmus**

Anbei ein kurzer zeitlicher Abriss der Ereignisse:

Im Februar 2001 deckten Forscher an der kalifornischen Universität in Berkeley (in einem theoretischen Papier) auf, dass der (statische) WEP-Standard, so wie er in der IEEE802.11-Spezifikation vorgeschrieben worden war, ganz und gar nicht sicher ist.[11] Daraufhin wurde eine zunächst nur in interessierten Fachkreisen geführte Diskussion über die Notwendigkeiten von Key-Management-Systemen losgetreten.

Im April 2001 wurden weitere Sicherheitsmängel identifiziert, so fanden Forscher an der Universität von Maryland[12] grundsätzlich potenzielle Probleme bei der Authentifizierung des WEP-Verfahren heraus.

Im Juli 2001 wurde der RC4-Algorithmus noch einmal in die Zange genommen, denn bereits 1995 wurde bei diesem Verfahren die Existenz so genannter »weak Keys« nachgewiesen.[13] Die Anstrengungen wurden von Scott Fluhrer, Itsik Mantin und Adi Shamir in Form pragmatischer Angriffe gegen die Kombination von RC4 und WEP noch einmal fokussiert.

Am 20. August 2001 war dann das WEP-Fiasko komplett, denn an diesem Datum veröffentlichten die beiden US-Technologieexperten Avi Rubin und John Joannidis von den AT&T Research Labs sowie Adam Stubblefield von der Rice University ein Arbeitspapier,[14] in dem sie den Beweis antraten, wie die bis dahin als sicher geltenden WEP64- und WEP128-Verfahren mit einfachen Bordmitteln innerhalb kurzer Zeit (rund 20 Minuten) durch passive Analyse zu knacken sind. Nun war die Hauptarbeit getan, und es tauchten sehr schnell die ersten Analyse-Tools auf, mit denen auch ein unbedarfter Laie die praktische Seite des **Back-Hacking** kennen lernen konnte.

Im Februar 2002 holte sich die Universität von Maryland den Oscar gewissermaßen wieder zurück, indem sie eine erste (vernichtende) Sicherheitsanalyse über den Standard IEEE802.1x publizierte[15], von dem sich viele eine salomonische Lösung für den WEP-Standard versprachen.

Die Folge auf der Anwenderseite war (und ist) ein Vertrauensverlust und ein kurzfristiger Rückgang der Verkaufszahlen bei WLAN-Komponenten.

Seit diesem Zeitpunkt brodelt es in der »Suppenküche« der WLAN-Anbieter, und es wird allerorts versucht, diese Sicherheitslöcher durch mehr oder minder sinnvolle Modifikationen des bestehenden WEP-Standards zu stopfen.

Hauptproblem des WEP-Verfahrens: Es verwendet nun einen einzelnen statischen Schlüssel für die Kommunikation zwischen dem AP (Access Point) und den mobilen Stations (NICs). Dabei wäre bereits IRGENDEIN funktionales Key-Management-Verfahren, das zu einem dynamischen WEP-Key-Austausch geführt hätte, schon ausreichend, um die meisten Angriffsmethoden unwirksam zu machen oder sie sogar vollständig zu blockieren.

Zur Ehrenrettung versucht sich die Wi-Fi-Gruppe aus ihrer Verantwortung zu stehlen, indem sie im Internet kundtut, dass WEP nie als umfassender End-to-End-Sicherheitsstandard gedacht gewesen sei.

> *»It is important to emphasize that WEP was never intended to be a complete end-to-end security solution. It protects the wireless link between the client machines and access points. Whenever the value of the data justifies such concern, both wired and wireless LANs should be supplemented with additional higher-level security mechanisms such as access control, end-to-end encryption, password protection, authentication, virtual private networks, or firewalls«,*

kommentiert die Wi-Fi-Gruppe die blamablen Enthüllungen der Berkley-Universität.[16]

So definiert hätte es auch gar keinen GAU geben können. Der ist nur deshalb eingetreten, weil wenig sachkundiges Marketing verschiedenster Hersteller der Öffentlichkeit WEP als scheinbar umfassende Sicherheitslösung verkauft hatte.

7.7.2 So funktioniert WEP

WEP ist ein (statisches) symmetrisches **Stromverschlüsselungsverfahren** (Stream-Cipher-Verfahren), das die kontinuierliche Ver- und Entschlüsselung mit dem gleichen Schlüssel beschreibt. Der Initialisierungsvektor und der geheime Schlüssel werden zunächst zu einem so genannten »Seed-Wert« verknüpft, der dann als Initialisierungsvektor des Pseudo-Zufallszahlen-Generators (**PRNG**) dient.

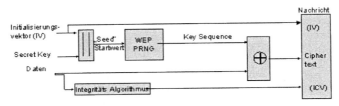

Abbildung 7.2:   Der Pseudo-Zufallszahlen-Generator erzeugt eine Zeichenfolge, mit der die Nachricht (Daten) zum Ciphertext verschlüsselt wird.

Aufgrund einer geschickten Wahl des PRNG entspricht die Länge der Ausgabesequenz der längsten möglichen **MPDU** (Message Protocol Data Unit). Um unautorisierten Veränderungen entgegenzutreten wird von der verschlüsselten Sequenz noch ein so genannter elektronischer Fingerprint (Integrity Check Value, **ICV**) mithilfe eines Integritätscheck-Algorithmus erzeugt, der ebenfalls mitübertragen wird.

Der Initialisierungsvektor bedeutet eine erhöhte Sicherheit, da durch Variationen dieses Wertes die Sequenzlänge vergrößert (und mit jeder MPDU verändert) werden kann.

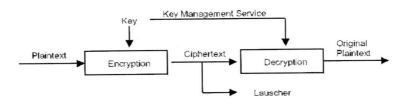

Abbildung 7.3:   Schematisches Funktionsdiagramm des symmetrischen WEP-Verfahrens: Ist die WEP-Funktion aber ausgeschaltet, »hört« der Lauscher statt Ciphertext den Klartext.

7.7.3 Die Schwachstellen von WEP

Die vorliegenden kryptografischen Analysen des WEP-Algorithmus bestätigen die allerschlimmsten Befürchtungen: Der WEP-Algorithmus wurde schlichtweg vollständig durchbrochen. Diese komplett untaugliche Sicherheitsmaßnahme sollte unverzüglich aus dem Verkehr gezogen werden – wenn man denn könnte! Doch was hat eigentlich WEP das »Kreuz gebrochen« und wo liegen die Schwachstellen im Einzelnen?

Einer der wesentlichsten Mängel von WEP64 (effektive Schlüssellänge: 40 Bit) und WEP128 (effektive Schlüssellänge: 104 Bit) besteht in der Tatsache, dass es kein automatisches Erzeugen und Verteilen so genannter Session-Keys mit periodischen Updates gibt. Dieses »schwache oder nicht vorhandene Key-Management« führt zu dem Effekt, dass im gesamten WLAN nur ein einziger (in Ziffern: 1) WEP-Key zum Einsatz kommt, der selten oder nie gewechselt wird. Dadurch kann dann die Zeitspanne erreicht werden, zu der ausreichend viele abgehörte IP-Pakete zur Kryptanalyse vorliegen. Somit wird das gesamte WLAN anfällig gegenüber Brute-Force-Attacken, mit denen sich dieser WEP-Key rekonstruieren lässt.

DIE SCHWACHSTELLEN VON WEP

- Gemeinsame, statische WEP-Schlüssel

  - Kein zentralisiertes Key-Management

  - Schlechter Schutz vor diversen Sicherheitsattacken

- Kein effizienter Weg, um verlorene oder gestohlene NICs auszuschließen

  - Der NIC-Besitzer hat Zugriff zum Netzwerk.

  - Eine Schlüsselneuvergabe für alle NICs wäre erforderlich.

- Es gibt keine integrierte Benutzer-Administration.

  - Es wird eine separate Benutzerdatenbank erforderlich sein.

  - NICs werden hauptsächlich an ihrer MAC-Adresse erkannt.

- Der intern verwendete RC4-Algorithmus besitzt Schwachstellen.

7.7.4 Fazit: WEP alleine reicht nicht

Der WLAN-Sicherheitsstandard sollte ursprünglich als Äquivalent zur Datensicherheit von kupfer- oder lichtwellenleitergebundenen LANs fungieren. WEP als einzige IT-Schutzmaßnahme reicht in seiner aktuellen Form (v1.0) aber überhaupt nicht aus und erfüllt leider keinesfalls das bekannte Sprichwort »Nomen est omen«. Es müssen vielmehr Kombinationen der in diesem Kapitel besprochenen Maßnahmen realisiert werden, um den Zugriff auf das WLAN bezüglich seiner

IT-Sicherheit wirklich vergleichbar mit der Sicherheit in einem Kabelnetz zu gestalten.

Nach dem WEP-GAU, aber auch schon teilweise zuvor war den Experten klar geworden, dass sich WEP als Sicherheitsflop entwickeln könnte, und haben in der Folge das eine oder andere »Kaninchen« gezüchtet, das dann auch recht schnell aus dem Hut als »mögliche Nachfolgerlösung« gezogen wurde.

7.8 Nebenwirkungen der Nachbesserungen

Allen diesen oben genannten Erweiterungen ist gemeinsam, dass ihre Schöpfer für sich in Anspruch nehmen, dass mit ihnen alle heute bekannten Cracker-Tools blockiert werden können, indem sie mehr oder weniger gut die offen gelegten Schwachstellen kitten.

Bei den meisten Erweiterungen müssen alle am geschützten Datenverkehr teilnehmenden Stationen aufgerüstet werden. Mit nichtmodifizierten Systemen können die meisten Änderungen, wenn überhaupt, nur im normalen, unsicheren WEP-Standard kommunizieren.

Aber wie im richtigen Leben bekommt der Anwender der WEP-Nachbesserungen auch Nebenwirkungen zu spüren.

- So bleibt bei einigen dieser Sicherheitserweiterungen das allseits so beliebte Roaming zwischen den Access-Punkten schlichtweg auf der Strecke, gleichgültig, ob diese vom selben oder von verschiedenen Herstellern stammen. Diese Einschränkung werden nur die wenigsten Anwender akzeptieren, weil damit ein wesentliches Komfort-, Güte- und Funktionsmerkmal von WLANs auf der Strecke bleibt.

- Das ursprüngliche WEP-Verfahren ist protokolltransparent, kennt also keinerlei Einschränkungen, beispielsweise beim Transport von Nicht-IP-Paketen wie IPX- oder Token-Ring-Headern durch das WLAN. Damit ist spätestens mit IPSec Schluss, weil dieses Verfahren nur für Internet-Protokolle (**IP**) definiert ist. Somit ist die Fixierung auf reinen IP-Datenverkehr eine weitere Einschränkung, die als Nebenwirkung auf den Anwender zukommen kann.

- Die meisten Nachbesserungsverfahren erfordern vom Administrator einen drastisch höheren Konfigurationsaufwand, und damit erheblich bessere Systemkenntnisse, weil er erheblich mehr Einstellungsparameter verstehen, definieren und vergeben muss.

- Die Nettodatenrate des Netzwerkes sinkt, da aufgrund der größeren Paket-Header zusätzlicher Overhead generiert wird und folglich weniger Bandbreite für Nutzdaten verbleibt.

- Es entstehen Performanceverluste, da die neuen Sicherheitsmechanismen bei der Berechnung der erweiterten Krypto-Verfahren einen erhöhten Bedarf an CPU-Leistung an den Tag legen. Dies bedeutet für das System eine zusätzliche Grundlast, die vom Leistungsbudget abgeht und folglich nicht mehr den Applikationen zur Verfügung stehen kann.

- Der größte Nachteil besteht aber darin, dass schlichtweg bei den meisten unter den verschiedenen Nachfolgern des WEP-Verfahrens keine Kompatibilität mehr besteht. Damit bleibt einer der Hauptanwendervorteile der Zertifizierungsstrategie des so genannten Wi-Fi Standards auf der Stecke – ärgerlich für den IP-Profi und ein fast unhaltbarer und inakzeptabler Zustand für den interessierten Hobbyanwender.

Das hat auch die IEEE Task Force erkannt und alle Hersteller sowie Interessensverbände aufgefordert, Verbesserungsvorschläge einzureichen, die geeignet sind, das aktuelle Dilemma zu lösen. Hier beginnt sich tatsächlich auf der Basis heute vorliegender Erkenntnisse eine Art zweigleisiger Königsweg abzuzeichnen.

Wir stellen hier die wesentlichsten Ergänzungs- und Erweiterungsvorschläge für den WEP-Standard vor und versuchen, diese so weit wie möglich zu bewerten.

7.8.1   Der NASA-Sicherheitsansatz

Die Abteilung Advanced Supercomputing der NASA[17] hat eine neue Sicherheitslösung für Funk-LANs vorgestellt. Die NASA-Experten waren zum Schluss gekommen, dass alle in den WLAN-Standard IEEE802.11 integrierten Sicherheits-Features für sie nutzlos seien, und ersetzten sie stattdessen durch Open-Source-Produkte:

- das handelsübliche Betriebssystem OpenBSD

- einem Apache-Webserver

- einen generischen DHCP-Server

- eine IPF-Firewall-Software

   »Alle 802.11-Sicherheitsfunktionen wurden entfernt, da sie nur Ressourcen verbrauchen, ohne wirklich Sicherheit zu bieten«,

erklärte NASA-Sicherheitsexperte Dave Tweten. Seine Gruppe ging von der Voraussetzung aus, dass ein WLAN keine verlässliche Authentifizierung und keine Sicherheit vor einem Abhören biete. So könne weder der Sendebereich auf ein definiertes Gebiet begrenzt werden, noch erlauben Adressen für die Funk-LAN-Karten eine sichere Identifikation der Benutzer.

Das »Übel« liege in einer ungenügenden Wired-Equivalent-Privacy-Verschlüsselung, da die Schlüssel geknackt oder durch simples Abhören in Erfahrung gebracht werden können. Stattdessen setzen die NASA-Wissenschaftler auf striktes Filtern. Damit können nur die nötigsten Protokolle wie NTP, DNS, DHCP und

ICMP das System erreichen. Das Funk-LAN wird dadurch logisch vom restlichen Netzwerk durch ein eigenes Wireless-Gateway abgetrennt. Benutzer, die keine Authentifizierung benötigen (der bekannte Gast-Account), erhalten nur begrenzten Zugang zu Services wie E-Mail und VPN sowie dem Internet.

Die von der NASA propagierte *Philosofy* blockiert jede Applikation oder Service durch einen Sicherheits-Gateway, der – jeweils separat – eine eigene Anmeldung erforderlich macht. Zusätzlich wird – separat – eine Verschlüsselung des Funkverkehrs durchgeführt.

Dieses im Gegensatz zum Ticket-Zugangswächter-Ansatz alternative Verfahren erfordert die Implementierung eigener Software. Diese implementierten sie nach eigenen Angaben in nur 40 Arbeitsstunden. Einzelheiten sind in einem White Paper im Internet unter `http://www.nas.nasa.gov/Groups/Networks/Projects/Wireless/index.html` veröffentlicht.

7.8.2 WEP2

Die WEP2-Weiterentwicklung setzt ebenfalls auf den RC4-Algorithmus, zeichnet sich gegenüber WEP jedoch durch den auf 128 Bit vergrößerten Initialisierungsvektor aus. Weitere Verbesserungen betreffen ein im Gegensatz zu WEP verwendetes Session-Key-Management mit periodischen Schlüssel-Updates sowie den Einsatz von **Kerberos** für die Authentifizierung.

WEP2 wird vermutlich vom IEEE unter dem diskutierten Zukunftsstandard 802.11e (siehe Kapitel 7.8.6) ratifiziert werden.

7.8.3 WEPplus

Die Schwachstelle des statischen Initialisierungsvektors hat sich *WEPplus* vorgenommen. Durch Veränderungen bei der Erzeugung des Initialisierungsvektors treten die so genannten »schwachen Schlüssel« des RC4-Verfahrens nicht mehr auf. Diese Maßnahme deaktiviert alle heutigen Verfahren, die Weak-Keys für die Krypto-Analyse nutzen. Unklar ist zum heutigen Zeitpunkt jedoch, ob dadurch nicht andere (neue) Probleme auftreten.

7.8.4 FPK (Fast Packet Keying)

FPK umgeht – wie WEPplus – ebenfalls die Erzeugung schwacher Schlüssel. Darüber hinaus wird als zusätzliche Sicherungsmaßnahme der WEP-Schlüssel dynamisch geändert. Dies blockiert vollständig so genannte »KnownPlaintext-Attacken«, was faktisch die Wiederverwendung bereits eingesetzter (also alter, bereits gesendeter) WEP-Keys unterbindet.

Als Algorithmus zur Ver- und Entschlüsselung kommt auch hier das dem Leser bereits bekannte RC4-Verfahren zum Einsatz, wenngleich ausschließlich mit einer Schlüssellänge von 128 Bit (104 Bit + 24 Bit).

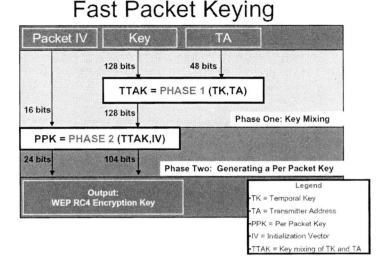

Abbildung 7.4: FastPacketKeying-Verfahren generiert WEP-Schlüssel als Initialisierungsvektor für den RC4-Algorithmus. FPK ist der Schlüsselgenerierung von WEP schlicht vorgeschaltet, woraus die Abwärtskompatibilität zu WEP resultiert.[18]

Der FPK-Algorithmus stammt vom US-amerikanischen Datensicherheitsspezialisten RSA Data Security, der dergestalt kurzfristig eine Modifikation[18] entwickelt hat, mit der er den Schwachstellen von WEP gezielt zu Leibe rückt: *Fast Packet Keying* errechnet für jedes WLAN-Datenpaket einen – nach derzeitigem Ermessen unvorhersagbaren – effektiven Schlüssel aus dem konstanten WEP-Schlüssel, dem Initialisierungsvektor sowie der Geräteadresse. Damit lässt sich derzeitige WLAN-Hardware mit nur geringen Modifikationen gegen Abhörangriffe bereits sehr gut absichern. Meistens dürfte eine Firmware-Änderung in Form einer herunterladbaren Software respektive ein Treiberupdate ausreichen, je nachdem, ob es sich bei dem Gerät um einen Access Point oder eine Station (NIC) handelt.

7.8.5   WEP2002

Weitaus radikaler – nämlich ohne Rücksicht auf bestehende Altlasten – ist das vorläufig als WEP2002 titulierte Verfahren. WEP2002 war zunächst recht ähnlich zu TKIP – zumindest in der Grobstruktur. Allerdings wird seit einiger Zeit diskutiert, den noch in der aktuellen Planung enthaltenen Verschlüsselungsalgorithmus RC4 durch leistungsfähigere Verfahren wie **AES** (Advanced Encryption Standard) zu ersetzen.

Das erfordert Veränderungen in der Verfahrensstruktur, da nun alle Paketdaten als ganzzahlige Vielfache von 128 Byteblöcken dargestellt werden müssen, da AES ein Blockchiffrierverfahren ist, im Gegensatz zu RC4, das der Klasse der Strom-chiffrierverfahren angehört.

Inzwischen sind TKIP, WEP2002 und IEEE802.11i Synonyme für die Bemühun-gen vieler Hersteller und Entwickler: die Herbeiführung einer Verbesserung des aktuellen und unsicheren WEP-Sicherheitsstandards für WLANs (siehe Kapitel 7.8.6 und 7.8.20).

Für die Authentifizierung und Session-Key-Generation innerhalb von WEP2002 wäre das Verfahren Kerberos ideal, doch zögert die IEEE Task Force noch – die bekannte Archillesferse von Kerberos ist eine systemimmanente, noch nicht behobene Strukturschwäche gegenüber Passwortattacken.

7.8.6   IEEE802.11e

Ein wichtiges Datum für die Task Group E der IEEE war der Juli 1999, zu diesem Zeitpunkt begannen die Vorarbeiten, um den bekannten 802.11-Standard durch eine Art Quality of Service für den MAC-Layer (genauer: Medium Access Control Enhancements for Quality of Service) zu erweitern. Dieses auch von Hiper-LAN/2 bekannte Dienstmerkmal benötigt man dringend, um drahtlose Übertragungsverfahren auch für Multimedia-Applikationen fit zu machen.

Bei dieser Gelegenheit kam auch der mangelhafte WEP-Sicherheitsstandard »unters Messer«. Konkrete Verbesserungsvorschläge wie eine erweiterte Authen-tisierungsfunktion in den Access Points kamen auf den Tisch, etwa die **HCF** (Hybride Cordination Function), die zeitlich limitiert Bursts von Daten verschi-cken kann, jedoch der Verschlüsselungsmechanismus wurde »nicht angefasst«. Stattdessen erwärmten sich die Experten füe Fähigkeiten wie **FEC** (Forward Error Correction) und um ein verbessertes Bandbreitenmanagement.

In ihrer akuten Not, den WEP-Standard sicherheitstechnisch nachzubessern, packte die IEEE auch noch neue Sicherheitsfunktionen in den 802.11e-Standard – kurzum: Der längst noch nicht fertig gestellte Standard 802.11e gerät zu einem Sammelsurium all der Funktionen und Merkmale, die in Bluetooth oder Hiper-LAN/2 längst spezifiziert sind (Stichwort: Profile).

7.8.7   IEEE802.11i

Zukünftiger WLAN-Sicherheitsstandard des IEEE, der im Wesentlichen auf TKIP aufbaut. Die Ratifizierung des beim IEEE bereits als Proposal (Entwurf) gelisteten Dokuments soll noch in der zweiten Jahreshälfte 2002 erfolgen. Ein weiterer Arbeitstitel für IEEE802.11i ist WEP2002 (siehe Kapitel 7.8.20 und 7.8.5).

7.8.8 RADIUS

RADIUS (Remote Authentication Dial-In User Service)[19] bezeichnet einen zusätzlichen Dienst (und kein VPN-Protokoll), der

- die Verwaltung
- die Validierung und
- die Sicherung von Wählzugängen

der Benutzer zu einem VPN erleichtert und verbessert. RADIUS selbst basiert auf einer Client-Server-Architektur, wobei RADIUS den Server darstellt und der ISP-Server oder der Firmen-Server den Client.

Zwei RFCs (Request for Comments) der IETF (Internet Engineering Task Force) beschreiben die Bestandteile von RADIUS: der RFC 2865 in Form eines Draft-Standards und der RFC 2866 in Form eines »Informational RFC«.

Mechanismen zur Benutzeridentifizierung werden von RADIUS zur Durchführung seiner Sicherungsaufgaben bereitgestellt. Bekannte Protokolle sind hierbei PAP und CHAP zur Benutzeridentifizierung und Zugriffskontrolle. Für diese Aufgaben sowie zur Verwaltung von dynamischen IP-Adressen verwendet RADIUS eine interne Datenbank. Zur Kommunikation zwischen dem RADIUS-Server und dem ISP-Server wird das User Datagram Protocol (UDP) benutzt. Das Format der RADIUS-Pakete ist in RFC 2058 beschrieben.

RADIUS wird im Allgemeinen in Kombination mit anderen VPN-Protokollen wie zum Beispiel L2F eingesetzt.

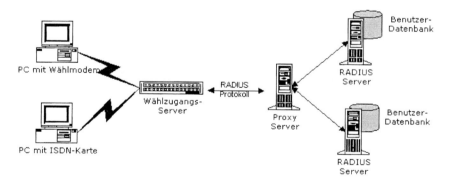

Abbildung 7.5: Ein typisches Wählzugangssystem ist in dieser Abbildung dargestellt.[20]

Bei einem Verbindungsaufbau werden in einem solchen System folgende Schritte durchlaufen:

1. Im ersten Schritt baut der Benutzer mithilfe eines Modems oder einer ISDN-Karte eine Verbindung zum Wählzugangsserver auf.

2. Nach dem erfolgreichen Verbindungsaufbau übergibt er seinen Benutzernamen und das dazugehörige Passwort.

3. Der Wählzugangsserver sendet diese Daten mithilfe des RADIUS-Protokolls an den RADIUS-Server. Dieser überprüft die Gültigkeit des Benutzernamens und des Passworts anhand seiner internen Benutzerdatenbank, und sendet das Ergebnis zurück an den Wählzugangsserver.

Ein optionaler Proxy-Server erweitert das vorgestellte Verfahren zum RADIUS-Zonenkonzept. Der Proxy-Mechanismus erlaubt es, mehrere RADIUS-Server für die Validierung der Benutzer einzusetzen. Dies hat den Vorteil, dass die Verwaltung von Benutzerkennungen und Passwörtern dezentral erfolgen kann.
Der schematische Aufbau eines Wählzugangs mit einem Proxy-Server ist in der obigen Abbildung dargestellt.

Im Unterschied zum Wählzugang ohne Proxy-Server sendet der Wählzugangsserver die Benutzerdaten nicht direkt an einen RADIUS-Server,
sondern zuerst an den Proxy-Server. Dieser leitet dann die Daten an den zuständigen RADIUS-Server weiter. Welcher Server zuständig ist, wird durch die Domäne (RADIUS-Zone) festgelegt, die der Benutzer beim Login in der Form »Anmeldekennung@Zone« mit angeben muss.

7.8.9 Firewall

Das Konzept einer Brandschutzmauer findet sich in seiner elektronischen Repräsentation im IT-Umfeld als Firewall (Brandmauer) wieder. Anstelle eines physischen Großbrandes werden hierbei jedoch Netzbereiche durch organisatorische und technische Maßnahmen voneinander getrennt. Ein hierzu oft benutztes Instrument der Umsetzung ist eine Blackbox-Hardware, die zwei -- physikalisch getrennte – Netzbereiche nur »bedingt« verbindet. Die Bedingungen einer Verbindung respektive Trennung definiert aber das konzeptuelle Maßnahmenbündel. Dieses Stück Hardware bezeichnet man als den eigentlichen Firewall-Rechner oder simpel verkürzt als Firewall.

Eine typische technische Realisierung einer Firewall sieht in etwa folgendermaßen aus: Zwischen den beiden Netzen wird zuerst je ein Paketfiler gesetzt, die direkt netzwerktechnisch verbunden sind.

NetzA – Paketfilter – Zwischennetz – Paketfilter – NetzB.

Über die Paketfilter laufen ausschließlich Daten von dem jeweils direkt angebundenen Netz ins Zwischennetz und zurück. Weitere Verbindungen – zum Beispiel aus einem Netz zum Paketfilter des anderen Netzes oder gar ins andere Netz – sind nachvollziehbarerweise verboten.

Das Zwischennetz heißt **DMZ**

Sonderform einer normalen Firewall ist die »**grafische Firewall**«. Dabei wird die Intelligenz der lokalen Arbeitsplatzsysteme nur noch für einen Terminalbetrieb verwendet; es finden lediglich noch die Visualisierung der Bildschirmdarstellung und der Transport von Eingabedaten der Systemtastatur statt. Die eigentlichen Anwendungen laufen auf einem zentralen Computersystem, auf dem die Schwachstellen von Anwendungssoftware und Konfiguration zentral in Angriff genommen werden können. Dies entspricht dem klassischen IBM-Hostsystem der 50er-Jahre und findet sich heute kaum noch in der Industrie.

7.8.10 VPN (Virtuelles, privates Netzwerk)

Als privater Daten-Tunnel mit einer Ende-zu-Ende Verschlüsselung fungiert das unter der Bezeichnung »Virtual Private Network« bezeichnete Verfahren. Mittels VPN wird praktisch ein privates, geschütztes Netzwerk über ein öffentliches Medium wie das Internet errichtet. Dadurch kann VPN das Internet für Punkt-zu-Punkt Verbindungen sowohl für Wählverbindungen oder zur Standleitungssimulation nutzen.

Haifische und andere, für Menschen nicht immer ungefährliche Geschöpfe gibt es zwar nur in tropischen Meeren, aber auch das Datennetz des Internets kann durchaus Gefahren enthalten. So gibt es auch für Internet-Nutzer keine Gewähr dafür, dass die von Ihnen übertragenen Nachrichten nicht abgehört oder gar manipuliert werden. Dieses Problem lässt sich durch die Konstruktion eines VPNs lösen, legt dieses doch einen sicheren Kommunikationskanal – auch **Tunnel** genannt – durch das Internet. Da die übertragenen Informationen durch Chiffrierung abhörsicher und vor Manipulation geschützt werden und die Übertragung kontinuierlich überwacht wird, ist diese Methode sehr effizient.

Die Schiffrierung – also der Vorgang der Ver- bzw. Entschlüsselung – geschieht für den Anwender transparent und wird auf alle Datenpakete protokollunabhängig angewendet. Die Bezeichnung »Tunneling« wird u. a. deswegen verwendet, um die praktisch per Verschlüsselung erreichte Privatsphäre zu kennzeichnen, obwohl nach wie vor die Datenübertragung im öffentlichen Raum (Internet) durchgeführt wird. Dabei dient das Internetprotokoll TCP/IP als Transportmittel. Bislang haben sich verschiedene Tunneling- oder VPN-Protokolle entwickelt; so ist es z.B. möglich, eine VPN-Verbindung via IPSec (Internet Security Protocol) oder PPTP (Point-to-Point Tunneling Protocol) aufzubauen.

7.8.11 PPTP (Point-to-Point Tunneling Protocol)

Das den meisten Windows-Anwendern bekannte Point-to-Point Tunneling Protocol (**PPTP**) wurde von Microsoft und anderen führenden Unternehmen der Netzwerkbranche entwickelt. Nachdem es aufgrund der Windows-Marktdurchdringung zum inoffiziellen »Standard« avancierte, wurde es 1996 der Internet Engineering Task Force (**IETF**) als Standardprotokoll für das Internet-Tunneling vorgeschlagen.

PPTP ist – wie der Name bereits andeutet – aus dem Point-to-Point Protocol (**PPP**) hervorgegangen. Als eigenständige Protokollerweiterung wird es zur »Verkapselung« von PPP-Paketen beliebiger Protokolle in IP-Paketen benutzt. Auf diese Weise können Protokolle wie IPX und NetBEUI – aber auch IP selbst – durch das Internet getunnelt werden. Auch die Sicherheit wurde bedacht, sorgt doch das Password Authentification Protocol (**PAP**) und das Challenge Handshake Protocol (**CHAP**) für eine gesicherte Zugangskontrolle. Als Verschlüsselungsalgorithmen dienen die Rivest´s Cipher 4 (**RC4**) und der Data Encryption Standard (**DES**) mit Schlüsseln zwischen 40 und 128 Bit Länge.

- Wie bereits erwähnt, ist PPTP im Lieferumfang von Windows NT/2000/XP enthalten, somit benötigen Anwender dieser Betriebssystemplattformen keinerlei Zusatzsoftware zur Realisierung dieses Sicherheitsmerkmals.

- Nicht nur die simple Verfügbarkeit (bei den oben genannten MS-Betriebssystemen), sondern auch die einfache Implementierung als zusätzliches Protokoll oder als DFÜ-Adapter macht die Verwendung beim Endanwender attraktiv..

- Nachteilig für den Ressourcenverbrauch ist allerdings die – ansonsten sehr sinnvolle – Kombination aus Verschlüsselung und PPTP. Die Problematik ist hier die gleiche wie bei den WLAN-NICs hinsichtlich der eingebauten Verschlüsselung. Wird diese überwiegend oder sogar vollständig durch die CPU des Systems übernommen, bleibt je nach Performance und CPU-Bedarf des eingesetzten Krypto-Verfahrens nur noch (zu) wenig für die Ausführung der Applikationen und des Betriebssystems übrig.

7.8.12 IPSec

Ipv4-basierte Netzwerkkommunikation ist aufgrund seiner ursprünglichen Definition nicht sicher. Explizit bedeutet dies, dass die nachfolgend aufgeführten Probleme mit »hauseigenen Mitteln« nicht gelöst werden können:

- Fälschungen von Absenderadressen,

- Verändern von Inhalten bei IP-Paketen,

- Replay-Angriffe (alte Pakete werden wiederholt gesendet),

- Kopieren und Mitlesen von IP-Paketen während der Übertragung,

- Umleitung von IP-Paketen an einen nicht autorisierten Empfänger,

IPSec fasst eine ganze Reihe von etablierten Standards der **IETF** (Internet Engineering Task Force) zu einem neuen Komplett-Paket mit Mechanismen zum Schutz und zur Authentifizierung von IP-Paketen zusammen. Darunter sind auch Mechanismen enthalten, welche die in den IP-Paketen übermittelten Daten ver- bzw. entschlüsseln.

Die meisten IPSec-Implementierungen sind speziell darauf ausgelegt, eine hochwertige, interoperable und auf Kryptografie basierende Sicherheitsarchitektur für IPv4-Datenpakete zu offerieren. Weiterhin ist bei den meisten IPSec-Implementierung die Erweiterung durch asymmetrische Schlüsselverfahren (z.B. nach RSA) in Form einer Public-Key-Umgebung (PKI) problemlos möglich .

Hierzu werden die drei nachfolgenden »Ansätze« kombiniert:

- Einsatz des Protokolles »Authentication Header« (AH),

- Einsatz des Protokolles »Encapsulated Security Payload« (ESP),

Verwendung des »Internet Key Exchange« (IKE).

Das AH-Netzwerk-Protokoll ermöglicht die Authentifizierung der Datenquelle, die verbindungslose Integrität der Datenpakete und einen optionalen Schutz gegen Paketwiederholung.

Das ESP-Netzwerk-Protokoll hingegen gewährleistet Datenvertraulichkeit, verbindungslose Integrität des Datenpakets, Vertraulichkeit des Datenverkehrsflusses, Authentifizierung der Datenquelle und einen Schutz gegen Paketwiederholung.

Der kryptografische Schlüsselverwaltungsmechanismus IKE »verhandelt« einerseits die unterschiedlichen Krypto-Verfahren, die von den AH- und ESP-Protokollen verwendet werden, anderseits die erforderlichen kryptgrafischen Schlüssel.

Die beiden Netzwerk-Protokolle unterstützen zwei verschiedene Betriebsarten von IPSec, den Tunnel-Modus und den Transport-Modus.

Einer der wesentlichen Vorzüge von IPSec ist seine Unabhängigkeit zu den Verwendung findenden Algorithmen. Diese können und werden somit immer dem aktuellen Stand der Technik angepasst und halten das IPSec Verfahren somit immer attraktiv sicher. Die IPSec zur Verfügung stehenden Verfahren sind in einer als Security Police Database (SPD) bezeichneten Form zusammengefasst und gespeichert. Viele IPSec-Implementierung bieten in ihrer SPD die folgenden kryptografischen Algorithmen an:

- DES, 3DES, CAST, Blowfish und AES (Rijndael)

für symmetrische Verschlüsselungen sowie

- RSA und DSA

für asymmetrische Verschlüsselungen. Eine standardisierte Reihe von Algorithmen wurde durch die IETF spezifiziert, um herstellerübergreifende Interoperabilität zu gewährleisten.

Aber IPSec bietet noch weitere Möglichkeiten. So können Nutzer mit entsprechenden Rechten und natürlich Systemverwalter / Netzwerkadministrator sogenannte IPSec-basierte Sicherheitsdienste exakt gemäß ihren Vorstellungen definieren und auch kontrollieren. So könnte eine unternehmensweite Sicherheitsrichtlinie aufgesetzt werden, dass sämtlicher Datenverkehr aus bestimmten Subnetzen mittels AH und ESP geschützt werden soll. Als Kryptoverfahren soll hierzu 3DES verwendet werden. Alternativ können die Sicherheitsrichtlinien aber ebenso festlegen, dass der gesamte Datenverkehr mit Außendienstmitarbeitern mittels ESP/Blowfish geschützt werden muß.

IPSec ist ausreichend flexibel, um in verschiedenen Szenarien eingesetzt werden zu können. Zum Beispiel in einer

- LAN-LAN-Verbindung mit IPSec-basierter VPN-Technologie,

- in Anbindungen von Außendienstmitarbeitern mit IPSec-basierter VPN-Technologie,

- in IPSec-basierte Sicherheit im LAN,

- und bei IPSec-basierten VPNs innerhalb einer existierenden Netzwerkumgebung, entweder LAN- oder WAN basiert (siehe Kapitel 2.1.2).

7.8.13 DSL (Dynamic Security Link)

Das DSL-Verfahren

7.8.14 IEEE802.1X[21]

Der unter IEEE802.1X ratifizierte Port- und Netzwerk-Standard ist Ausdruck einer gemeinsamen Authentifizierungsmethode von Software-, Server- und Netzwerk-Herstellern. Durch die Kombination aus Authentifizierung und netzwerkbasierten Services, die auf die Anforderungen der User und ihre Geschäftsziele zugeschnitten sind, können Unternehmen den Wert ihrer IT-Infrastruktur erhöhen.

Geplant ist die Verwendung von IEEE802.11X als Bestandteil von IEEE802.11i und LEAP (siehe 7.8.15). Allerdings beinhaltet IEEE802.11X lediglich die wechselseitige Authentifizierung von Access Points und Stations, verzichtet aber auf die Verschlüsselung von deren Kommunikation.

Das Besondere an IEEE802.1X ist die umfassende Methode, mit der User bereits vor dem Zugriff auf Netzwerk-Ressourcen authentifiziert werden können. Diese auch als »Port Based Network Access Control« (**PBNAC**) bezeichnete Methode blockiert den Port-Zugang solange, bis einer erfolgreiche Authentifizierung durchgeführt wurde. Das heißt, ein Port wird erst aktiv, wenn sich die (externe) Station angemeldet hat. Die Authentifizierung selbst erfolgt dabei über das in RFC 2284 (IETF) definierte Extensible Authentication Protocol (**EAP**

Die Definition der Zugriffsrechte und die darüber hinausgehenden Feindefinitionen der Authentifizierung funktioniert mit den meisten Verfahren auch für unternehmensweite Netze ausreichend gut. Darüber hinaus ergänzen und versetzen die netzwerkbasierte Services Unternehmen in die Lage, sich exakt auf die Anforderungen ihrer Nutzer einzustellen.

Dazu John Roese, Chief Technology Officer von Enterasys Networks und Koautor des 802.1X-Standards:

> *»Authentifizierung ist eine wesentliche Voraussetzung für effektive Sicherheitsvorkehrungen und Business-basierte Regeln in LAN-, WAN- oder MAN-Umgebungen. Die Definierung und Authentifizierung der User am Rand des Netzwerks ermöglicht eine genaue Kontrolle der Netzwerk-Ressourcen. Dadurch erhält der User genau die Ressourcen, die er für seine Tätigkeit benötigt – jederzeit und an jedem Ort und ohne Kompromisse bei der Sicherheit des Netzwerks.«*

Lawrence Orans, Senior Analyst der Gartner Group, erläutert:

> *»Netzwerkbasierte Authentifizierung auf Basis des IEEE802.1X Standards ist ein enormer Fortschritt für verbesserte Sicherheit im LAN. Die größten Vorteile liegen in den Authentifizierungsmöglichkeiten für Wireless Access Points auf Basis des 802.11-Standards. Wir gehen davon aus, dass Unternehmen den 802.1- Standard auch in Ethernet Switches integrieren werden. Zudem ist die Handhabung von 802.1X einfacher als die herkömmliche Authentifizierung auf Basis von MAC-Adressen und wird daher eine weite Verbreitung finden. Der Standard erlaubt die Authentifizierung unabhängig davon, an welchem LAN-Port der User sich befindet. Insbesondere Universitäten und Umgebungen mit einer großen Anzahl mobiler User profitieren von diesen Vorteilen.«*

Der neue Standard IEEE802.1X enthält eine Reihe von verbessertern Sicherheitsfunktionen, die sowohl Anwendern leitungsgebundener als auch drahtloser Netzwerke zugute kommen. Wesentlich und bei korrekter Implementierung ist die Isolation der zu schützenden Resourcen vor einem noch unbekannten Anwender. Erst ein initiierter Prozess, der jeden Anwender sowohl beim erstmaligen Zugriff als auch periodisch auffordert, sich durch einen passenden Authentifizierungs-Schlüssel auszuweisen, erlaubt im Erfolgsfall die logische Verbindung respektive Zugang zu den gewünschten Resourcen.

Wichtig sind solche standardisierten Verfahren beispielsweise bei Internetzugang durch WLAN-Clients (IEEE802.11, Wireless LAN) an belebten öffentlichen Plätzen (so genannten Hot Spots, beispielsweise an Flughäfen). Hier erwarten sich die Betreiberfirmen, Hardware-Hersteller und Service-Provider neue Profite für das in letzter Zeit deutlich stagnierende Geschäft, bieten doch bereits herkömmliche WLAN-Verfahren bereits heute all das was der kommende UMTS-Standard zukünftig in Aussicht stellt.

Zur Erleichterung der Sicherheitsadministration solcher (und anderer) Szenarien, hat das IEEE[22] den 802.1X-Standard[23] geschaffen, der dem Administrator eine zentrale, skalierbare und leicht verwaltbare Authentifizierung und Zugriffskontrolle von WLAN-Clients an Access Points (AP) verspricht. Dazu implementiert 802.1X das bereits erwähnte *Extensible Authentication Protocol* (EAP, RFC 2284[24]) und greift für die Durchführung der Authentifizierung auf einen zentralen RADIUS-Server (gemäß RFC 2138[25]) zu.

In der Hirachie der Sicherheitsverfahren zwischen WEP (sehr unsicher) und VPN (sehr sicher) nimmt die portbasierte Authentifizierungsmethode IEEE802.1X eine Mittelstellung ein. Da sie bereits Jahr 2001 als gültiger IEEE-Standard verabschiedet worden ist und auch von der Sicherheit her eine gute Figur macht, kommt sie heute immer öfter bei Systemen mittleren bis hohen Sicherheitsbedarfs zum Einsatz.

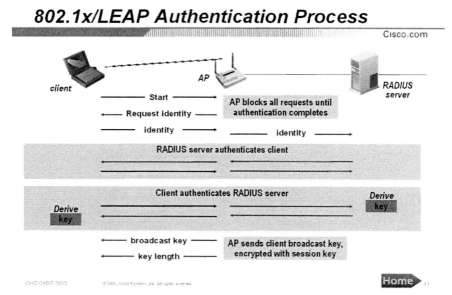

Abbildung 7.6: Das Schema der IEEE802.1X Authentifizierung gleicht einem doppelten Ping-Pong-Spiel einerseits zwischen Access Point und Station (Client) und andererseits zwischen Access Point und RADUIS-Server: Doch erst nach dem Austausch des Session-Keyes beginnt der LEAP-verschlüsselte Transfer von Nutzdaten.(Bildquelle: Cisco)

Auch 3Com (Werbeslogan *»Drahtlos – aber sicher«*) hatte ein Einsehen und setzt in der Produktreihe »Access Point 8000« nun ebenfalls auf IEEE802.1X/LEAP in Verbindung mit einem RADIUS-Server, nachdem er in der Produktreihe »Access Point 6000« noch auf das proprietäre DSL-Verfahren vertraut hatte. Damit erreicht auch 3Com ein Sicherheits- und Aufwandsniveau, das deutlich über dem von WEP, wenngleich noch deutlich unter dem einer VPN-Verbindung liegt.

So finden Anwender bei den aktuellen 3COM WLAN-Produkten im Regelfall Unterstützung von

- Authentifizierung über IEEE802.1x,

- RADIUS[26]-Server mit dynamischen Schlüsseln (ohne WEP-Technologie),

- EAP-TLS (Extensible Authentication Protocol Transport Layer Security),

- EAP-MD5 Protocol (oder alternativ, 3COM-spezifisch) sowie

- Dynamic-Security-Link (AES mit 128 Bit Keys).

Dadurch wird der RADIUS-Server in die Lage versetzt, auch WLAN-Clients (basierend auf 3COM NICs) über EAP-MD5 zu authentifizieren. Der RADIUS-Server verwendet für den Austausch der dynamisch wechselnden Schlüssel (in periodischen Abständen auch während einer bestehenden Session) und die Verschlüsselung selbst das schon bekannte EAP-TLS Protokoll, wobei TLS der Nachfolger des NetScape-Standards SSL ist.

Für den WLAN-Client ist das Gesamt-LAN solange unerreichbar, bis er sich erfolgreich beim AP unter Verwendung des IEEE802.1X Protokolls angemeldet hat. Dazu wird ein (well-known) logischer Port des RADIUS-Servers verwendet. Im positiven Fall (Erlaubnis erteilt) erhält der anfragende WLAN-Client den gewünschten WLAN-Zugang über einen weiteren (anderen) logischen Port.

Der IEEE802.1X Standard ist auch bei Netzwerker Cisco recht beliebt, der ihn in der Produktreihe Aironet 350[27] einsetzt.

Die normierende Kraft ist auch in diesem Fall wieder einmal der Betriebssystemhersteller Microsoft, der IEEE802.1X unter anderem in Windows XP[28] und in den verschiedenen PocketPC-Varianten als Bestandteil .NET einführt[29].

Als klare Alternative zu dem WEP-Desaster kommen EAP, IEEE802.1X und RADIUS für all diejenigen in Betracht, die nicht gleich ein VLAN einsetzen möchten. Doch auch diese Kombination könnte noch die eine oder andere unangenehme Überraschung parat haben, den die bekannten Schwachstellen-Sucher von der Uni Maryland (siehe Kasten) haben bereits erste Schwächen gefunden, die zudem nach Meinung der Maryland-Forscher leicht zu beseitigen wären.

Arbaugh und Mishra zufolge erweisen sich nachfolgende Punkte als problematisch für die Sicherheit des IEEE802.1X-Protokolles:

- Es finden sich keine Authentifizierungs- und Integritätsmechanismen für Management-Frames.

- eine nur als schwach zu bezeichnende Abstimmung zwischen Client und AP bei der Authentifizierung und Assoziierung wird vorgenommen.

- Eine bidirektionale Authentifizierung wird vermisst.

Es wäre also möglich – unter vertretbarem Aufwand – Verbesserungsmaßnahmen zur Authentizitätssicherung der Nachrichten innerhalb EAP zu ergreifen sowie eine striktere Überprüfung der auftretenden Zustände in der 802.11-internen State Machine bei An- und Abmeldung durchzuführen. Zudem müssten sich Clients und APs grundsätzlich mit Misstrauen begegnen, sodass eine beiderseitige Authentifizierung erforderlich würde.

Bereits diese wenigen Änderungen würden den Authentisierungsstandard IEEE801.1X zum besten Sicherungsverfahren seiner Klasse machen, in Anbetracht dessen, was der Markt und das IEEE derzeit zu bieten haben. Im Gegensatz zur CPU-lastigen Verschlüsselung erfordert dieses eindeutige Plus an Sicherheit keine Änderungen an der bestehenden Hardware, ließe sich also für bestehende wie künftige Systeme problemlos nutzen.

MARYLAND KNACKT IEEE802.1X STANDARD

Die beiden Forscher und Sicherheitsspezialisten William Arbaugh[30] und Arunesh Mishra[31] von der Universität Maryland[32] dokumentieren in einem internen Papier, dass IEEE802.1X ebenfalls (ähnlich WEP) ganz erhebliche Schwächen aufweist. In ihrer Untersuchung »An Initial Security Analysis of the IEEE802.1X Standard«[33] schildern sie zwei Fälle, in denen ein Angreifer die erfolgreiche Authentifizierung eines rechtmäßigen WLAN-Clients zum unbefugten Systemzugang ausnutzen kann.

In diesem durchaus nicht nur akademisch nachzuvollziehende Beispielszenario »entführt« der Angreifer eine reguläre Client Access Point-Verbindung nach erfolgter Authentifizierung, indem er den Access Point kurzerhand emuliert (sogenanntes Session-Hijacking). Anschließend meldet der Angreifer den Client zwangsweise mit einer »Disassociate«-Nachricht ab. Da nun der Client glaubt, abgemeldet zu sein, kann der Angreifer die Sitzung mit diesem AP übernehmen. Der AP selbst merkt dummerweise von dem ganzen Spuk überhaupt nichts. Dieser Angriff funktioniert allerdings nur, solange er relativ enge Timing-Bedingungen einhält und das WLAN-Verschlüsselungsprotokoll WEP[34] entweder nicht eingesetzt wird oder bereits gebrochen[35] ist.

In einem weiteren, zweiten Szenario kommt eine klassische `Man-in-the-Middle`-Attacke[36] zum Einsatz, in der sich der Angreifer gegenüber dem Access Point als Client und dem gegenüber wiederum als AP ausgibt, sich somit in die Mitter der Verbindung »dazwischenklemmt«. Dadurch kann er alle Nachrichten in Ruhe untersuchen und gegebenenfalls nach vollzogener Manipulation an den noch ahnungslosen Empfänger weiterleiten. Diese Form der Attacke ist möglich, da der AP nur den Client authentifiziert (ähnlich wie bei GSM, hier authentifiziert sich nur das Handy bei der Basisstation, aber nicht umgekehrt, daher ist bei GSM der Betrieb so genannter IMSI-Catcher zur Mobilfunküberwachung so beliebt).

Anschließend setzt der Angreifer die (gefälschte Meldung) über die erfolgreiche Authentifizierung (EAP-Success) des Access Point an den WLAN-Client. Danach läuft der Datenverkehr zwischen WLAN-Client und AP über den Angreifer. Der **WECA**[37] (Wireless Ethernet Compatibility Alliance) zur Folge soll dieser Bug bereits behoben sein[38], was William Arbaugh jedoch ernsthaft anzweifelt.

Ultima Ratio

An dieser Stelle muss man sich langsam einmal fragen, warum es anscheinend so schwer ist, das Kräftegleichgewicht zwischen Krypto-Maker und Krypto-Breaker auf die Seite der »Maker« hin zu verlagern. Sitzt in den Standard-Bodys nur ein Haufen Inkompetenter, die zwar in der Lage sind, Lobbyistenforderungen der Industrie »durchzudrücken«, anstatt sich mit dem Design ordentlicher und auch hinsichtlich der Sicherheit funktionierenden Standards zu befassen?

Zumindest beim aktuellen Beispiel des IEEE802.1X scheint dies aber nicht der Fall zu sein. So bringen es denn auch die Forscher der Uni Maryland in ihrem Papier auf den Punkt:

Laut Arbaugh hat sich die 802.1X-Spezifikation als korrekt erwiesen, wie er und Mishra in ihrem Papier ausführen.

»Man sagt, das 1X-Protokoll sei in einer verteilten Umgebung unsicher, ausser wenn ein Verbund eingerichtet wird. Da 802.11 das nicht macht, gilt es auch als unsicher,« führt Arbaugh aus.

Die Spezifikation liest sich in dieser Beziehung auf Seite 35, Absatz 7.9, Zeile 34-39 folgendermaßen.

»Man muss klar stellen, dass die Verwendung nur sicher gemacht werden kann, wenn die Kommunikation zwischen Ausgangssystem und Access Point unter einer sicheren Verbindung stattfindet. Wenn man versucht, EAPOL in einer verteilten Umgebung zu verwenden, die sichere Verbindungen nicht unterstützen, ist das Risiko für Angriffe von außen groß.«

Damit wird zumindest klar, was der Standard IEEE802.1X – übrigend ganz offiziell – NICHT hergibt: Er beinhaltet keinerlei Verschlüsselungsfunktion. Hier mag der geneigte Lesen fragen, warum man neben der Authentifizierung die Finger von der Verschlüsselung gelassen hat. Was darüber hinaus ebenfalls fehlt, ist dann noch ein gutes Verfahren für den sicheren Verbindungsaufbau (»unless a security association is established«).

An dieser Stelle müssen wir zwangsweise unzufrieden bleiben. Warum in aller Welt setzt die IEEE einen aus unserer Sichtweise unvollständigen und damit letztlich sinnlosen Standard in die Welt? Warum lesen Systemspezialisten zum Zeitpunkt der Umsetzung eines Standards in lebendigen Code diese Limitierung nicht bzw. warum schlagen sie keinen Alarm? Es kann doch nicht Aufgabe des Anwenders sein, immer und immer wieder das Versuchskaninchen in punkto Sicherheit spielen zu müssen!

IEEE802.1X BEI MICROSOFT WINDOWS XP

Auch Microsoft setzt in seinen Betriebssystemen (hier XP) auf IEEE802.1X. Einen exzellenten, sechsseitigen Übersichtsartikel findet der geneigte Leser im Internet im Microsoft Online Magazin der April-2002-Ausgabe des »Cable Guy«[39].

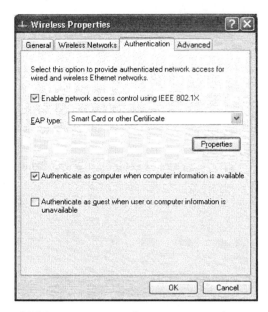

Abbildung 7.7: Windows XP Support für IEEE802.1X

7.8.15 EAP[40] und LEAP[41]

Als das Extensible Authentication Protocol (EAP) als eine Erweiterung zum bekannten PPP entwickelt wurde, bemerkte man recht schnell, das es darüber hinaus zu »mehr« nützlich sein konnte. Seitdem wird es als sogenannter Default-Authentifizierungs-Mechanismus für den IEEE802.1X Standard verwendet. Er arbeitet hier als Punkt-zu-Punkt Protokoll (PPP), das für die Authentifizierung zwischen Access Points respektive Stations zuständig ist

Die Architektur von EAP ist modular gestaltet, daher lassen sich die Authentifizierungs-Plug-in-Module beidseitig sowohl für den Client-Einsatz als auch auf der Server-Seite einsetzen. Somit reicht die Neugestaltung einer EAP-Type-Bibliotheksdatei aus, um auf den beiden Seiten der Punkt-zu-Punkt Verbindung ein neues Authentifizierungsschema verfügbar zu machen.

Kompatibel zum bestehenden WEP-Verfahren bietet EAP darüber hinaus einen vom Benutzer definierbaren Time-Out-Mechanismus, der nach einer voreingestellten Zeit die Session-Keyes für ungültig erklärt und damit die erneute Aushandlung eines somit dynamischen Schlüssels erzwingt. Ein solches Verfahren wird auch als dynamische Schlüsselgenerierung (ähnlich wie TKIP) bezeichnet, ganz im Gegensatz zum statischen WEP-Verfahren.

In den Anfängen wurden EAP-Meldungen unabhängig von WLANs lediglich zur dynamischen Lastregelung im PPP-Verkehr verwendet. Von den Entwicklern des aktuellen Standards IEEE802.1X werden diese Pakete jedoch neu verpackt, um sie auch über Ethernet oder WLAN-Segmente versenden zu können (**EAPover-LAN** oder **EAPOL**).

Konkret verwendet Windows XP das EAP-TLS (Transport Level Security) für die Authentifizierung drahtloser Verbindungen. Die exakte Definition des Protokolles ist im RFC 2716 dokumentiert, seine Anwendung liegt vornehmlich in zertifikats-basierenden Sicherheitsumgebungen. Er steuert und realisiert eine bidirektionale gegenseitige Authentifizierung, indem er den Übergang aus einer »ungeschützten Normallage« hin zu einem geschützten Datenverkehr steuert und ist darüber hinaus auch für die Schlüssel-Signierung zwischen dem drahtlosen Client und seinem AP zuständig.

Der bereits bekannte **RADIUS-Server** übernimmt bei EAP die sichere zentrale Authentifizierung und sorgt somit für das periodische Erneuern der Session-Keys.

LEAP[42] steht für Lightweight EAP und ist die Cisco-Variante von EAP, die freilich zueinander kompatibel sind. LEAP umfasst die gegenseitige (bidirektionale) Authentifizierung von Access Points und Stations, ein dynamisches Verfahren für die Generierung sicherer Session-Keyes, wobei im Gegensatz zu WEP jeder User und jede Session einen frischen, eigenen RC4-Schlüssel erhält, der jedoch zu WEP kompatibel ist.

7.8.16 Protected EAP

Als verbesserte Variante läst sich PEAP interpretieren, hier wurden die erkannten Schwachstellen von IEEE802.1X repariert. Diese Verbesserungen wurden gemeinsam von den Firmen RSA, Microsoft und Cisco durchgeführt und der IETF unter dem Namen **PEAP** als zukünftigen Standard vorgeschlagen.

7.8.17 High Security Solution

Das IPSec-Verfahren ist als besonders sicher bekannt. Es gehört beim künftigen IPv6-Standard grundsätzlich zur Basisdefinition des Standards und wird bei der *High Security Solution* von Ericsson als Basis für die Authentifizierung, Verschlüsselung und Integritätssicherung des WLANs eingesetzt. Darüber hinaus kann sogar optional eine Public Key Infrastructure (**PKI**) eingesetzt werden, um die Authentifizierung mit X.509-Zertifikaten auf den faktischen Industriestandard zu bringen.

7.8.18 AVVID

Cisco, auch bekannt als Spezialist für die Sicherung von Netzwerkarchitekturen hat für den Anwender mit besonder hohen Anforderungen ein internes Framework namens **AVVID** (Architecture for Voice, Video and Integrated Data) zu bieten. Es bietet letztlich die vollständige Sicherung kleinster und größter Netzwerkarchitekturen.

Technisch gesehen geht der AVVID-Ansatz weit über reine Sicherheitsmerkmale hinaus, denn er adressiert Themenbereiche wie

- Quality of Service (QoS)

- Security

- High Availability

- Management

- Multicasting

Weitere Informationen zu AVVID finden sich im Internet unter `http://www.cisco.com/warp/public/cc/so/cuso/epso/ese/nifna_ds.htm`.

7.8.19 SAFE[43] Blueprint[44]

Wem das alles nicht reicht, dem kann Cisco auch noch mehr bieten. Ein besonders flexibles und dynamisches Verfahren für Sicherheitsbelange und VPN-Netzwerksstrukturen nennt sich SAFE Blueprint. Es basiert auf der ursprünglichen AVVID Architektur, auf einem modularen Netzwerkdesign, in dem Security-Designs, Implementierungs- und Management-Prozesse für Benutzer spezifiziert werden.

Die Besonderheiten von SAFE Blueprint liegen in seinen adaptierbaren Sicherheitseigenschaften; so können Netzwerke vor externen und internen Angriffen hervorragend gesichert werden. Jedes einzelne Design-Modul (als Blueprint adaptiert auf die spezifischen Kundenbelange) bezieht sich auf einen spezifischen Bereich der Netzinfrastruktur. Es adressiert die Sicherheits-Bedürfnisse des Datenverkehrs innerhalb einer großen Bandbreite von LAN-Umgebungen.

Insgesamt verfügt SAFE Blueprint über die folgenden vier Eigenschaften (Angaben basieren auf technischen Unterlagen der Firma Cisco):

1. *Message Integrity Check (MIC):* Diese Erweiterung erkennt und verwirft Pakete, die während einer Übertragung (z.B. über die Luftschnittstelle) verändert wurden. Die Funktion basiert auf der Überprüfung von Quell- und Ziel-MAC-Adresse, encrypted Payload und MIC-Schlüssel.

2. *Dynamischer WEP-Schlüssel:* Um bei Verlust eines Netzwerk-NICs (nebst Schlüssel) das Netzwerk vor passiven Angriffen zu schützen. Beinhaltet die jeweilige Änderung des WEP-Schlüssels pro Paket.

3. *Policy-based Key Rotation:* Schlüsselrotation pro Benutzer, pro Sitzung und bei jeder Broadcast-Signalisierung für die Zuweisungen der Clients zum Access Point. Geht weit über das statische WEP Modell hinaus. Die Erzeugung eines neuen Schlüssels bei »Timeout« für Unicast-Schlüssel kann zentral am Cisco Access Control Server oder Access Registar Server konfiguriert werden.

4. *RADIUS-Abrechnungsberichte:* Jedes Mal, wenn sich ein Client an einem Access Point anmeldet oder ihn verlässt, kann der Kunde Berichte, Prüfungen und sogar Rückzahlungen für die Wireless-LAN-Nutzung veranlassen.

7.8.20 TKIP[45]

Eine der wesentlichen Fehlstellungen des WEP-Systems sind seine statischen Schlüssel. Dadurch wird es ab einer bestimmten Anzahl mitprotokollierter Pakete möglich, den verwendeten Schlüssel »auszurechnen«. Hier verspricht TKIP mit seiner schnellen Generierung von Schlüsseln, die dann bei der drahtlosen Übertragung anstelle des anfälligen Schlüsselverfahrens von WEP zum Einsatz kommen soll, wesentliche Verbesserungen. TKIP als Verfahren ist Kernstück des künftigen Sicherheitsstandards WEP 2002, der als IEEE802.11i ratifiziert und auch Bestandteil von IEEE802.11g werden soll. TKIP könnte somit bereits ab dem dritten Quartal 2002 zur Verfügung stehen und maximale Interoperabilität mit den statischen Schlüsselmethoden in der Vorgängerversion WEP gewährleisten.

Seine Hardware-Unabhängigkeit ermöglicht grundsätzlich auch eine Aktualisierung von Altsystemen, hier sind also die Hersteller gefordert. Darüber hinaus umfasst TKIP den so genannten Message Integrity Check (**MIC**), der eine Nachricht darauf hin überprüft, ob sie authentisch oder gefälscht ist.

TKIP können sogar mit externen Verfahren wie **RADIUS** oder **Kerberos** zusammen arbeiten, wobei (leider) in der aktuellen Kerberos-Implementierung ebenfalls noch Sicherheitslücken zu stopfen sind: Beide Verfahren generieren so genannte Tickets, das sind Session-Keys, die nur für die Dauer einer Sitzung Gültigkeit haben und sogar während einer Sitzung widerrufbar sind.

TKIP verwendet das in EAP-TLS (siehe 7.8.15) definierte Handshake-Verfahren und erzwingt nach jeweils 10 Kbyte übertragenen Paketdaten eine Aktualisierung der verwendeten Schlüssel (Session Keys).

Wesentliche Bestandteile von TKIP

• *Re-Keying:* Dieser Mechanismus sorgt dafür, dass die im WLAN benutzten kryptografischen Schlüssel automatisch und ausreichend schnell (maximal 5 Minuten Nutzungsdauer pro Key) gewechselt werden. Damit ist es in Zukunft für einen potenziellen Angreifer unmöglich, auch nur annähernd ausreichend viele Daten passiv durch »Mithören« zu sammeln, um einen WLAN Schlüssel daraus zu rekonstruieren.

- *Per-Packet-Mixing:* Die Schlüsselinformationen werden an jeweils unterschiedlichen Stellen innerhalb eines Datenpakets eingefügt. Dies erschwert das Auffinden des Schlüssels beträchtlich.

- *Re-Sequencing:* Die Datenpakete werden ständig in ihrer Reihenfolge vertauscht, was die Rekonstruktion der Originaldaten stark erschwert, zumal es sich ja bei den Daten nicht um Klartext, sondern um Chiffretext handelt.

- *Message-Integrity-Check (MIC):* Die Paketdaten werden einem kryptografischen Hash-Verfahren (eine Art erweiterter CRC-Prüfsumme) unterworfen, damit Manipulationen auf der Luftschnittstelle sofort erkannt werden können.

DER RC4-ALGORITHMUS

RC4 [46]ist ein für Software optimierter Stromchiffrierer (Stream Cipher), der 1987 von Ron Rivest (Ron's Cipher 4), einem Miterfinder des RSA-Verfahrens, entwickelt wurde. Im Gegensatz zu den weit verbreiteten Blockchiffrierern (wie IDEA, DES, RC5), die immer einen ganzen Block (in der Regel bestehend aus 64 Bit) des Klartextes verschlüsseln, arbeiten die Stromchiffrierer auf der Bitebene.

RC4 ist im Grundsatz ein Pseudo-Zufallszahlengenerator, wobei die Zahlen mit den zu verschlüsselnden Daten durch eine XOR-Operation verknüpft werden. Aus diesem Grund sollte nicht zweimal der gleiche Schlüssel für die gleichen Daten verwendet werden, weil dann der Schlüssel zu leicht zu rekonstruieren ist.

Da die RSA Data Security Inc. den nicht patentierten Algorithmus geheim hielt, gab es bis zum Jahre 1994 offiziell keine verlässlichen Sicherheitsabschätzungen. Im September 1994 wurde jedoch auf der Mailingliste der Cyber-Punks anonym ein Quellcode veröffentlicht, der sich nach ausführlichen Tests mit offiziellen RC4-Implementierungen als voll kompatibel herausstellte.

Besonders attraktiv ist die hohe Ablaufgeschwindigkeit auf Standard Prozessoren – etwa fünf- bis zehnmal schneller als das weit verbreitete DES. Darüber hinaus ist der Code extrem kompakt. Daher findet RC4 in vielen Echtzeit-Systemen Anwendung, etwa im Mobilfunk (Cellular Digital Packet Data) oder bei SSH (Secure Shell). Aber auch Netscape mit SSL, Lotus mit Lotus Notes, Apple mit AOCE und Oracle mit Secure SQL vertrauen auf RC4.

RC4 besitzt eine variable Schlüssellänge von bis zu 2048 Bit. Ende 2001 lag der zeitliche Aufwand, auf einem 2 GHz schnellen PC das auf RC4-basierende WEP-Verfahren mit 40 Bit Schlüssellänge mittels Brute-Force-Attacke zu brechen, bei ca. 15 min, bei 104 Bit Schlüssellänge nur etwa 30 Minuten länger.

DER AES ALGORITHMUS RIJNDAEL

Nach fast 25 Jahren hat der amerikanische Standard Chiffrieralgorithmus DES (Data Encryption Standard) ausgedient. Also schrieb die NIST (National Institute of Standards and Technology) die Suche nach einem verbesserten Kryptostandard (AES) aus.

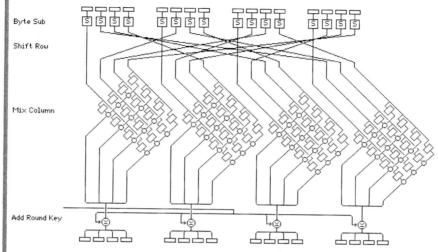

Abbildung 7.8:   Visualisierter Datenfluss beim Ver- und Entschlüsseln mit AES

Und die gewann der Algorithmus »Rijndael« der belgischen Kryptologen Dr. Joan Daemen und Dr. Vincent Rijmen am 02.10.2000. Dadurch wurde »Rijndael« zu AES (und damit Standard).

AES ist ein symmetrischer Blockalgorithmus, unterstützt Schlüssel mit 128, 192 und 256 Bit, ist in Hard- und Software leicht implementierbar und sehr schnell, frei von Patenten, unentgeltlich nutzbar und widersteht allen bekannten Methoden der Krypto-Analyse. Die grundlegenden Basis-Operationen von Rijndael sind btewises Ersetzen, Vertauschen und XORing.

7.9   Wer beerbt den WEP-Standard

Aus heutiger Sicht wird es »den einen alles ersetzenden Sicherheitsstandard« nicht geben, stattdessen werden wir wohl in den nächsten Jahren mit einer gewissen Zersplitterung leben müssen.

Um eine Prognose zu wagen, wollen wir eine Sortierung aktueller und zukünftiger Sicherheitsstandards im Bereich WLAN vornehmen. Aus Sicht der Autoren lassen sich all die Verbesserungsvorschläge wie folgt gliedern. estehende Systeme lassen sich

- mit TKIP

- einem RADIUS-Server und

- dem Portstandards IEEE802.1X sowie

- EAP

noch einigermaßen nachbessern, wenngleich in IEEE802.1X sowie EAP noch einige Lücken zu stopfen sind. Für einige der bestehenden Systeme wird das jedoch nicht mehr möglich sein, weil deren Hersteller nicht mehr existieren (z.B. ELSA).

In künftige Systeme wird höchstwahrscheinlich auf Seiten der Authentifizierung die

- nachgebesserte Version von IEEE802.1X sowie

- das Protected Extensible Authentication Protocol

einfließen, während auf Seiten der Verschlüsselung

- der Advanced Encryption Standard

an Stelle des heute häufig verwendeten RC4-Verfahrens treten wird.

	Authentifizierung	Verschlüsselung
Heutige IEEE802.11-WLAN-Systeme	TKIP RADIUS IEEE802.1X/EAP	RC4 (128 Bit)
Zukünftige IEEE802.11-WLAN-Systeme	WEP2002 KERBEROS IEEE802.1X/PEAP	AES (256 Bit)

Tabelle 7.1: die Tabelle vergleicht heute existente und künftig verfügbare Authentifizierungs- und Verschlüsselungs-Systemen für WLANs, die an Stelle von WEP treten könnten.

7.9.1 Heute verfügbare Wi-Fi-Produkte (TKIP)

Schon seit geraumer Zeit wird seitens der WECA innerhalb des Standardentwurfs IEEE802.11i (siehe 7.8.6) an neuen Sicherheitsverfahren für WLANs gearbeitet. Die besten Chancen, WEP komplett zu ersetzen, hat dabei das TKIP (Temporal Key Integrity Protocol), das auf den Vorschlägen von 3COM, Cisco und der RSA Data Security Inc. aufsetzt.

Damit wären alle heute bekannten Sicherheitsprobleme vom Tisch. Sämtliche aktuell existierenden WLAN-Systeme könnten mit einem Security Fixpack auf den Stand der verfügbaren Technik gehoben werden. Damit träte TKIP die Nachfolge von WEP an, zumal bereits die Wireless Ethernet Compatibility Alliance **WECA**

Die Software-Architektur von TKIP macht ausgiebig Gebrauch von modularisierten Treibern bzw. Firmware-Packages. Durch diesen der Technologie entsprechendem Trend sind diese Änderungen relativ einfach in die bestehenden Systeme integrierbar – soweit die Hersteller mitspielen. Somit besteht Hoffnung für alle diejenigen, die heute bereits ein WLAN-System betreiben.TKIP sollte eigentlich ab Juni 2002 für Endanwender auf der Homepage ires WLAN-Hardware-Providers zum (hoffentlich kostenfreien) Download zur Verfügung stehen.

Dabei sollte der Anwender aber nicht aus den Augen verlieren, dass es sich beim TKIP de facto nur um einen Workaound handelt, denn sicherheitstechnisch bewertet ist das TKIP nur eine praktikable Hilfskonstruktion, das die fundamentalen Schwächen des Wi-Fi-satzes nicht ausgleichen kann.

Sollte sich auch das TKIP sicherheitstechnisch als anfällig erweisen, wäre – wie WEP – ein sofortiger Totalverlust an Benutzervertrauen, Zugriffskontrolle und Authentifizierung die Folge. So unbegründet ist diese Befürchtung nicht, denn der strukturelle Designfehler des Wi-Fi-Ansatzes für WLANs nach IEEE802.11, alle Sicherheitssysteme voneinander abhängig zu gestalten, ist nachträglich nicht mehr korrigierbar – jedenfalls nicht ohne eine komplette Ersatzvornahme bereits im Markt befindlichen Equipments

7.9.2 Künftige WLAN-Systeme (WEP2002)

Wie bereits erwähnt, planen die IEEE-Standardgremien, bei zukünftigen WLAN-Systemenfür die Verschlüsselung den AES (Advanced Encryption Standard) einzusetzen, derekanntermaßen bereits vom National Institute of Standards (NIST) als Nachfolger für den veralteten und per se als unsicher zu bezeichnenden **DES** betrachtet wird.

Der Pferdefußdieser Entscheidung ist aber ebenfalls die Implementierung neuer Hardware, denn die AES-Verarbeitung der transferierten Daten würde der Standard-CPU (auffallend) zu viel Rechenkapazität entziehen. Daher werden die Client-NICs wohl um Krypto-Koprozessoren zur autonomen AES-Bearbeitung ergänzt werden müssen.

Die ersten kommerziellen Realisierungen werden bei den WLAN-Marktführern vermutlich auf der CeBIT 2003 zu bestaunen sein.

7.10 Best of Practice-Vorschlag

Je nach Ausgangslage lassen sich aufgrund der gegenwärtigen Situation vier Best of Practice-Sicherheitsszenarien aufstellen:

- *Szenario 1*: Sie brauchen keine Sicherheit und streben stattdessen eine möglichst große Reichweite und Kompatibilität Ihrer WLAN-Komponenten an, etwa bei Ausrichten von LAN-Partys, bei der Bereitstellung von WLAN-Internetzugängen als Marketingmaßnahmen (Internet Café) oder in so genannten **HAN**s (Home Area Networks) respektive **NAN**s (Neigbourhood Area Networks). Dann brauchen Sie NICHTS zu unternehmen, nur alle vorhandenen Sicherheitsmerkmale AUSZUSCHALTEN.

- *Szenario 2*: Sie müssen mit der bestehenden Ausstattung zurechtkommen und haben nur ein relativ kleines Sicherheitsbedürfnis. Dann reicht als Grundsicherheit der statische WEP-Mechanismus, wie ihn die WiFi definiert hat, aus: Mit SSID und einer restriktiven Schlüsselvergabe erschweren Sie es zumindest Zufallseindringlingen, Ihr Netz für eigene Zwecke zu nutzen.

- *Szenario 3*: Ein nach heutigen Sicherheitsstandards akzeptables Maß für den Betrieb drahtloser Netze oder Netzsegmente, wie es für kommerzielle Umgebungen erforderlich ist, bietet der in Tabelle 7.1 aufgezeigte Königsweg zwischen existierenden und künftigen Sicherheitsmaßnahmen. Allerdings darf der Aufwand für die Integration, aber auch für die Konfiguration und Wartung der hierfür erforderlichen Back-End-Sicherheitssysteme (RADIUS- oder Kerberos-Server) nicht zu gering geschätzt werden.

- *Szenario 4*: Wer auch noch morgen auf der sicheren Seite sein möchte oder sich überhaupt kein Risiko erlauben kann, kann heute wie morgen nur auf End-to-End-Sicherheitssysteme wie VPN oder IPSec setzen. Ein gewissenhafter, verantwortungsbewusster Systemadministrator sollte hierfür Technologien wie SSLv3.1, TLSv1.0 oder IPSec im gesamten LAN – und somit auch im WLAN – verwenden.

---

1 http://www.inf.tu-dresden.de/~hl4/material/DASIS2N.RTF
2 http://www.wirtschaft.tu-ilmenau.de/wi/wi2/Lehre/ZKS/
   Netz_ZAS_09_Sicherheit_Teil1.pdf
3 http: //wwwdb.inf.tu-dresden.de/lehre/DWB/t11.pdf
4 Die Sicherheit und Praktikabilität biometrischer Sensoren wird heutzutage von Experten teilweise bezweifelt.
5 Ein ungelöstes Problem stellt der Garantie- oder Service-Austausch defekter Festplatten dar, die noch ungelöschte Betriebsdaten enthalten.
6 beispielsweise die Klassifizierung von Textverarbeitungs- oder Datenbank-Applikationen
7 beispielsweise Textverarbeitungsmakros oder Datenbank-Eingabemasken
8 beispielsweise Texte oder Datenbankeinträge
9 http: //www.wi-fi.org/pdf/Wi-FiWEPSecurity.pdf
10 www.telepolis.de/deutsch/inhalt/lis/11211/1.html
11 http: //www.isaac.cs.berkeley.edu/isaac/wep-draft.pdf
12 http: //www.cs.umd.edu/%7Ewaa/wireless.pdf
13 http: //www.rsasecurity.com/rsalabs/technotes/wep.html
14 http: //www.cs.rice.edu/~astubble/wep/
15 http: //www.cs.umd.edu/~waa/1x.pdf
16 http: //194.175.18.166/international/uk/products/networking/
   wep_secu.pdf
17 http: //www.nsa.nasa.gov/

18 http: //www.rsasecurity.com/rsalabs/technotes/wep-fix.html
19 dokumentiert und spezifiziert in RFC 2058 und RFC 2059
20 http://www.tu-darmstadt.de/hrz/netz/netzdienste/umstell.html
21 Authentifizierung von Benutzern auf MAC-Ebene (OSI Level 2)
22 http://www.ieee.org/
23 http://www.ieee802.org/1/pages/802.1X.html
24 http://www.ietf.org/rfc/rfc2284.txt
25 www.ietf.org/rfc/rfc2138.txt
26 Remote Authentication Dial-In User Service. Es beschreibt ein Verfahren zur zentralen Authentisierung von Benutzern eines Netzwerkservices. Darüber hinaus können auch »Accounting-Information« übermittelt werden.
27 http://www.cisco.de
28 http://www.microsoft.com/technet/treeview/default.asp?url=/TechNet/prodtechnol/winxppro/reskit/prdc_mcc_corc.asp
29 http://msdn.microsoft.com/library/default.asp?url=/library/en-us/wceddk40/htm/cmcon8021xauthentication.asp
30 http://www.cs.umd.edu/~waa/
31 http://www.arunesh.com/
32 http://www.umd.edu/
33 http://www.cs.umd.edu/~waa/1x.pdf
34 http://www.isaac.cs.berkeley.edu/isaac/wep-faq.html
35 http://www.heise.de/newsticker/data/ea-20.08.01-000/
36 http://www.informatik.tu-darmstadt.de/TI/Lehre/WS99_00/Seminar/Kryptographie_im_Internet_und_Intranet/Ausarbeitungen/Ausarbeitung_Philipp_Masche/Ausarbeitung/doc/authentifikation-30.htm
37 http://www.wirelessethernet.org
38 http://www.e-businessworld.com/ic_814394_912_9-10000.html
39 http://www.microsoft.com/technet/treeview/default.asp?url=/technet/columns/cableguy/cg0402.asp
40 Extensible Authentication Protocol
41 Lightweight Extensible Authentication Protocol
42 http: //www.cisco.com/warp/public/cc/pd/witc/ao350ap/prodlit/1281_pp.htm
43 Secure Architecture for E-Business
44 http://www.cisco.com/go/SAFE
45 http://www.isp-lanet.com/fixed_wireless/technology/2002/better_than_wep.html
46 http://theory.lcs.mit.edu/~rivest/

Anhang A

Zusätzliches Dokumentationsmaterial

A.1 Funkkanäle für IEEE802.11b

Kanal-nummer	Frequenz [MHz]	Amerika	ETSI	Israel	China	Japan
1	2412	X	X	-	X	X
2	2417	X	X	-	X	X
3	2422	X	X	X	X	X
4	2427	X	X	X	X	X
5	2432	X	X	X	X	X
6	2437	X	X	X	X	X
7	2442	X	X	X	X	X
8	2447	X	X	X	X	X
9	2452	X	X	X	X	X
10	2457	X	X	-	X	X
11	2462	X	X	-	X	X
12	2467	-	X	-	-	X
13	2472	-	X	-	-	X
14	2484	-	-	-	-	X

Tabelle A.1: Je nach Region in der Welt sind manche Frequenzen nicht verfügbar. Darüber hinaus gelten zusätzlich regionale Beschränkungen: So können in Frankreich, obwohl im ETSI-Gebiet gelegen, nur die Kanäle 10 bis 13 genutzt werden. Und obwohl Mexiko zur Region Amerikas zählt, dürfen dort indoor nur die Kanäle 1 bis 8 und outdoor die Kanäle 9 bis 11 verwendet werden. (Quelle: Cisco[1])

A.2 Vergleich IEEE802.11b versus IEEE802.11a

Höhere Zelldichte

Darüber hinaus erlaubt die a-Variante eine höhere Zelldichte, also die Einrichtung von mehr benachbarten Funkzellen.

Der Einfluss der Co-Channel Interference (CCI)

Ein Szenario wie in Abbildung A.3 lässt sich mit IEEE802.11b indes deshalb nicht realisieren, weil für die vierte Zelle keine unabhängige Frequenz zur Verfügung steht. Wenn jedoch zwei benachbarte Zellen die gleiche Frequenz benutzen, bricht der Durchsatz deutlich ein. Dieser Effekt wird als Cross-Channel-Interferenz (CCI) bezeichnet. Um der CCI vorzubeugen, sind also mehr Frequenzkanäle erforderlich. Abbildung A.4 verdeutlicht das am Beispiel eines Systems mit acht benachbarten Funkzellen.

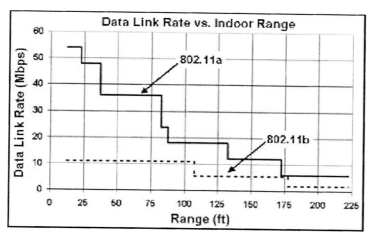

Abbildung A.1: Die in einem typischen Büro durch Messung ermittelten durchschnittlichen Reichweiten von 802.11a- und 802.11b-Funksystemen sind bis zu einer Entfernung von 225 Fuß – rund 7,5 Meter – miteinander vergleichbar. Bei Distanzen von 225 Fuß wurden bei dem 802.11a- System noch Datenraten von 6 Mbit/s gemessen, während (bei gleicher Entfernung) bei dem 802.11b-System die Datenrate nur noch 2 Mbit/s betrug. Als Paketgröße wurden 1500 Byte große Frames verwendet. (Quelle: Atheros[2])

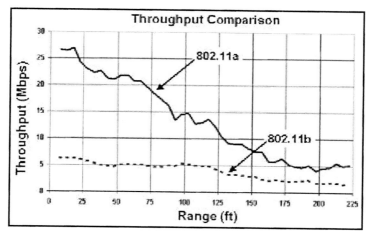

Abbildung A.2: Generell bietet laut Atheros IEEE02.11a in typischen Bürodistanzen zwei- bis viereinhalbmal mehr Durchsatz als IEEE802.11b. (Quelle: Atheros[2])

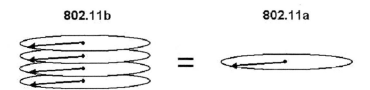

802.11b   **802.11a**

Abbildung A.3: Bei einem Zellradius von knapp 22 Metern (65 Fuß) müssten vier IEEE802.11b-Zellen übereinander gelegt werden, um den gleichen Durchsatz wie eine einzelne IEEE802.11a-Zelle zu erreichen. Dazu müsste jeder der vier Access Points aus einer einzigen Frequenz arbeiten, was nicht möglich ist, da nur drei Kanäle gleichzeitig genutzt werden können. (Quelle: Atheros[2])

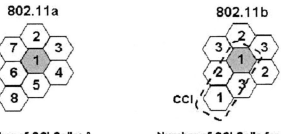

802.11a   **802.11b**

Number of CCI Cells: 0   **Number of CCI Cells for Ch1: 1**
                                  Number of CCI Cells for Ch2: 2
                                  Number of CCI Cells for Ch3: 2
                                  Average Number of CCI Cells: 5/3

Abbildung A.4: Weil mehr Kanäle zur Verfügung stehen, leiden IEEE802.11a-Systeme unter geringeren Cross-Channel-Interferenzen als IEEE802.11b-Systeme. Damit sinkt der Durchsatz beispielsweise in einem System mit acht Zellen bei IEEE802.11a-Systemen weitaus weniger als in einem vergleichbaren IEEE802.11b-System. Die Ziffern in den Sechsecken korrespondieren mit den unterschiedlichen Kanalfrequenzen. (Quelle: Atheros[2])

Daraus resultiert eine weitaus bessere Flächenabdeckung:

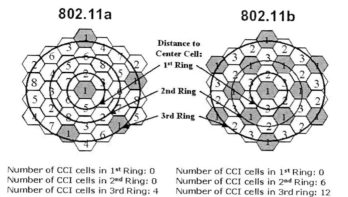

Abbildung A.5: Bei IEEE802.11a bei gleicher Zellgröße ist die Zahl der Zellen, die per CCI ihre Nachbarzellen stören, deutlich geringer als bei IEEE802.11b. (Quelle: Atheros[2])

A.3 Sendeleistung und Antennengewinn

Regulatorische Region	Antennengewinn (dBi)	Maximales Leistungs-niveau (mW)
Amerika (-A) (max. 4 Watt EIRP)	0	100
	2,2	100
	5,2	100
	6	100
	8,5	100
	12	100
	13,5	100
	21	20
ETSI (-E) (max. 100 mW EIRP)	0	100
	2,2	50
	5,2	30

Tabelle A.2: Die zulässigen maximalen Sendepegel variieren von Region zu Region ebenso wie der zulässige Antennengewinn in Abhängigkeit von der Sendeleistung. (Quelle: Cisco[3])

Regulatorische Region	Antennengewinn (dBi)	Maximales Leistungs- niveau (mW)
	6	30
	8,5	5
	12	5
	13,5	5
	21	1
Israel (-I) (max. 100 mW EIRP)	0	100
	2,2	50
	5,2	30
	6	30
	8,5	5
	12	5
	13.5	5
	21	1
China (-C) (max. 10 mW EIRP)	0	5
	2,2	5
	5,2	n/a
	6	n/a
	8,5	n/a
	12	n/a
	13,5	n/a
	21	n/a
Japan (-J) (max 10 mW/MHz EIRP) 0	50	
	2,2	30
	5,2	30
	6	30
	8,5	n/a
	12	n/a
	13,5	5
	21	n/a

Tabelle A.2: Die zulässigen maximalen Sendepegel variieren von Region zu Region ebenso wie der zulässige Antennengewinn in Abhängigkeit von der Sendeleistung. (Quelle: Cisco[3]) (Forts.)

A.4   HiperLAN/2 ETSI-Spezifikation

Die offizielle Dokumentation des HiperLAN/2-Standards findet der Leser im Internet unter dem URL www.etsi.org/frameset/home.htm?/technicalactiv/Hiper lan/HiperLAN2.htm.

A.4.1   Vollständige ETSI-Dokumentation für HiperLAN/2

Leider hat das ETSI die Informationen etwas diffus strukturiert, sodass es Sinn macht, die einzelnen Dokumente (Stand Juni 2002) zunächst einmal zu sortieren. Die nachfolgenden drei Tabellen strukturieren und kategorisieren zunächst einmal alle 110 zu HiperLAN/2 gehörenden Dokumente (sämtliche vom ETSI-BRAN veröffentlichten Dokumente) die sich der interwessierte Leser unter dem nachstehenden Bandwurm-URL selbst anzeigen lassen kann:

```
http://webapp.etsi.org/WorkProgram/Frame_WorkItemList.asp?qTB_ID=
287%3BBRAN&qINCLUDE_SUB_TB=&qINCLUDE_MOVED_ON=&qSTOP_FLG=N&qKEYWORD_
BOOLEAN=OR&qPROJECT_CODE=HIPERLAN%2F2%3B202&qSTOPPING_OUTDATED=&include
NonActiveTB=FALSE&includeSubProjectCode=FALSE&qREPORT_TYPE=
```

A.4.2   ETSI HiperLAN/2-Kerndokumentation

ETSI veröffentlichte eine erste Ausgabe der HiperLAN/2-Spezifikation im April 2000. Zu diesem Zeitpunkt war bereits die Top-Level-Dokumentation sowie weitere Spezifikationen fertig gestellt. All diese zentralen Dokumente sind als CORE in der nachfolgenden Tabelle gekennzeichnet.

Die von der BRAN-Gruppe vorgenommene erste Veröffentlichung wurde dann mit der Profile-Dokumentation für das »Home-Environment« im Juni 2000 erweitert (auch ein CORE-Dokument). Im dritten Quartal 2000 sowie im 3. Quartal 2001 wurden dann noch die vier nachfolgenden Dokumente fertig gestellt und in die Systematik eingegliedert:

*   ETSI TS 101 762 Network Management Specification

*   ETSI TS 101 761-3 Profile for Business Environment

*   ETSI TS 101 493-3 IEEE1394 Service Specific Conv. Sublayer

*   ETSI TS 101 493-4 IEEE1394 Bridge Layer

Um dem Wust der ETSI-Dokumente beizukommen, haben wir in den nachfolgenden drei Tabellen eine Klassifizierung eingeführt.

Kategorie	ETSI-Dokumentbezeichnung	Inhalt	Slot
Top Level	ETSI TR 101 031 V 2.2.1 (1999-01-06)	Forderungen / Architektur #1/1	Core
	ETSI TR 101 683 V 1.1.1 (2000-02-08)	Systemüberblick & Inhalte#1/1	Core
	ETSI TR 101 764 V 1.1.1 (2000-06-08)	Definition BRAN Domain #1/1	---
Physical Layer	ETSI TS 101 475 V 1.3.1 (2001-12-20)	HiperLAN/2 PHY #1/1	Core
Data Link Layer	ETSI TS 101 761-1 V1.3.1 (2001-12-20)	DataLinkCtrl./ Basic Fkt. #1/5	Core
	ETSI TS 101 761-2 V1.3.1 (2002-01-29)	DataLinkCtrl./ **RLC** Layer #2/5	Core
	ETSI TS 101 761-3 V1.2.1 (2001-12-20)	DataLinkCtrl./ Biz Profile #3/5	Core
	ETSI TS 101 761-4 V1.3.2 (2002-01-29)	DataLinkCtrl./ HomeEnv. #4/5	Core
	ETSI TS 101 761-5 V1.2.1 (2001-12-20)	DataLinkCtrl./ HomeEnv. #5/5	Core

Tabelle A.3: Klassifizierung der HiperLAN/2-Spezifikationen in Standard und CORE (TR = Technical Reports, TS = Technical Standard, EN = European Standard)

A.5 Funkstandards im Angebot – Vergleiche

Dieser Abschnitt befasst sich mit der Frage, worin die Hauptunterschiede zwischen den einzelnen RLAN-Standards bestehen, und stellt diese tabellarisch ohne viele Worte einander gegenüber.

Da aus physikalischen Gründen die Funkausbreitung in höheren Frequenzbereichen immer stärker bedämpft wird, erzielen 5-GHz-Technologien bei gleicher Sendeleistung und Antennengewinn grundsätzlich immer geringere Reichweiten als 2.4 GHz-Technologien (Konstanz des Bandbreiten-Reichweiten-Produkts).

Die höhere Dämpfung macht sich in der Praxis weniger im Freifeld, wohl aber bei der Durchdringung von Hindernissen, wie Wänden, bemerkbar. Dies bedeutet, dass speziell in Gebäuden die Funkzellen in 5-GHz-WLANs deutlich kleiner ausfallen als die von 2,4-GHz-WLANs.

Um vergleichbare Abdeckungen erzielen zu können, werden deshalb rund viermal so viele Funkzellen, also eine höhere Dichte an Access Points, benötigt. 5-GHz-Technologien bieten den Vorteil, dass in diesem Frequenzband durch die

Absenz von Mikrowellenöfen oder Garagentoröffnern deutlich weniger Funkstörungen zu erwarten sind, da das entsprechende Band nur für Wireless LANs zugelassen und noch weitgehend ungenutzt ist.

Neben der generellen Möglichkeit, auf noch »saubere« Frequenzbereiche auszuweichen, ist zukünftig sicherlich die Entkopplung von Bluetooth-Applikationen wichtig, da diese mit zunehmender Verbreitung den 2,4-GHz-Bereich für echte WLANs unbrauchbar zu machen drohen (siehe Kapitel 5 – Standard Bluetooth 802.15.1).

A.5.1 HiperLAN/2 vs. IEEE802.11

Eigenschaften	HiperLAN/2	IEEE802.11
Frequenzbereich [GHz]	5	2,4
Max. Datenrate, Luftschnittstelle [Mbit/s]	54	2
Max. Datenrate, Layer 3 [Mbit/s]	42	1,2
Medium Access Control / Kanalzugriff / Sharing	TDMA/TDD	CSMA/CA
Netzwerk-Verbindungstopologie	verb.-orientiert	verbindungslos
Multicast-fähig	ja	ja
QoS-Unterstützung	ja	nein
Frequenzbenutzung, PHY-Ebene	OFDM mit DFS	FHSS o. DSSS
Authentifikation	ja	nein
Verschlüsselung	DES, 3DES	40Bit RC4 WEP
Handover-Unterstützung	zukünftig ja	nein
Basis-Netzwerk-Unterstützung	Ethernet, ATM, ...	Ethernet
Management	HiperLAN/2 MIB	IEEE802.11 MIB
Radio-Link-Qualitätskontrolle	Link Adaption	keine
Zeitpunkt der ersten Draft-Offenlegung	2000	1997
geografische Zulassung	Europa	Welt

Tabelle A.4: Mit IEEE802.11 fing alles an.

A.5.2 HiperLAN/2 vs. IEEE802.11b

Eigenschaften	HiperLAN/2	IEEE802.11b
Frequenzbereich [GHz]	5	2,4
Max. Datenrate, Luftschnittstelle [Mbit/s]	54	11
Max. Datenrate, Layer 3 [Mbit/s]	42	5
Medium Access Control / Kanalzugriff / Sharing	TDMA/TDD	CSMA/CA
Netzwerk-Verbindungstopologie	verb.-orientiert	verbindungslos
Multicast-fähig	ja	ja
QoS-Unterstützung	ja	nein
Frequenzbenutzung, PHY-Ebene	OFDM mit DFS	DSSS
Authentifikation	ja	nein
Verschlüsselung	DES, 3DES	40Bit RC4 WEP
Handover-Unterstützung	zukünftig ja	nein
Basis-Netzwerk-Unterstützung	Ethernet, ATM, ...	Ethernet
Management	HiperLAN/2 MIB	IEEE802.11 MIB
Radio-Link-Qualitätskontrolle	Link Adaption	keine
Zeitpunkt der ersten Draft-Offenlegung	2000	1999
geografische Zulassung	Europa	Welt

Tabelle A.5:   IEEE802.11b stellt immer noch den De-facto-Standard dar.

A.5.3 HiperLAN/2 vs. IEEE802.11a

Eigenschaften	HiperLAN/2	IEEE802.11a
Frequenzbereich [GHz]	5	5
Max. Datenrate, Luftschnittstelle [Mbit/s]	54	54
Max. Datenrate, Layer 3 [Mbit/s]	42	32
Medium Access Control / Kanalzugriff / Sharing	TDMA/TDD	CSMA/CA
Netzwerk-Verbindungstopologie	verb.-orientiert	verbindungslos
Multicast-fähig	ja	ja
QoS-Unterstützung	ja	nein

Tabelle A.6:   IEEE802.11a ist der neue USA 5GHz High-Speed Standard.

Eigenschaften	HiperLAN/2	IEEE802.11a
Frequenzbenutzung, PHY-Ebene	OFDM mit DFS	OFDM
Authentifikation	ja	nein
Verschlüsselung	DES, 3DES	40Bit RC4 WEP
Handover-Unterstützung	zukünftig ja	nein
Basis-Netzwerk-Unterstützung	Ethernet, ATM, ...	Ethernet
Management	HiperLAN/ 2 MIB	IEEE802.11 MIB
Radio-Link-Qualitätskontrolle	Link Adaption	keine
Zeitpunkt der ersten Draft-Offenlegung	2000	1999
geografische Zulassung	Europa	USA

Tabelle A.6: IEEE802.11a ist der neue USA 5GHz High-Speed Standard. (Forts.)

A.5.4 HiperLAN/2 vs. IEEE802.11g

Eigenschaften	HiperLAN/2	IEEE802.11g
Frequenzbereich [GHz]	5	2,4
Max. Datenrate, Luftschnittstelle [Mbit/s]	54	54
Max. Datenrate, Layer 3 [Mbit/s]	42	32
Medium Access Control / Kanalzugriff / Sharing	TDMA/TDD	CSMA/CA RTS/CTS
Netzwerk-Verbindungstopologie	verb.-orientiert	verbindungslos
Multicast-fähig	ja	ja
QoS-Unterstützung	ja	nein
Frequenzbenutzung, PHY-Ebene	OFDM mit DFS	CCK/OFDM DSSS/PBCC
Authentifikation	ja	nein
Verschlüsselung	DES, 3DES	40Bit RC4 WEP
Handover-Unterstützung	zukünftig ja	nein
Basis-Netzwerk-Unterstützung	Ethernet, ATM, ...	Ethernet

Tabelle A.7: IEEE802.11g ist der Harmonisierungsstandard fürs 2,4-GHz-Band.

Eigenschaften	HiperLAN/2	IEEE802.11g
Management	HiperLAN/2 MIB	IEEE802.11 MIB
Radio-Link-Qualitätskontrolle	Link Adaption	keine
Zeitpunkt der ersten Draft-Offenlegung	2000	2001
geografische Zulassung	Europa	neu

Tabelle A.7: IEEE802.11g ist der Harmonisierungsstandard fürs 2,4-GHz-Band. (Forts.)

Rate, Mbps	Single/Multi Carrier	802.11b @2.4 GHz		802.11g @2.4 GHz		802.11a @5.2 GHz	
		Mandatory	Optional	Mandatory	Optional	Mandatory	Optional
1	Single	Barker		Barker			
2	Single	Barker		Barker			
5.5	Single	CCK	PBCC	CCK	PBCC		
6	Multi			OFDM	CCK-OFDM	OFDM	
9	Multi				OFDM, CCK-OFDM		OFDM
11	Single	CCK	PBCC	CCK	PBCC		
12	Multi			OFDM	CCK-OFDM	OFDM	
18	Multi				OFDM, CCK-OFDM		OFDM
22	Single				PBCC		
24	Multi			OFDM	CCK-OFDM	OFDM	
33	Single				PBCC		
36	Multi				OFDM, CCK-OFDM		OFDM
48	Multi				OFDM, CCK-OFDM		OFDM
54	Multi				OFDM, CCK-OFDM		OFDM

Abbildung A.6: Datenraten des IEEE802.11g- Standards[4].

A.5.5 HiperLAN/2 vs. IEEE802.11h

Eigenschaften	HiperLAN/2	IEEE802.11h
Frequenzbereich [GHz]	5	5
Max. Datenrate, Luftschnittstelle [Mbit/s]	54	54
Max. Datenrate, Layer 3 [Mbit/s]	42	28
Medium Access Control / Kanalzugriff / Sharing	TDMA/TDD	CSMA/CA RTS/CTS
Netzwerk-Verbindungstopologie	verb.-orientiert	verbindungslos
Multicast-fähig	ja	ja
QoS-Unterstützung	ja	nein
Frequenzbenutzung, PHY-Ebene	OFDM mit DFS	OFDM mit DFS
Authentifikation	ja	nein

Tabelle A.8: IEEE802.11h ist der Harmonisierungsstandard für das 5-GHz-Band.

Eigenschaften	HiperLAN/2	IEEE802.11h
Verschlüsselung	DES, 3DES	40Bit RC4 WEP
Handover-Unterstützung	zukünftig ja	nein
Basis-Netzwerk-Unterstützung	Ethernet, ATM, ...	Ethernet
Management	HiperLAN/ 2 MIB	IEEE802.11 MIB
Radio-Link-Qualitätskontrolle	Link Adaption	TPC
Zeitpunkt der ersten Draft-Offenlegung	2000	2001
geografische Zulassung	Europa	neu

Tabelle A.8: IEEE802.11h ist der Harmonisierungsstandard für das 5-GHz-Band. (Forts.)

A.5.6 HiperLAN/2 vs. HiperLAN/1

Eigenschaften	HiperLAN/2	HiperLAN/1
Frequenzbereich [GHz]	5	5, 17
Max. Datenrate, Luftschnittstelle [Mbit/s]	54	23,5
Max. Datenrate, Layer 3 [Mbit/s]	42	20
Medium Access Control / Kanalzugriff / Sharing	TDMA/TDD	EY-NMPA
Netzwerk-Verbindungstopologie	verb.-orientiert	verbindungslos
Multicast-fähig	ja	ja
QoS-Unterstützung	ja	ja
Frequenzbenutzung, PHY-Ebene	OFDM mit DFS	GMSK mit DFS
Authentifikation	ja	nein
Verschlüsselung	DES, 3DES	40Bit RC4 WEP
Handover-Unterstützung	zukünftig ja	nein
Basis-Netzwerk-Unterstützung	Ethernet, ATM, ...	Ethernet
Management	HiperLAN/2 MIB	HiperLAN/1 MIB
Radio-Link-Qualitätskontrolle	Link Adaption	keine
Zeitpunkt der ersten Draft-Offenlegung	2000	1996
geografische Zulassung	Europa	Europa

Tabelle A.9: HiperLAN/1 war 1996 seiner Zeit (zu) weit voraus.

A.5.7   Konformitätstests – bessere Spezifikationen

Ein erklärtes Ziel des ETSI ist die Verknüpfung von HiperLAN/2 mit den GSM-sowie UMTS-Netzwerken der dritten Generation (G3). Die dazu erforderliche Interface-Spezifikation ist bereits teilweise verfügbar. Dieses Interface wird dann die weitere Basis bilden, um auch die anderen Mitglieder der IMT-2000-Familie definitionstechnisch mit abzubilden.

Um den zukünftigen Produzenten von HiperLAN/2-Systemen eine einfache (und machbare) Testmöglichkeit an die Hand zu geben, ob sich Ihr Equipment spezifikationsgemäß verhält, gibt es zu jeder funktionalen (technischen) Spezifikation einen Satz an Konformitätstestkriterien. Aufgrund der Komplexität werden also bereits auf der Papierebene Eigenschaften-Prüf-Paare gebildet, ganz analog dem in der Hardwareentwicklung schon lange üblichen Motto »Testability by Design«. Dies ist ein bemerkenswerter Schritt in die richtige Richtung. Die nachfolgende Tabelle listet sämtliche aktuell vorliegenden Testspezifikationen des HiperLAN/2-Standards mit ihrem aktuellen Release auf.

Kategorie	ETSI-Dokumentbezeichnung	Inhalt
Conformance Test	ETSI EN 301 823-1-1 V1.1.1 (2001-01-30)	Basic Data Transp./ PICS #1/3
	ETSI EN 301 823-1-2 V1.1.1 (2001-01-30)	Basic Data Transp./ TSS #2/3
	ETSI EN 301 823-1-3 V1.1.1 (2001-01-30)	Basic Data Transp./ ATS #3/3
	ETSI EN 301 823-2-1 V1.1.1 (2001-01-30)	Radio Link Ctrl./ PICS #1/3
	ETSI EN 301 823-2-2 V1.1.1 (2001-01-30)	Radio Link Ctrl./ TSS #2/3
	ETSI EN 301 823-2-3 V1.1.1 (2001-01-30)	Radio Link Ctrl./ ATS #3/3
	ETSI EN 301 811-1-1 V1.2.1 (2001-12-17)	Pack. based Conv./ PICS #1/3
	ETSI EN 301 811-1-2 V1.2.1 (2001-12-17)	Pack. based Conv./ TSS #2/3
	ETSI EN 301 811-1-3 V1.2.1 (2001-12-17)	Pack. based Conv./ ATS #3/3

Tabelle A.10: ETSI Conformance Test Spezifikationen (Teil 1/2)
(TR = Technical Reports, TS = Technical Standard, EN = European Standard)

Hinweis zu den ETSI-TabelleN:

Da es für die meisten HiperLAN/2-Spezialisten vollkommen ausreichend ist, sich nur mit der jeweils aktuellen Dokumentation zu befassen (Historiker Buchautoren ausgenommen), sind in den drei Standardtabellen jeweils nur die aktuellen Dokumente in ihrem aktuellen Release aufgeführt.

Darüber hinaus sind aufgrund ihrer Vorläufigkeit nur »stabile« Spezifikationsdokumente aufgeführt. Diese sind jeweils an dem Attribut »Published« zu erkennen. »Drafts« oder auch Dokumente im »Waiting-see«-Zustand fehlen, da sie sich noch in ihrer Definitionsphase befinden.

Ein kleiner statistischer Überblick über den HiperLAN/2-Standard ergibt folgende (unverfälschte) Zahlen:

- Anzahl der HiperLAN/2 CORE ETSI-Dokumente: 12

- Anzahl der HiperLAN/2 Standard ETSI-Dokumente: 05

- Anzahl der HiperLAN/2 Conformance Test-Dokumente: 33

Stand der drei Tabellen: 11. Juni 2002.

Kategorie	ETSI-Dokumentbezeichnung	Inhalt
Conformance Test	ETSI TS 101 823-2-1 V1.2.1 (2001-12-17)	Data Link Ctrl./PICS #1/3
	ETSI TS 101 823-2-2 V1.2.1 (2001-12-17)	Data Link Ctrl./TSS #2/3
	ETSI TS 101 823-2-3 V1.2.1 (2001-12-17)	Data Link Ctrl./ATS #3/3
	ETSI TS 101 811-2-1 V1.1.1 (2001-12-17)	Ethernet Sub./PICS #1/3
	ETSI TS 101 811-2-2 V1.1.1 (2001-12-17)	Ethernet Sub./TSS #2/3
	ETSI TS 101 811-2-3 V1.1.1 (2001-12-17)	Ethernet Sub./ATS #3/3
	ETSI TS 101 823-3-1 V1.1.1 (2001-12-17)	Biz Profile / PRL #1/3
	ETSI TS 101 823-3-2 V1.1.1 (2001-12-17)	Biz Profile / TSS #2/3
	ETSI TS 101 823-3-3 V1.1.1 (2001-12-17)	Biz Profile / PTS #3/3
	ETSI TS 101 823-4-1 V1.1.1 (2001-12-17)	Biz Profile / PICS #1/3
	ETSI TS 101 823-4-2 V1.1.1 (2001-12-17)	Biz Profile / TP #2/3
	ETSI TS 101 823-4-3 V1.1.1 (2001-12-17)	Biz Profile / ATS #3/3
	ETSI TS 101 852-1-1 V1.1.1 (2001-12-17)	Cell based / PICS #1/3

Tabelle A.11: ETSI Conformance Test Spezifikationen (Teil 2/2) (TR = Technical Reports, TS = Technical Standard, EN = European Standard)

Kategorie	ETSI-Dokumentbezeichnung	Inhalt
	ETSI TS 101 852-1-2 V1.1.1 (2001-12-17)	Cell based / TSS #2/3
	ETSI TS 101 852-1-3 V1.1.1 (2001-12-17)	Cell based / ATS #3/3
	ETSI TS 101 852-2-1 V1.1.1 (2001-12-17)	Cell based / SSCS #1/3
	ETSI TS 101 852-2-2 V1.1.1 (2001-12-17)	Cell based / TP #2/3
	ETSI TS 101 852-2-3 V1.1.1 (2001-12-17)	Cell based / ATS #3/3
	ETSI TS 101 811-1-1 V1.1.1 (2000-09-13)	Pack. based / PICS #1/3
	ETSI TS 101 811-1-2 V1.1.1 (2000-09-13)	Pack. based / TSS #2/3
	ETSI TS 101 811-1-3 V1.1.1 (2000-09-13)	Pack. based / ATS #3/3
	ETSI TS 101 823-1-1 V1.2.1 (2001-12-17)	Data Link Ctrl./PICS #1/3
	ETSI TS 101 823-1-2 V1.2.1 (2001-12-17)	Data Link Ctrl./TSS #2/3
	ETSI TS 101 823-1-3 V1.2.1 (2001-12-17)	Data Link Ctrl./ATS #3/3

Tabelle A.11: ETSI Conformance Test Spezifikationen (Teil 2/2) (TR = Technical Reports, TS = Technical Standard, EN = European Standard) (Forts.)

1   http://www.cisco.com/univercd/cc/td/doc/product/wireless/airo_350/ 350cards/windows/incfg/win_appd.htm#42577
2   http://www.atheros.com/AtherosRangeCapacityPaper.pdf
3   http://www.cisco.com/univercd/cc/td/doc/product/wireless/airo_350/ 350cards/windows/incfg/win_appd.htm#42577
4   https://www-a.ti.com/apps/bband/ xt_download.asp?sku=802%5F11g%5FWhitepaper%5Fpdf&mscs-sid=B85R1XME71F08KBLWMEBUSA1566J8NPF

Anhang B

Glossar

16-QAM: 16x Quadrature Amplitude Modulation

64-QAM: 64x Quadrature Amplitude Modulation

ACK: Acknowledge

AES: Advanced Encryption Standard

Advanced Encryption Standard

AFA: Automatic Frequency Assignment

AM: Amplituden-Modulation

API: Application Programmers Interface

ARIB: Association of Radio Industries and Businesses -- japanisches Standardisierungsinstitut wie in europa das ETSI oder in den USA das IEEE

ARQ: Automatic Retransmission Query -- der Empfänger trägt die fehlerhaften Pakete, die er beispielsweise mit FEC, falls eingeschaltet, nicht korrigieren kann, in eine Liste ein und fordert die in der Liste eingetragenen Pakete gezielt erneut zur Übertragung in einem Block an. Dadurch die Kommunikationspartner (Sender und Empfänger) im Burst-Modus arbeiten. Das elimieniert die Wartezeiten, die andernfalls für den Bestätigungsverkehr pro Paket entstünden.

ATM: Asynchronous Transfer Mode

AVVID: Architecture for Voice, Video and Integrated Data

Back-Hacking: bezeichnet das Eindringen in ein IT-System durch die Hintertür

BMBF: Bundesministerium für Bildung und Forschung -- http//www.bmbf.de/

BPSK: Binary Phase Shift Keying

BRAN: Broadband Radio Access Network

Broadcast SSID: die Broadcast SSID wird von WLAN-Access Points und Stationen in Abständen von 100 Millisekunden ausgestrahlt, um WLAN-Clients das Vorhandensein eines drahtlosen Netzes anzuzeigen.

BSIG: Bluetooth Special Interest Group, www.bluetooth.com/sig

BSSID: Basic Service Set Identifier -- WLAN-Kennung eines drahtlosen Infrastruktur-Netzes mit lediglich einem Access Point

CA: Collision Avoidance

CAC: Call Admission Control

CC: Central Controller -- anderer Name für einen HiperLAN/2-Access-Point (AP), sofern dieser AP alle Datenströme zwischen LAN und WLAN, sowie zwischen den Mobile Terminals (MT) steuert.

CCK: Complementary Code Keying

CCTV: Closed Circuit TV -- Abkürzung für Videoüberwachungs-Kameras und -anlagen.

CD: Compact Disk

CDMA: Code Division Multiple Access

CF2: Compact Flash 2 -- Standard für Funktion und Formfaktor von Erweiterungskarten für Flash-Speicher und andere Geräte wie GSM-Empfänger, WLAN- oder Bluetooth-Tansceiver, etc.

CFP: Contention Free Period

CHAP: Challenge Handshake Protocol

COFDM: Coded Orthogonal Frequency Division Multiplexing

CP: Contention Period

CSMA/CA: Carrier-Sense Multiple Access/Collision Avoidence -- drahtlose Variante der bereits von Ethernet bekannten Vorgehensweise, ein zeitgleiches Senden von zwei oder noch mehr Sendern auf der gleichen Frequenz zu vermeiden. Wird oft auch als

CSMA/CD: Carrier Sense Multiple Access mit Collision Detection

CTS: Clear To Send

dB: dezi Bel

DBPSK: Differential Binary Phase Shift Keying

DCF: Distributed Coordination Function

DECT : Digital Enhanced Cordless Telecommunications – besonders in Europa verbreiteter, vollständig aus-entwickelter Standard für die drahtlose Kommunikation von Telefonen.

DECT: Digital Enhanced Cordless Telecommunication -- besonders in Europa weit verbreiteteer Standard für die drahtlose Telefonie im Nahbereich.

DES: Data Encryption Standard

DFS: Dynamic Frequency Selection -- dieses Merkmal unterscheidet Hiperlan/2 in höchst positiver Weise von ALLEN anderen WLAN-Technologien. DFS ist ein adaptives

DHCP: Dynamic Host Configuration Protocol

DIFS: Distributed Coordination Function Interframe Space

DMZ: De-Militarisierte-Zone, ein Netz zwischen Firewall WAN respektive Firewall und LAN au fder anderen Seite. In ihm befinden sich die Vermittlungsrechner für alle Protokolle/Dienste, die von einem Netz zum anderen funktionieren sollen. Solch einen Vermittlungsrechner nennt man Proxy, da er im Auftrag handelt (wie ein Sekretariat). Proxies arbeiten auf Anwendungsebene, d.h. sie verstehen und interpretieren die über sie laufende Kommunikation.

DQPSK: Differential Quadrature Phase Shift Keying

DRM: Digital Rights Management

DSL: Dynamic Security Link – bezeichnet einen Ersatz von 3Com für den WEP-(Un-) Sicherheitsstandard, der erstmals in der Produktreihe Access Point 6000 eingesetzt wurde – freilich zu Lasten der Kompatibilität mit WLAN-Komponenten anderer Hersteller und sogar von 3Com XE "3Com"

DSP: Digital Signal Processor

DSSS: Direct Sequence Spread Spectrum

DVB-T: Digital Video Broadcast – Terrestrisch

EAP: Extensible Authentication Protocol – EAP ist eine Erweiterung des Point-to-Point-Protokolls, die auf 802.1x basiert. Stellt eine zentrale Authentifizierung für umfassenden Datenschutz bereit. Unterstützt werden Authentifizierungsmethoden wie Radius, Kerberos und Public Key Encryption.

EAPOL: Extensible Authetication Protocol over LAN

EAPoverLAN: Extensible Authetication Protocol over LAN

EIRP: Effective Isotropic Radiated Power -- ein Mass für die in alle Richtungen gleichförmig abgestrahlte Sendeleistung (Kugelfeld).

ERC: European Radiocommunications Committee

ESS: Extended Service Set

ESSID: Extended Service Set Identifier -- WLAN-Kennung eines drahtlosen Infrastruktur-Netzes mit mehr einem Access Point

ETSI: European Telecommunication Standards Institute, www.etsi.org

Fading: Fading ist ein funktechnischer Term für Schwundeffekte durch einander überlagernde (miteinander interferierende) Wellenfronten.

FCH: Frame Control Channel

FD/TDM: Fequency Division / Time Division Multiplexing – ein Verfahren zur drahtlosen Nachrichtenübermittlung, bei dem in verschiedenen Frequenzbereichen nacheinander in mehreren Zeitschlitzen Information gesendet wird. Auch FDM (Frequency Division Multiplexing) genannt.

FDM: Frequency Division Multiplexing

FDMA: Frequency Division Multiple Access

FEC: Forward Error Correction -- bezeichnet ein Verfahren, bei demenderseitig-Zusatzinformationen in die Nutzinformation integriert werden, so dass selbst beim gestörten Empfang fehlende Teile der Nutznachrit rekonstruierbar sind.

Forward Error Correction: der Sender steckt VOR der Übertragung Redundanz (Zusatzinformationen) in das Sendesignal, damit der Empfänger bei der Übertragung verlorene Daten selbsttätig rekonstruieren kann. die FEC geht war zu Lasten der Nettobandbreite, stellt aber im Gegenzug eine fehlerfreie Übertragung sicher.

FHSS : Frequency Hopping Spread Spectrum

FHSS: Frequency Hopping Spread Spectrum

FM: Frequenz-Modulation

FPGA: Field Programmable Gate Arrays

FPK: Fast Packet Keying – ein von der RSA entwickeltes Schlüssel-Misch- und Schlüssel-Generierungsverfahren um abwärtskompatibel das anfällige WEP-Verfahren nachzubessern.

GAU: Größter Anzunehmender Unfall

Gefährdendes Ergebnis: Ein gefährdendes Ereignis resultiert aus Bedrohungen und Schwachstellen im System, die im Fall eines Eintretens auf Objekte wirken und dadurch Schäden verursachen.

GFSK: Gaussian Frequency Shift Keying

GMSK: Gaussian Minimum Shift Keying

HAN: Home Area Network

HCF: Hybride Cordination Function – Bestandteil von IEEE802.11e. Nur einsetzbar in Netzwerkstrukturen mit Quality of Service.

HF: Hochfrequenz

HiperLAN: High Performance Radio Local Area Network

HiperLAN/2: Hardware

MAC: Quality of Service

HiSWANa: High Speed Wireless Access Network type a

HomeRF: Home Radio Frequency

HSCSD: High Speed Circuit Switched Data -- erlaubt die Bündelung von mehreren GSM-Kanälen zur Steigerung der Datenrate zu Lasten des Geldbeutels.

ICV: Integrity Check Value

IDR: Initiative Digitaler Rundfunk

IETF: Internet Engineering Task Force

IFS: Inter Frame Space

IP: Internet Protocol

IrDA: InfraRed Data Association – Handlesverband zur Standardisierung der drahtlosen Datenübertagung mit Infrarotem Licht, www.irda.org

ISDN: Integrated Services Data Network

ISM: steht für Industrial, Scientific, Medical und bezeichnet lizenzfrei Nutzbare Frequenzbänder wie das 2,4-GHz-Band, in dem sowohl Bluetooth- als auch 802.11- und 802.11b-Geräte ihre Daten austauschen

ISP: Internet Service Provider

ITU-R: International Telecommunication Union, Radiocommunications Sector

Krypt-Äquivalenten : Als kryptografisches Element bezeichnet man die nicht-bijektive Abbildung des Klartextes auf den Schlüsseltext. Für den Datenaustausch in Datennetzen braucht man Äquivalent zur hand-schriftlichen Unterschrift. Diese zeichnet sich dadurch aus, dass nur einer sie leisten kann, alle anderen können jedoch ihre Echtheit überprüfen. Ein kryptografisches Protokoll, das diese Eigenschafen aufweist, wird als elektronische Unterschrift oder elektronische Signatur bezeichnet.

L2CAP: Logical Link Control and Adaption Protocol

LP: Langspielplatte

MAC: Machine Access Code, Media Access Control, Medium Access Control

MIC: Message Integrity Check -- überprüft eine drahtlos übertragene Nachricht auf Authentizität.

MPDU: Message Protocol Data Unit

MTBF : Mean Time Between Failure

MTBF: Mean Time Between Failure -- ist ein (Zeit-) Maß dafür, wie zuverlässig Hardwae- oder Software-Komponenten sind. Diese Zeitmass liegt zumeist in der Größenordnung von Hunderten oder Tausenden von Stunden, die zwischen dem Auftreten zweier Fehler verstreichen.

NAN: Neigbourhood Area Network

NAV: Network Allocation Vector

NDA: No Disclosure Agreement

NIC: Network Interface Card

ODFM: Ortogonal Division Frequency Multiplexing

OFDM: Orthogonal Frequency Division Multiplexing

PAP: Password Authentification Protocol

PBCC: Complementary Code Keying

PBNAC: Port Based Network Access Control

PC: Point Coordinator

PCF: Point Coordination Function

PCM: Pulse-Code-Modulation

PDA: Personal Digital Assistant -- angloamerikanische Bezeichnung für ein in der Regel tragbares, digitales Gerät zum Speichern und Verwalten von Kontakt- und Kalenderdaten, Notizen, etc.

PEAP: Protected Extensible Authentication Protocol

PHY: Physical layer -- bezeichnet in der Netzwerktechnologie die in der OSI-Ebene 1 lokalisierte Hardware, die den Kontakt zum Übertragungsmedium herstellt -- also Sender und Empfänger.

PKI: Public Key Infrastructure

PnP: Plug and Play

POTS: Plain Old Telephone Services -- im englischen Sprachraum gängige Abkürzung für Analogtelefonie.

Plain Old Telephone Services -- stehender Begriff für die drahtgebundene Analogtelefonie

PPoE: Point to Point over Ethernet -- WAN-Protokoll zum Aufbau serieller Verbindungen für xDSL-Dienste

PPP: Point-to-Point Protocol

PPTP: Point to Point Tunneling Protocol -- WAN-Protokoll zum Aufbau serieller Verbindungen für xDSL-Dienste

PSF: Power Saving Function

QoS: Quality of Service -- Zusicherung einer Übertragungseigenschaft, beispielsweise garantierte Mindestbandbreite, definierte Bitfehlerrate oder konstante Latenzzeit.

QPSK: Quaternary Phase Shift Keying

RAC: Random Access Channel

RADIUS: Remote Authentication Dial In User Service

RC4 : Ron's Cipher 4, gelegentlich auch Ron's Code 4. Benannt nach Professor Ronald L. Rivest vom MIT, Miterfinder des RSA-Algorithmus und Mitinhaber der Firma RSA Data Security Inc.

RC4: Rivest´s Cipher 4

RegTP: Regulierungsbehörde für Post und Telekommunikation

RES10: Radio Equipment & Systemens 10

RFCOMM: Radio Frequency Communication – Bestandteil des Application Programmers Interface der Bluetooth-Spezifikation

RLAN: Radio LAN

RLC: Radio Link Control

RRC: Radio Resource Control

RTS: Request To Send

SA: Smart Antenna

SDK: Software Development Kit

SDMA: Space Devision Multiple Access

SDR: Software Defined Radio

SDSL: Symmetrical Digital Subscriber Line -- Datenfernübertragungseinrichtung mit gleichen Bandbreiten für Upstream und Downstream unter Verwendung von Telefonleitungen auch ausserhalb des für die Sprachübertragung genutzen Frequenzbandes um 3 Kilohertz mit Bandbreiten bis 2 mbps.

SIFS: Short Interframe Space

SoHo: Small Office/Home Office -- Bezeichnung für kleine IT-Installationen

SSID: Service Set IDentifier -- eine Folge aus maximal 32 ASCII-Zeichen zur Identifikation eines Funkzelle

Stromverschlüsselungsalgorithmus : Unter Stromverschlüsselung versteht man die Verschlüsselung eines Klartextes mittels eines Stromverschlüsselungsverfahrens. Im Gegensatz zur Blockverschlüsselung werden die Daten des Klartextes (Buchstaben, Bits) bei einer Stromverschlüsselung einzeln verschlüsselt.

SWAP: Shared Wireless Application Protocol -- von Hewlett Packard un Intel initiirter Standard für den Austausch von Daten und Sprache über WLAN-802.11.

SWAP-CA: Shared Wireless Access Protocol – Cordless Access

Symbolrate: auch Baudrate, Schrittgeschwindigkeit oder Symbolgeschwindigkeit genannt, wobei ein Symbol ein Element aus dem Alphabet der Sende-Empfänger-Kommunikation darstellt. Ein Element ist das kleinste darstell- und separierbare Informationsquant, wobei pro Symbol ein oder mehrere Bits übertragen werden können.

Synchronous Connection Oriented : Synchronous Connection Oriented -- ###

TCP/IP: Transmission Control Protocol/Internet Protocol

TDMA: Time Division Multiple Access

TKIP : Temporal Key Integrity Protocol

TPC: Transmit Power Control

UDP: User Datagram Protocol

UKW: Ultra Kurz Welle

UMTS: Universal Mobile Telecommunications System

U-NII: Unlicensed National Information Infrastructure

Unlicensed National Information Infrastructure (USA)

USV: Unterbrechungsfreie Strom-Versorgung

vCard: vCard heißen die elektronischen Visitenkarten, die vom Internet Mail Consortium standardisiert wurden und nicht zuletzt durch Applikationen wie Microsoft Outlook weite Verbreitung gefunden haben. Sie dienen dem elektronishcen Austausch persönlicher Kontaktinformationen über das Internet oder zwischen PDAs respektive Handys – siehe auch http

WECA: Wireless Ethernet Compatibility Alliance -- ein Gremium, das vom Wi-Fi-Komitee gegründet wurde um eine herstellerübergreifende Kompatibilität zwischen den WLAN-Systemen verschiedener Hersteller beispielsweise durch die Vergabe von Kompatibilitätslogos zu fördern.

WEP: Wired Equivalent Privacy

Wi-Fi: Wi-Fi -- Wireless Fidelity, siehe http//www.wirelessethernet.org/

WLAN: Wireless Local Area Network

WLANA: Wireless LAN Alliance

WLL: Wireless Local Loop

ZF: Zwischenfrequenz

Stichwortverzeichnis

Markt+Technik

CISCO SYSTEMS

Cisco Systems Inc.

Cisco Lexikon der Netzwerkbegriffe

ISBN 3-827**2-6277**-1, 272 Seiten
€ 19,95 [D] / € 20,60 [A]

Profi

Das offizielle Nachschlagewerk zu Networking
und Internetworking.
Dieses Lexikon ist die ideale Wissensquelle zu
allen technischen Begriffen, die Ihnen bei Ihrer
täglichen Arbeit begegnen – egal ob Sie Prü-
fungskandidat oder Netzwerktechniker sind.
Mit seinen präzisen Erklärungen fördert es das
Verständnis zu den Techniken in LANs und in
Internetworks. Auch Begriffe aus den neuesten
Technologien, zum Beispiel alle neuen Protokolle, Breitbandtechnik und drahtlose Netzwerke sind enthalten.

Sie sind Netzwerk-Professional, Systemadministrator oder
IT-Manager? Und möchten Ihr Netzwerk-Wissen vertiefen? Sie
nehmen am Ausbildungsprogramm einer Cisco Academy teil?
Die offiziellen Lehr- und Arbeitsbücher begleiten Sie dabei.

Unter **www.mut.de** finden Sie das Angebot von Markt+Technik.